彩券、博彩與公益

運動彩券篇

Lottery, Gaming and
Public Welfare:
Sports Lottery

劉代洋｜著

執行編輯｜張家揚
編　　輯｜林政憲、汪家淦、王新吾

序

　　台灣自2008年5月2日發行運動彩券以來，總共銷售金額達3,190億元，為政府創造盈餘319億元，並為運動發展基金創造超過百億元的數字，而且現在平均每年能為政府創造盈餘為40億元。其中，第一屆運動彩券的發行（自2008年5月2日起到2013年12月31日止）為期六年運動彩券銷售金額達771.07億元，平均每年銷售金額為128.51億元，到了第二屆運動彩券的發行（2014年1月1日起至2023年12月31日止）為期十年由威剛公司擔任運動彩券發行機構，並且和中國信託商業銀行共同出資成立「台灣運動彩券公司」負責營運，從2014年運動彩券銷售金額為240.48億元，到2018年達到高峰434億元，到去年2020年為止七年的發行期間，運動彩券銷售金額總計2,419.58億元，平均每年銷售金額345億元之多，同時遴選出1,500家運動彩券經銷商，創造9,000個工作機會，可以說運動彩券的發行，政府體育主管機關是最大的贏家，充沛的體育發展基金，帶來2018年印尼雅加達亞運由於選手包機締造出非常好的比賽成績，目前國家體育運動訓練中心，由於運動發展基金的挹注，奧運選手的培訓得以享受四星級的培訓待遇，相信對今年奧運奪標，預期也會帶來不錯的比賽成績。

　　本人撰寫《彩券、博彩與公益——運動彩券篇》書籍是「彩券、博彩與公益」系列叢書之一，書名的訂定主要是台灣在博彩產業的合法化歷程中，目前只有博彩產業中的公益彩券和運動彩券合法化地營運，而包括觀光賭場等其他博彩事業均尚未合法化，但它並不代表未來沒有合法化的可能。因此，本書的名稱類似2007年本人在本校成立「台灣彩券與博彩研究中心」，同時列入彩券（包括公益彩券和運動彩券）與博彩兩項。再者，彩券與博彩其推動產業發展的動機和目的，也都是在追求公益的目標，後續我們將會分別闡述，也就是說推動博彩產業的發展是具有正當性

的，這也就是為什麼世界各國都如火如荼在發展當中，而且似乎呈現越是進步的國家，其博彩產業的發展越加蓬勃。

出版本書主要目的是希望把本人多年來鑽研和參與台灣運動彩券的參與規劃和研究成果做一完整的彙集，畢竟在台灣從事此項彩券專業領域研究的人員非常稀少，本人算是最早也是最長時間研究運動彩券的台灣學者，舉凡所有關於政府部門在運動彩券發行的政策規劃和建議、國外運動彩券的參訪與交流、各類型國內外運動彩券研討會的發表、國內外媒體的採訪、多次運動彩券發行機構的遴選、運動彩券文章的發表，本人幾乎無役不與，也因此實有必要把人生畢生研究運動彩券的成果和心得保存下來，為台灣社會留下一些難得的運動彩券的資料，以供後續有興趣於運動彩券研究的人士參考，因此為現在和未來的研究運動彩券的人員可以提供了台灣運動彩券發行的過去、現在與未來，所有重要史料，非常具有意義。

本人開始接觸運動彩券是起源於2001年，當時的行政院體育委員會為了我中華選手能夠奧運奪標，為了推動運動產業的發展，召開了一項專家學者座談會，本人於會中建議可以協助行政院體育委員會發行運動彩券以籌措體育和運動發展所需要的龐大經費，後來在隔年行政院體育委員會召開「全國體育發展會議」，把運動彩券發行列為重要的討論議題之一，本人當時邀請韓國和日本的運動發行專家來台北指導，從而奠定了我體育目的事業主管機關希望發行運動彩券以籌措體育發展所需經費的遠大目標，此後為了協助政府規劃運動彩券的發行，本人開始參與行政院體育委員會所補助的專題研究計畫，先後參訪了世界各國，參訪的國家和機構包括中國大陸國家體育總局體育彩票管理中心、香港馬會、日本中央賽馬會、競艇和競輪協會、英國運動彩券四大通路商、義大利運動彩券發行機構、希臘運動彩券發行機構、澳大利亞維多利亞省運動彩券發行機構以及新加坡賽馬會等等，特別是參觀香港馬會開放賽馬投注和足球彩票的運動投注，為初期的研究提供了寶貴的經驗，那就是因為歐洲足球的投注牽涉

到時差的問題，因此開放虛擬投注將是台灣推行運動彩券所必須採行的方式，在當時，香港足球投注近三分之二的業績來自虛擬投注（其中包括電話和網路投注兩者），一系列的跨國研究對我國提供了寶貴的參考經驗，這也讓台灣運動彩券得以於2008年11月11日開放虛擬投注，但是我也深深瞭解各國的國情並不相同，我們還是必須訂定一個適合我國國情的運動彩券發展模式。

2007年當時的行政院長蘇貞昌政策決定台灣可以發行運動彩券，在當時台灣缺乏發行運動彩券經驗的機構和廠商，所以所有企圖競標的國內廠商和機構必須找尋國外的專業合作夥伴，最後經過公開競標第一屆運動彩券發行機構由台北富邦銀行和香港馬會的競標團隊得標，並由兩者合資成立的「運彩科技公司」負責營運，畢竟由於新手上路以及運彩發行籌備的時間過於倉促，因此第一年2008年運動彩券銷售只有52.28億元，2009年之後銷售雖有增加，但可惜2012年「運彩科技公司」負責賠率管理的主管發生舞弊事件，造成運動彩券的發行第一次面臨重大危機，本人在當時積極協助當時的行政院體育委員會化解危機，把它對運動彩券發生的損害降到最低。

從2014年起，第二屆運動彩券的發行到目前為止漸入佳境，銷售金額相當亮麗，即使在2020年全球疫情大爆發之際，「台灣運動彩券公司」仍然締造出405億運動彩券銷售的佳績，的確令人刮目相看。運動彩券發行以來，本人一方面負責運動彩券發行的規劃，其中包括2011年「運動彩券專業發行機構籌劃」和2018年起為期四年之「第三屆運動彩券發行規劃（第一期跟第二期）」研究案，對於運動彩券發行機構的組織型態公開競標的各項遊戲規則、制度面的探討、獎金支出率的探討等等做全面性的檢討與改進，希望為運動彩券的發行提供最佳的環境。另一方面，本人也擔任運動彩券督導小組委員，定期參與運動彩券的相關會議，適時對運動彩券的發行提供良善的建議。

把本人所從事「運動彩券發行的過去、現在和未來」做一完整的整

理，一方面可提供未來研究者完整的史料，另一方面對於從事運動彩券業務的政府官員、發行機構的員工、從事運動彩券事業的各個公司行號均有相當的參考價值。鑑往知來，期望未來更多的人投注運動彩券相關的研究，也期待運動彩券的發行能夠更上一層樓，希望本書的出版能對運動彩券的發展帶來正面的助益。

當然本書之所以能夠完成出版，除了是把本人多年來所撰寫的運動彩券文章、完成的運動彩券研究報告，以及個人對運動彩券的研究觀察和心得彙集成書外，感謝指導博士生張家揚不辭辛勞的編輯，更要感謝一路以來共同為推動運動彩券發行的各方人士，包括運動彩券發行的主管機關和政府官員、運動彩券發行機構，以及運動彩券民間團體與個人等。當然本書的出版要特別感謝揚智文化公司的負責人葉忠賢總經理的大力支持，葉總經理長期耕耘出版事業，澎湖博弈公投期間，更熱心協助出版多本博弈類相關專業書籍，令人感佩。同時也要感謝閻富萍總編輯和編輯團隊的專業和努力，戰戰兢兢，才讓本書得以順利出版。整體而言，運動彩券的發行能夠成長與茁壯就是許多志同道合人士大家長期共同努力的結果，盼望爾後大家再接再厲，共同為運動彩券更美好的未來貢獻心力。

劉代洋 謹誌

2021年5月4日於台灣科技大學

台灣彩券與博彩研究中心

目　錄

Chapter 1

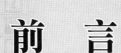

前　言

西元2000年當時的行政院體育委員會有鑑於我國奧運選手奪標的機會很少，以及體育運動的發展走向產業發展的角度，在一次內部邀請專家學者的會議當中，本人建議透過發行運動彩券以籌措體育發展經費有效支援培訓奧運選手，爭取我國選手奧運奪標的機會，同時亦可開啟我國發展體育運動產業。後來前後經過七、八年的討論、籌備和規劃，終於在2008年5月2日倉促地讓運動彩券的發行正式上路，第一屆運動彩券的發行在發行機構台北富邦銀行邊做邊學，以及後來可惜發生內部員工舞弊事件，造成近六年的發行期間，發行成效遠遠不如預期，且造成運彩發行機構有相當鉅額的虧損，堪稱一段不太滿意的經驗。

　　後來，第二屆運動彩券的發行在發行機構遴選時，受到當時金管會的另眼相待，銀行不得再成為運動彩券的發行機構，就是因為上述台北富邦銀行曾經出現相當可觀的虧損的緣故。造成2014年1月1日第二屆運動彩券的發行機構改由非金融機構威剛公司擔綱，並委由「台灣運動彩券公司」負責經營的狀況。另外，過去四年半來，運動彩券的銷售金額逐年近10%比例的成長幅度，逐漸呈現成長下滑的現象，如此一來，未來幾年運動彩券的發行所面臨的挑戰將越來越巨大，可見一斑。

　　本文將分別從運動彩券發行的過去、現在和未來，以不同的時間軸說明運動彩券在不同時期的發行狀況，以及各階段所面臨的挑戰，加以綜整。

壹、運動彩券發行的前因、動機與背景

　　傳統上，彩券發行就學理上而言，其主要之目的在於增加政府之財政收入。依據我國現行之「運動彩券發行條例」，政府發行運動彩券之主要目的，在振興體育並籌資以發掘培訓及照顧運動人才，同時運用運動彩券盈餘挹注體育活動發展之經費，並達到提升全民運動之風氣，活絡國內運動產業之發展。

　　行政院體育委員會於2002年1月舉辦之「國家競技運動發展會議」中，增列「整合體育資源，充實體育經費」之政策目標，其中包含鼓勵企業贊助體育運動之策略、體育發展基金之設立，以及運動彩券發行等三項議題，並成為近十年來政府全面發展體育運動之施政重點。政府欲發展運動產業，則必須培養具備體育經營管理知識及技術之專門人才並募集充裕之資金，以全力支持各種運動賽事，使其朝產業化健全發展。惟近年來政府財政經費日益拮据，為積極籌措發展體育預算經費，採發行運動彩券之方式，不失為一種可行的做法。

　　此後為了協助政府規劃運動彩券的發行，本人開始參與行政院體育委員會所補助的專題研究計畫，先後參訪了世界各國和發行機構，其中包括中國大陸國家體育總局體育彩票管理中心、香港馬會、日本中央賽馬會、競艇和競輪協會、英國運動彩券四大通路商、義大利運動彩券發行機構、希臘運動彩券發行機構、澳大利亞維多利亞省運動彩券發行機構，以及新加坡賽馬會等，特別是參觀香港馬會開放賽馬投注和足球彩票的運動投注，為初期的研究提供了寶貴的經驗。也因為歐洲足球的投注牽涉到時差的問題，因此開放虛擬投注將是台灣推行運動彩券所必須採行的方式，一系列的跨國研究對我國提供了寶貴的參考經驗，2007年當時的行政院長蘇貞昌政策決定台灣可以發行運動彩券。

　　運動彩券之發行，歷經十餘載的籌劃、討論後，為使運動彩券盈餘得用於發展體育，2006年10月25日行政院財政部訂定發布「運動特種公益彩券管理辦法」，由當時行政院體育委員會立即於同年12月向財政部提出發行彩券之申請。為協助推動運動特種公益彩券（以下簡稱運動彩券）之發行，財政部於2007年依據行政院協商分工原則及公益彩券發行條例相關規定，辦理發行機構之甄選。然而，運動彩券發行機構之決定，依據彩券發行法源之不同，可分為兩階段。第一階段係指「運動彩券發行條例」專法立法前，係以「運動特種公益彩券管理辦法」作為主管機關「指定發行機構」之依據；第二階段與第一階段係以「運動彩券發行條例」完成立法

為分界，第二階段係以「運動彩券發行條例」及「運動彩券管理辦法」作為主管機關「設置，或以公開遴選方式擇定發行機構」之法源依據。

然而，在運動彩券發行之初期（2008年5月2日到2009年6月30日）由於運動彩券盈餘的運用，受限於「公益彩券發行條例」，僅能作為社會福利用途，無法回饋體育相關發展經費。直到立法院於2009年6月5日通過「運動彩券發行條例」，並於同年7月1日經總統公布實施，運動彩券的發行盈餘才能專款專用於體育發展相關業務與活動。

其次，有關我國運動彩券之發行合法化方面，我國運動彩券發行機構之決定，因「運動彩券發行條例」完成立法而改變。第一屆之發行制度係發行運動彩券專法立法前，由財政部依據「公益彩券發行條例」及「公益彩券管理辦法」之相關規定，形式上「公益彩券發行條例」名為「指定」銀行擔任發行機構，然實際上均透過公開遴選之方式遴選發行機構，以辦理運動彩券發行及經銷商管理等事務。「運動彩券發行條例」及「運動彩券管理辦法」於2009年6月3日完成立法後，運動彩券發行主管機關乃改為行政院體育委員會，並改以「機關下設置」或「公開遴選方式」擇定發行機構。台灣運動彩券發行的重要事件發展彙總如**表1-1**。

貳、第一屆運動彩券發行「先天不足、後天失調」

行政院體育委員會於2006年12月向財政部提出申請發行運動彩券之計畫，並經發行機構之遴選程序，2007年10月2日依甄選結果，指定台北富邦商業銀行（以下簡稱北富銀）擔任發行機構，2008年5月2日正式發行運動彩券，並由台北富邦銀行取得長達近六年之運動彩券發行權。

為了協助政府規劃運動彩券的發行，參觀香港馬會開放賽馬投注和足球彩票的運動投注，為初期的研究提供了寶貴的經驗。也因為歐洲足球的投注牽涉到時差的問題，因此開放虛擬投注將是台灣推行運動彩券所必須採行的方式，在當時香港足球投注的業績近三分之二來自虛擬投注

表1-1　台灣運動彩券重大事件發展

時間	重大事件
1999.06.28	「公益彩券發行條例」增加第4條第二項，為舉辦國際認可之競技活動，得申請主管機關核准發行特種公益彩券。
2004.04.19	前總統陳水扁提及發行運動彩券時機業已成熟，特指示相關部會規劃辦理。
2004.04.22	行政院邀集財政部、內政部、教育部、法務部、經建會、主計處、行政院法規會及體委會之相關代表，召開「研商規劃發行運動彩券之主管機關及相關事宜」會議。
2006.12.29	行政院體委會向財政部申請發行運動彩券。
2007.03.02	立法院三讀通過「公益彩券發行條例」第6條第二項，彩券盈餘僅限用於國民年金、全民健保及社會福利支出。
2007.05.31	財政部公布徵求運動特種公益彩券之發行機構。
2007.10.02	財政部公告由台北富邦銀行擔任第一屆運動彩券發行機構至102年。
2008.05.02	運動彩券正式發行開賣，由台北富邦銀行擔任第一屆運動彩券發行機構。
2008.11.11	運彩虛擬通路開放，網路可投注。
2008.12.16	「運動彩券發行條例」草案由體委會研擬，報請行政院審查。
2009.02.26	「運動彩券發行條例」草案經行政院院會通過，送立法院審議。
2009.06.05	「運動彩券發行條例」經立法院三讀通過。
2010.01.01	「運動彩券發行條例」經行政院發布施行。
2010.01.01	「運動彩券管理辦法」施行。
2010.01.01	「運動發展基金收支保管及運用辦法」施行。
2012.12.21	體委會遴選公告由威剛科技股份有限公司擔任第二屆運動彩券發行機構。
2013.12.31	台北富邦銀行擔任第一屆運動彩券發行機構發行期限終止。
2014.01.01	威剛科技股份有限公司開始擔任第二屆運動彩券發行機構。
2015.09.30	「運動彩券內部控制及稽核制度實施辦法」施行。
2016.11.01	修正「運動彩券發行條例」第8條，運動彩券發行之盈餘，應全數專供主管機關發展體育運動之用。

資料來源：黎萬錩等人（2010），頁11；本研究整理。

（其中包括電話和網路投注兩者）。一系列的跨國研究對我國提供了寶貴的參考經驗，這也促成台灣運動彩券得以於2008年11月11日開放虛擬投注，但是我也深深瞭解各國的國情並不同，我們還是必須訂定一個適合我國國情的運動彩券發展模式。

經過台北富邦銀行七個月之建置作業，運動彩券（實體經銷商通路）於2008年5月2日正式發行，另虛擬通路（電話及網際網路）則於同年11月11日開辦，總計2008年及2009年運動彩券銷售金額分別為新台幣（以下同）52億餘元及139億餘元，發行盈餘則分別為6.8億餘元及18億餘元，前開發行盈餘依「公益彩券發行條例」規定，全數用於支應國民年金、全民健康保險準備及地方政府辦理社會福利之用。

根據統計2008年運彩實際銷售金額為52.3億元、2009年實際銷售金額為139.3億元、2010年實際銷售金額150.4億元，距離發行機構先前參與競標時，所提出2010年年度財務估測計畫320億元，相去甚遠。在年度營收未達預估銷售金額的八成情況下，發行機構必須補足保證盈餘之差額；運彩發行機構台北富邦銀行所屬「運彩科技公司」，年度虧損估計達10億元以上。

在當時台灣缺乏發行運動彩券經驗的機構和廠商，所有企圖競標的國內廠商和機構必須找尋國外的專業合作夥伴，最後，經過公開競標，第一屆運動彩券發行機構由台北富邦銀行和香港馬會的團隊得標，並由兩者合資成立的「運彩科技公司」負責營運。畢竟由於新手上路以及運彩發行籌備的時間過於倉促，第一年2008年運動彩券銷售只有52.28億元，2009年之後銷售雖有增加，但可惜因2012年「運彩科技公司」發生負責賠率管理的主管舞弊事件，造成發行運動彩券的第一次重大危機。本人在當時也積極協助當時的行政院體育委員會化解危機，把對運動彩券發生的損害降到最低。

整體而言，第一屆運動彩券的發行表現不如預期，不甚理想。也造成台北富邦銀行鉅額的營運虧損，導致後來金管會反對金融機構擔任運

動彩券發行機構。而仔細回想起來,「運彩科技公司」銷售業績不盡理想,其原因一方面是籌備的期間只有短短六、七個月,時間太短,畢竟在台灣過去沒有任何銀行或廠商曾經有過發行運動彩券的經驗,因此新手上路,難免跌跌撞撞;另一方面,「運彩科技公司」的兩大股東台北富邦銀行和香港馬會內部對許多問題也難以獲得共識,因為香港馬會一方面要抽取權利金,另一方面香港馬會才是實際具有運動彩券發行的經驗,可是台北富邦銀行作為發行機構當然希望取得主導權,因此造成了兩個單位相互合作相對非常困難,最後導致兩者拆夥。外加運彩科技公司面臨初期發生營運不順的時候,也難以取得母公司台北富邦銀行更多的資源支持。另外,運動彩券第一線的經銷商,也面臨很大的壓力,因為倉促成軍,運動彩券剛上市時,部分經銷商甚至反應對運動彩券本身有許多並不熟悉的地方,陷入所謂「先天不足、後天失調」的窘境。

參、第二屆運動彩券發行「漸入佳境、否極泰來」

在運動彩券銷售金額方面,由**表1-2**可知,台灣運動彩券銷售金額於2008年(發行第一年)為52億、2009年為139億、2010年則約為150億。由於發行機構當初競標運動彩券發行權時,保證運動彩券六年合計之銷售總額為新台幣1,901.3億元;即使未達銷售數字,仍必須要依保證銷售總額八成給政府;在上繳的盈餘金額不變之情況下,發行機構容易造成虧損,因此,第一屆發行機構希望行政院體育委員會能夠同意將六年的目標業績額調降到928億元,以降低需上繳國庫之盈餘數。

第二屆運動彩券的發行(2014年1月1日起至2023年12月31日止)為期十年,由威剛公司擔任發行機構,並且和中國信託商業銀行共同出資成立「台灣運動彩券公司」負責營運。**表1-2**中2014年到2020年第二屆運動彩券發行銷售金額從2014年的240億元到2020年的405億元,平均年銷售金額達346億元,較2008年到2013年的平均年銷售金額約129億元,成長1.7

表1-2　2008～2020年運動彩券銷售統計表

單位：億元

年度	發行金額	獎金費用	銷管費用	可分配盈餘	年增率（％）
2008	52.28	-	-	-	-
2009	139.32	-	-	-	166
2010	150.40	112.36	18.03	19.75	8
2011	128.27	96.20	15.80	16.60	-15
2012	151.46	113.60	18.54	19.65	18
2013	149.34	112.00	18.24	19.50	-1
2014	240.48	187.58	28.86	24.46	61
2015	281.52	219.59	33.78	28.56	17
2016	312.00	243.36	37.44	31.20	11
2017	330.58	257.85	39.67	33.06	6
2018	434.00	-	-	43.40	31
2019	416.00	-	-	41.60	-4
2020	405.00	-	-	40.50	-3

資料來源：教育部體育署及本研究整理。

倍，成果非常難能可貴。

　　另外，**表1-3**為運動發展基金預算執行之分析。由表中可知2020年運動發展基金全年總計將有約36.6億元之收益，該收益主要用於「培訓體育運動人才及運動訓練環境改善計畫」、「健全體育運動人才培育之運動產業環境改善支出計畫」、「辦理大型國際體育運動交流活動計畫」、「非亞奧運及基層運動人才培育計畫」以及「一般行政管理」等五大用途。其中，由各項用途所列之預算數可知，該基金首重「培訓體育運動人才及運動訓練環境改善計畫」（約33.4億元），其次則為「辦理大型國際體育運動交流活動計畫」（約8.59億元）。

　　從2014年起十年的期間，台灣運動彩券的發行機構改由威剛公司擔任，委託中國信託銀行所轉投資的台灣運彩公司擔任受委託發行機構，外加希臘運動彩券專業廠商Intralot擔任技術合作廠商（如**圖1-1**）。

表1-3　2020年運動發展基金預算執行之分析表

單位：千元

工作計畫	法定預算數
基金來源	3,662,750
運動彩券盈餘分配收入	3,600,000
利息收入	62,750
雜項收入	-
基金用途	6,171,788
培訓體育運動人才及運動訓練環境改善計畫	3,342,795
健全體育運動人才培育之運動產業環境改善支出計畫	298,801
辦理大型國際體育運動交流活動計畫	859,274
輔助國民小學及國民中學運動代表隊計畫	817,813
非亞奧運及基層運動人才培育計畫	838,008
一般行政管理計畫	15,097
本期結餘	-2,509,038

資料來源：教育部體育署運動發展基金附屬單位預算案，頁15。

圖1-1　台灣運彩公司組織架構圖

資料來源：台灣運彩公司。

另外，運動彩券在2014年時新增七項運動投注標的、十四種新的玩法、新增150家投注站，以及引進國外場中投注玩法等，預期未來台灣運動彩券將迭創佳績。關於運動彩券投注之標的賽事規劃提供十種運動種類，包括：棒球、籃球、足球、高爾夫球、網球、賽事、撞球（司諾克及9號球）、冰球、美式足、拳擊。在實體通路方面，經銷商數量提供消費者購買的便利性，將全國分為31區，於2015年，順利完成1,500家經銷商之建置。同時原先規劃依據2016年市場規模及新產品上市，增加300家經銷商，合計1,800家經銷商，但是礙於現有經銷商擔心家數過多之疑慮，迄今未能實現。另外，在虛擬通路方面，自2008年11月11日開放虛擬通路，係會員透過台灣運彩公司網站進行投注，並由彩券電腦系統記錄其投注內容，無提供實體彩券，但有投注內容回報之一種投注，台灣運動彩券公司則訂有「第二屆運動彩券虛擬通路銷售作業管理要點」作為民眾參與虛擬投注的規範。

　　關於運動彩券各種銷售通路之銷售佣金比率如下：(1)實體通路佣金：其售出券面總金額6.25%；(2)虛擬通路佣金：其售出券面總金額5.25%，外加公共池的共享；(3)發行機構報酬：售出彩券總金額5.25%。另外，發行機構每月應按售出運動彩券總金額0.5%提存運動彩券發行損失及賠償責任準備金，並開立付款專戶儲存。由於運動彩券銷管費用不得超過售出運動彩券總金額12%，但依「運動彩券發行條例」第11條利用電話、網際網路及其他電訊設備銷售運動彩券之銷售額達售出運動彩券總金額50%時，其銷管費用不得超過其售出金額10%。

　　正當第二屆運動彩券發行帶來初期銷售金額平均年成長10～15%，在2018年世足賽的舉辦更讓運動彩券的銷售成績錦上添花，短短一個月的世足賽比賽期間運動彩券銷售增加70.2億元，讓運動彩券的年銷售額達到尖峰434億元。可是好景不常，天有不測風雲，2020年全世界出現新冠肺炎大流行，在2020年3月到6月期間國際的運動賽事幾乎停擺，記得在2020年3月召開運動彩券內部會議時，我曾經嚴重的警告可能因為疫情的關係，

所有賽事停擺，造成運動彩券銷售金額趨近於零的慘狀，提醒主管機關和運彩發行機構必須未雨綢繆，妥為因應。後來體育署陸續推出動滋券鼓勵大家參與運動、投入運動。同時，運動彩券發行機構想盡辦法遍地搜尋，世界各地只要有運動比賽的項目全部撿拾起來納入投注標的，還好熱愛運動的民眾因為疫情受困在家，也不得不參與投注，再加上體育署同意動用「運動彩券發行損失及賠償責任準備金」5億元，作為發行機構拉高獎金支出率的運用經費，以擴大民眾投注意願。所以，台灣運動彩券公司在疫情困境之下能夠採取積極作為，外加主管機關的鼎力協助，結果締造了2020年運動彩券銷售金額達405億元的佳績，著實令人跌破眼鏡，也讓人對台灣運動彩券公司的經營管理和危機處理能力給予高度肯定。

肆、運動彩券發行的「國際觀」向全世界取經

　　為協助行政院體育委員會規劃運動彩券的發行，本人2002年開始參與行政院體育委員會所補助的專題研究計畫，最早參訪中國大陸國家體育總局體育彩票管理中心，受到當時管理中心周副主任和綜合企劃處劉岳野處長的熱誠接待，瞭解中國大陸體育彩票的發行從中央到省市體育彩票管理中心呈現一條鞭的發行體系，各省市體育彩票管理中心基本上是負責銷售為主；營收的總量很大，占世界排名前兩名，但是若以人均數來看，則和台灣相比還是不及台灣。基本上，中國大陸體育彩票銷售額逐年成長，但是由於曾經發生西安體育彩票的舞弊事件，造成體育彩票一度銷售大幅下滑的經驗。此外，多年來我也先後造訪北京、上海、深圳等地體育彩票管理中心，第一手觀察並親自訪談中國大陸發行體育彩票的優缺點和利弊得失。

　　另外，參訪世界各國的發行機構，其中尚包括香港馬會，主要是投注賽馬和足球，偏重英國體系的賽馬活動和歐洲足球，相當瘋狂。此外，拜訪日本中央賽馬會、競艇和競輪協會時瞭解的運動傳統和文化，前

者發現日本賽馬具有悠久的歷史和傳統,後兩者則都是由地方政府所主導,再交由具有公權力的運動公協會所執行,運作都很順暢。至於2019年透過外國友人協助參訪英國運動彩券Ladbroke-Coral發行機構兼通路商,同時並也參觀其他3家主要運動彩券發行機構兼通路商,全盤瞭解英國運動彩券的發行、管理和營運模式,非常受益;瞭解英國運動彩券的發行就像一般企業經營的公司組織一樣,有獲利則要繳稅,政府主管機關UK Gambling Commission有一套嚴格的監管措施,只不過英國由於稅賦很重,主要運動彩券發行機構都把公司登記在英屬直布羅陀,用以避稅。英國政府發現後,更改課稅方式為依原始投注地點課稅(tax of origin),改善英國運動彩券的發行收入大增,可見稅制的變動對營收具有很大的影響。

參訪義大利和希臘運動彩券發行機構也都是收獲滿滿,前者一度是全球營收最大的彩券發行機構,後者有全球業績蒸蒸日上的INTRALOT技術合作廠商,希臘人口不到台灣的一半,卻擁有如此強大的運動彩券技術合作廠商,而台灣的公益彩券和運動彩券也都是採用希臘INTRALOT技術合作廠商所提供的技術,真是令人佩服。至於2019年參訪澳大利亞維多利亞省運動彩券主管機關(Victorian Commission for Gambling and Liquor Regulation, VCGLR)和發行機構(TABCORP),系統維運商(INTRALOT Australia)及其所屬經銷商等,針對澳洲地區運動彩券的相關法規、新型商業遊戲科技技術之應用,包括人工智慧、互聯網或區塊鏈等多項議題進行交流,特別是在監管的嚴密程度、官員的專業度和責任博彩的關注等,也都留下深刻的印象。再者,參訪新加坡賽馬會,以對台灣推動境外賽馬投注的相關議題作為借鏡。外加在前後多次參訪香港馬會,瞭解香港開放賽馬投注和足球彩票包括賠率的設定等運動投注的種種細節,也因為歐洲足球的投注牽涉到時差的問題,因此開放虛擬投注將是台灣推行運動彩券所必須採行的方式,以上國外參訪行程,為我從事運動彩券在初期的研究提供了頗具參考和借重之寶貴經驗。一系列的跨國參訪

和研究不僅結識世界各國在運動彩券發行相關的國外友人，也確實對我研究運動彩券及提出因地制宜、適合我國國情的監管和營運模式提供相當寶貴的參考經驗。

伍、運動彩券未來發行「有甜有苦、挑戰艱鉅」

疫情似乎已漸趨好轉，國內外運動賽事也逐漸恢復正常，可以預期的是運動彩券未來的銷售成績應該會漸入佳境，然而大眾對於運動彩券的發行還有更高的期待，好還要更好，但是運動彩券發行績效的好壞，基本上受到運動彩券本身主客觀因素的挑戰，部分影響運動彩券銷售好壞的因素可能是來自結構性的因素，自然而然這些因素不容易克服。以下本人針對運動彩券的發行政策及相關議題，經過多年的觀察和研究心得，提出多項檢討與分析，具體項目包括如下：

一、運動彩券賠率仍無法與地下賭盤競爭

地下賭盤的賠率最高者接近98%，較低者也接近80%；風險高、產品的市場性強，是政府發行運動彩券最難與地下賭盤匹敵的地方。由於目前地下賭盤開出之獎金支出率約為95%，大部分欲藉發行運動彩券以打擊杜絕地下賭盤之國家，亦以相同或甚至較高之獎金支出率作為競爭策略。相較之下，我國運動彩券目前依法之獎金支出最高僅達到售出總金額之78%，如此難以形成誘因以提高民眾購買運動彩券之意願。

作者曾經參與自北中南運動彩券發行機構籌劃公聽會，明顯看出不論是國外運動彩券相關業者、國內發行機構專業人員、經銷商代表、學者專家，或是其他對運動彩券發行之關心人士均有相同看法，運動彩券獎金支出率必須大幅提高，至少與地下賭盤開出之獎金支出率不能差距太大，否則發行機構將無法獲利，經銷商亦無法生存。

發行運動彩券雖需設法提高獎金支出率之上限，然而經過我研究團隊所做的多項提高獎金支出率之模擬分析結果，理論上可行，然實務上運動彩券利害關係人之任何一方都不願意調降收入分配的比例，所以，若「運動彩券發行條例」之條文繼續維持現行政府盈餘為固定比率之做法，則獎金支出率勢必難以提高。

第一屆運動彩券發行其獎金支出率為75%，第二屆運動彩券發行其獎金支出率則提高到78%，乃經過許許多多的模擬和分析所得出比較可行的結果，奈何78%的獎金支出率仍難以抗拒地下賭盤甚至高達95%獎金支出率的挑戰，因此許多經銷商經常不斷提出呼籲提高獎金支出率。事實上如果獎金支出率要提高，勢必牽動經銷商銷售佣金的比率、發行機構的發行報酬百分比，以及政府主管機關取得的盈餘百分比等，牽一髮而動全身，除非仿造香港馬會的做法，主管機關和發行機構共同承擔和分享運動彩券的發行，也就是採收入分成制度或採最低保證盈餘加收入分成制度，值得再進一步檢討和討論。

二、增加場中投注

現階段運動彩券發行成功的兩大關鍵因素，一方面是因為場中投注的吸引力。以棒球賽事為例，以美國職棒及日本職棒賽事作為投注標的之運動彩券為目前發行機構之主力商品。然而，為同步轉播其賽事以提高民眾參與運動彩券投注之興趣，發行機構需透過贊助金之方式與電視台合作，或透過支付權利金之方式取得賽事轉播權，兩者皆所費不貲，對發行機構而言實為沉重負擔。再者，運動彩券之發行，必須搭配成熟之運動賽事轉播環境。惟綜觀運動彩券發行蓬勃之先進國家，所建立之轉播頻道數量、賽事轉播數量，以及專業賽事資訊平台之數量等等，皆非我國所能比擬。

三、經銷商的遴選

現行運動彩券經銷商的遴選比較著重在追求公平性，大體上只要符合運動彩券經銷商的資格，透過公開抽籤的方式，即有機會取得擔任運動彩券經銷商，似乎反應擔任運動彩券經銷商的資格其進入門檻很低，不利於運動彩券的銷售；然而由於運動彩券經銷商需要具備較多的運動專業知識，以及需要對運動項目比較有興趣者較為合適，又目前運動專業人員擔任運動彩券經銷商的比例只有三成，因此未來應可考慮強化擔任運動彩券經銷商者必須加強運動專業知識和銷售技巧等專業訓練。

四、部分運動彩券經銷商銷售成績欠佳，有待加強管理

經過多次實地參訪各地的運動彩券經銷商，以及在許多運動彩券相關會議場合所獲得的訊息，得知部分運動彩券經銷商銷售成績欠佳，不利於整體運動彩券銷售的業績，甚至走入地下，或是淪為人頭戶，此種做法並不健康，因此建議對於部分運動彩券經銷商銷售成績欠佳者，發行機構必須擬具一套完整的培訓和輔導機制，甚至訂定一定比例的淘汰機制。

政府主管機關應該透過公權力加強取締地下運動彩券的活動，以及嚴格禁止運動彩券經銷商以合法掩護非法經營地下運動彩券；同時透過不斷的大量宣導嚴格禁止「退佣」的情況出現，破壞市場秩序，以防止劣幣驅逐良幣的現象。例如香港馬會和警方通力合作全力打擊非法地下運動投注，並提供相當獎金的誘因；韓國的做法則是對購買和銷售地下運動彩券者處以刑罰。

五、經銷商教育訓練

經銷商的銷售業績好壞固然因素很多，有些跟本身的人格特質和本

職學能有關，有些可能和外部銷售環境有關，然而對於原本缺乏運動專業的一般經銷商，實在有必要訂定最低一定時數的教育訓練要求；同時經銷商教育訓練的課程應該包括銷售和溝通技巧、責任博彩、相關法令規定、投注玩法、各種投注運動項目、顧客關係管理等。

六、運動彩券發行盈餘分配與運用

運動彩券的發行一方面透過發行與管理，使彩券發行的銷售收入和盈餘極大化；另一方面，針對運動彩券發行盈餘分配與運用，必須妥善加以處理，以發揮運動彩券盈餘運用的公益性和對運動及體育事業發展帶來較大的助益功能，以利於運動彩券發行的形象及運動彩券的銷售。因此運動彩券發行盈餘如何善加分配與運用，關係運動彩券發行的銷售收入和盈餘極大化，至關重要。

七、對抗地下運動彩券和人頭戶

不管政府是否發行運動彩券，地下運動彩券存在的事實不可否認，或許無法正確掌握地下運動彩券的規模有多大？但是一般預期台灣如其他各國一樣始終存在龐大規模的地下運動彩券交易，地下運動彩券由於經營成本明顯較低，往往利用高報酬、高風險的操作模式打擊政府發行的運動彩券，因此長期以來設法提高運動彩券賠率的呼聲從未間斷，奈何政府發行的運動彩券受制於政府、發行機構和經銷商三方的利益分配，實在無法提出如地下運動彩券賠率可能高達95%的水準。因此，地下運動彩券的存在，自然明顯衝擊到政府發行運動彩券的績效。除了透過政府部門持續的宣導民眾正確的投注觀念，有效取締地下運動彩券的交易，設法提高運動彩券投注的賠率，都是必須考慮多管齊下的必要做法。

另外，部分運動彩券經銷商由於銷售業績不佳，可能鋌而走險淪為

人頭戶，甚至協助地下運動彩券的交易，此種違法的行為，政府主管機關和發行機構有共同的責任和義務多加宣導，並採取必要的嚴厲取締和懲罰措施，以維護運動彩券發行的誠信原則和公平性。

八、虛擬投注

運動彩券的銷售包含實體投注和虛擬投注兩種方式，以香港馬會為例，虛擬投注所占營收的比重遠遠超過實體投注，可是台灣的情況與北歐國家類似，反而是虛擬投注所占營收的比重遠遠落後實體投注，兩者大概是20%：80%。第一期台北富邦銀行發行的運動彩券到目前第二期威剛科技股份有限公司發行的運動彩券，僅成長到30%：70%，兩者皆是相近的比例。目前運動彩券經銷商每增加一位虛擬會員可以獲得5.25%的銷售佣金，外加非透過經銷商所進行的虛擬投注金額，再按各家經銷商虛擬投注的銷售實績之比例加以分配。

根據上華市場研究顧問股份有限公司（2017）的研究報告，在虛擬通路的得知管道上，詢問曾經使用過虛擬通路的166位消費者，是透過何種管道得知運動彩券官網的「虛擬通路」？調查結果顯示，以「經銷商推薦」（44.6%）占的比例最高，其次則依序為「運動彩券官網」（26.5%）及「親朋好友告知」（24.1%）；在沒使用虛擬通路的原因上，詢問沒有使用過虛擬通路的556位消費者，沒有使用「虛擬通路」投注運動彩券的原因為何？調查結果顯示，以「擔心個人資料洩漏」（47.8%）占的比例最高，其次則為「操作介面過於複雜」（26.1%）、「不知道有虛擬通路」（23.9%）及「付款方式不夠便利」（21.2%）；在虛擬通路的投注頻率上，詢問曾經使用過虛擬通路的166位消費者，平均一個月透過「虛擬通路」大概下注運動彩券幾次？調查結果顯示，以「1～10次」（51.8%）占的比例最高，其次則為「11～20次」（32.5%）。

為了增加運動彩券的銷售實績,提升虛擬投注所占的比例及金額,或許是發行機構可以嘗試努力的方向,但是實際的狀況發行機構應該透過大數據分析,進一步瞭解當虛擬投注比例提升1%以及投注金額增加時,對於實體投注的比例變動和投注金額變動的大小,以進一步精準的掌握虛擬投注相對較佳的比例大小,以有助於運動彩券的銷售實績。

九、責任博彩

　　根據劉代洋(2014)研究報告,針對消費者在那些地方看過有關運動彩券「請節制投注」和「未成年人不得購買及兌領彩券」等宣傳。在1,071位消費者中,有24.1%的消費者在「電視或報紙廣告」看過。其次則依序為「投注站海報或DM」,占22.8%;「運動彩券上」,占11.6%;「投注單」,占10.4%;「運彩官網」,占9.8%;「投注站老闆或店員宣導」,占8.2%。另外,針對消費者認為對於防止運動彩券「投注過度」和「未滿18歲不得購買或兌領彩券」有幫助的方式。在1,071位消費者中,有61.3%的消費者認為「校園教育推廣」對於防止「投注過度」和「未滿18歲不得購買或兌領彩券」有幫助,占最高的比例,其次則依序為「加強經銷商對購買者『玩亦有責』的宣導」,占59.3%;「於投注站張貼宣傳海報及警語」,占54.1%;「演唱會或戶外活動」,占51.8%;「舉辦座談,策畫媒體專題報導」,占48.8%;「成立嗜賭防治專案」,占47.9%;「在投注單與彩券宣導『玩亦有責』」,占46.3%;「建立研究及輔導機構」,占44.7%;「贊助視聽教材製作」,占42.5%;「舉辦講座活動」,占36.4%;「巡迴專題演講」,占34.2%。

　　有關責任博彩相關資訊之提供,根據劉代洋(2012)研究指出,目前發行機構對於提供責任博彩相關資訊,主要藉由文宣傳遞彩券玩法以及投注相關注意事項外,亦透過投注站張貼未滿18歲不得投注、投注不得過量之警告標語。另外,針對問題賭博之專設機構,至目前為止,國內尚未

有此類專責機構之設置。因此建議可參考新加坡投注站，放置有關問題賭博相關所製作之宣傳手冊與海報，藉由列出問題賭博Q&A、自我診斷測驗等內容，清楚告知消費問題賭博相關資訊。此外，亦設置責任博彩專線（Hotline）供消費者免費諮詢與求援，皆為正面性的責任博彩具體執行措施。

現行台灣運動彩券公司的責任博彩措施乃採用世界彩券協會所提出的責任博彩七大原則和十大要素，其中七大原則包括：(1)採取適當措施以保護消費者與易成癮者族群；(2)採取的措施與程序要能符合當地法規；(3)盡可能瞭解且應用責任博彩的相關研究資料；(4)與利益關係人共用資訊且盡可能地推廣責任博彩；(5)促進合法且能節制投注的產品設計與行銷活動；(6)確保消費者在充分資訊的情況下知悉投注風險；(7)監督與精進責任博彩措施，並讓社會大眾周知。另外，十大要素則包含：(1)研究工作；(2)員工方案；(3)經銷商方案；(4)產品設計；(5)虛擬通路；(6)廣告營銷傳播；(7)消費者教育；(8)輔導轉介；(9)關係人共同參與；(10)報告與評量。整體而言，現行的責任博彩措施雖已初具雛形，事實上和英國、新加坡、澳大利亞和香港等國家和地區實施的狀況加以比較，尚且相對簡單而仍有相當的改善空間。

十、提高運動彩券發行市場的滲透率

現有運動彩券投注總人口低於五萬人，平均每天投注人口低於一萬人參與投注，市場滲透率明顯偏低。因此擴大虛擬投注的比例至關重要，目前虛擬投注會員，申請時採實名制，同時必須提出身分證明及金融機構存摺，以及支付手段過於複雜等，因此設法簡化虛擬投注的申請手續，以及讓虛擬投注會員使用支付手段更加便利，有待進一步研究。

十一、政府盈餘改採最低保證盈餘以及收入分成和利潤分享

目前發行機構須將運動彩券銷售金額之10%上繳國庫作為運動發展之基金，不利於提高運動彩券之賠率設定，使運動彩券銷售業績一直難以有所突破。根本解決之道，係將目前做法改採為毛利比例或淨利比例之做法，使主管機關與發行機構利潤共用，對於突破目前運動彩券賠率及銷售金額之困境將有所助益，長期而言，亦有助於我國運動彩券產業之正向發展。

歐洲多數國家包括希臘、義大利、英國、丹麥、匈牙利、奧地利、拉脫維亞以及亞洲地區的新加坡、香港等國家及地區，均不設獎金支出率之上限，透過政府盈餘收取方式，改採最低保證盈餘以及收入分成。

因此，為使運動彩券發行更加符合效益及效率，未來應考慮修法刪除獎金支出率之限制，並降低經銷商佣金比例至4%；同時設定最低保證盈餘，超過最低保證盈餘金額之部分，得由政府酌予收取10%，以提高發行機構實得之發行費用。透過此方案將能使運動彩券發行得以具備更大的彈性空間及吸引更多專業人士投入，獎金支出比例提高至95%，更可有效與地下賭盤競爭，如此一來，便可擴大運動彩券之銷售規模，運動彩券發行所帶來之利潤自然增加，達到主管機關和發行機構兩者互利共贏之局面。

十二、發行運動彩券以「境外」賽馬作為投注標的

為增加運動彩券發行的銷售收入，發行機構不斷設法增加新的投注標的，特別是國人有興趣的運動項目，賽馬運動在國際上是非常普遍的一種運動項目之一，包括運動彩券的投注標的在國際上賽馬運動幾乎不可或缺，因此以「境外」賽馬作為運動彩券的投注標的符合國際化趨勢。根據台灣運動彩券公司初步估計「境外」賽馬作為投注標的，每年可為運動彩

券銷售增加約10億元，如果先從英國賽馬作為投注標的開始，再逐步加入澳大利亞賽馬、新加坡賽馬、日本賽馬以及美國賽馬在內（只可惜因為香港賽馬會索取過高權利金因此作罷），相信運彩收入當可逐年提高。

另外，亦可推廣國人對於賽馬運動的興趣，因為賽馬運動在先進國家都被視為社交和娛樂活動的一個重要媒介，特別是如英國安排在週末假日舉辦賽馬運動，成為當地居民的社交和娛樂活動。至於透過賽馬運動的資訊作為運動彩券的投注標的，是否會帶來賭博成癮的問題有待進一步的研究和釐清。

十三、運動彩券經銷商人才培訓

依「運動彩券發行條例」第3條：「發行機構指經主管機關指定辦理運動彩券之發行、銷售、促銷、賽事過程與其結果之公布、兌獎、管理及其他相關事項之機構；經銷商指與發行機構或受委託機構簽訂契約並發給經銷證，銷售運動彩券者。」第10條：「發行機構或受委託機構辦理運動彩券經銷商之遴選，應以具體育運動專業知識並通過發行機構舉辦之評定者，或於前屆運動彩券發行期間仍為運動彩券經銷商為限；有關體育運動專業知識認定標準，由主管機關定之；發行機構辦理評定及核發證照應擬具施行要點，報經主管機關備查後實施。」

「運動彩券發行條例」對運動彩券經銷商應具有體育運動專業知識的要求，民眾購買公益彩券，只要送上自選號碼或任由電腦選號，就完成交易，但運動彩券則需要經銷商說明賽事、玩法乃至各種代號，銷售過程中確實需要經銷商專業性的說明與服務。「運動彩券發行條例」不以「身分」而以「能力」（具備體育運動專業知識）作為遴選經銷商條件，無非是希望運動彩券的銷售體系能回歸商業機制架構，使盈餘能最大化。

運動彩券經銷商依規定分為經銷商、代理人及僱員，目前（2021年2

月）分別有1,574人、2,923人及712人，共計5,209人。每一間運動彩券行可有6位人員，包括1位經銷商、2位代理人和3位僱員，而台灣目前1,500家店面，能夠創造約9,000個就業機會。其中，約有三成的經銷商是具有體育運動專業知識的人士，包括曾獲國光體育獎章、取得全國性體育團體B級以上教練證或裁判證、曾擔任國際重要賽事的教練或選手，以及國內體育運動相關科、系、所畢業者等，像是奧運金牌選手陳怡安及桌球國手蔣澎龍等目前都是運動彩券經銷商。

然而根據我們多年來與運動彩券經銷商接觸、訪談和座談的經驗來看，現階段運動彩券經銷商普遍存有下列問題：

1. 目前多數運動彩券經銷商為公益彩券經銷商延續而來，年齡普遍偏高，容易造成世代落差及經驗銜接的問題，似乎不利於未來運動彩券的銷售。

2. 目前運動彩券經銷商具有運動專業知識的比例偏低，運動彩券銷售人員如果能夠具備運動專業知識或是對運動具有興趣者，較有利於運動彩券的銷售，因此應鼓勵更多具有運動專業之運動員投入此行業。

3. 目前之運動彩券經銷商基本條件普遍並不理想，應每年持續進行教育訓練，提升其專業知能，培養包括具備銷售技巧、客戶關係管理和責任博彩等能力。

4. 運動彩券經銷商對於責任博彩的認知普遍不足，對沉溺投注運動彩券之消費者往往無法發揮經銷商關心顧客的基本態度。

運動彩券為運動服務業，運動彩券經銷商需倚賴具備專業知識與能力的人力資源方能有效支持運作，而其勞動力發展主要係透過教育訓練來養成及提升，範疇理應與職場系統相呼應，其內涵理應與工作內容相吻合，方能充分支援產業發展及勞工就業所需，因此實有必要針對運動彩券經銷商專業知能與相關人才培訓課程進行研究，藉由運動彩券經銷商專業

知能之訂定，包含其資格、工作內容、要求或人格特質、專業知能內涵及培訓課程等，以符合運動彩券產業發展動態。

對於未來規劃新增300家投注站，相關人才需求應有1,000人以上。經銷商專業知能的部分，至少應具備：賽事分析、投注技巧、投注站日常管理、銷售技巧、客戶開發及維繫、零售業管理、責任博彩以及政府相關法令等專業知能。

十四、彩券社會責任的觀察與省思

事實上彩券本身屬於一種政府管制下的特殊性產品，因此彩券發行的社會責任格外受到社會所重視。而彩券發行的社會責任議題應該同時包括發行管理和盈餘分配與運用兩個層面。基本上，彩券發行的相關的利害關係人（stakeholders）應該包括政府、彩券發行機構及其團隊成員、員工、經銷商、消費者、從事彩券研究機構及人員和社區等。

彩券發行經銷商的社會責任包括：(1)經銷商不得經營非法賭博，亦不得銷售地下非法彩券；(2)經銷商不得銷售予18歲以下者；(3)非經遴選合格之經銷商不得銷售彩券；(4)銷售處所門口中心點距學校之大門口中心點直線距離必須在100公尺以上；(5)經銷商須於銷售出入口標示未滿18歲者不得購買和兌領彩券；(6)經銷商應依面額銷售彩券；(7)如果知悉中獎人數據必須保密，不得洩漏等。

彩券發行機構的社會責任包括：(1)彩券經銷商的遴選及管理；(2)發行機構、受委託機構不得發售彩券給未滿18歲者；(3)彩券中獎人姓名、位址等資料應嚴守保密；(4)避免過度投注的警示處處存在，時時存在；(5)提供可供協助的專線、人員和相關機構等公開訊息；(6)擬定年度彩券發行計畫報告並請主管機關核准後才得以發行；(7)擬定針對彩券發行可能產生問題之預防措施；(8)促銷策略應以彰顯公益，配合政府施政及提升政府形象為原則；(9)任何有關彩券之廣告行為，均應有所規範並報請

主管機關審查；(10)應以公平、公正、公開方式進行開獎作業，並請協力廠商獨立公正人士監督全部過程等。

Chapter 2

台灣運動彩券發行先期
規劃（2002～2007）

壹、催生台灣發行運動彩券

貳、研擬發行運動彩券需求規範

參、評估發行運動彩券對社會經濟影響

壹、催生台灣發行運動彩券[1]

　　世界各國，包括義大利、法國、德國、中國大陸和南韓等，普遍皆採發行運動彩券作為募集發展體育經費的來源。國內於91年1月同時發行立即型、傳統數字型以及電腦彩券三種不同類型的彩券，以籌集更多的社會福利經費財源。因此，發行具有市場區隔的運動彩券自然而然可以作為募集體育發展經費之所需。

　　為了推展全民體育運動，積極尋找投入更多的體育資源和經費，行政院體育委員會在90年12月「國家競技運動發展會議」中增列議題三「整合體育資源，充實體育經費」作為討論項目，其中包含：(1)鼓勵企業贊助的策略；(2)體育發展基金之設立與運用；(3)運動彩券（sports toto）之發行三項子題。事實上，如果把體育和運動兩者視為產業發展的一環，而不單純侷限於運動比賽項目而已，則運動產業的發展自然而然如同其他高科技產業或傳統產業的發展一樣，必須注入企業經營管理的專業技能和募集充裕的資金，以全力支持和協助運動產業的健全發展。發行運動彩券以募集更充裕的資金，乃成為不可或缺的手段之一。

　　中國大陸發行體育彩票（如**圖2-1**、**圖2-2**）的動機是著眼於為了辦理大型運動會（如六屆全運會及八大比賽項目，如跳傘、射擊、射箭等）及大型比賽活動（包含四十三屆世界乒乓賽及農業運動會等），籌集體育發展所需資金，以彌補發展體育事業以及完成重大體育賽事經費的不足。其體育彩票的發展歷程大致可分萌生起步（1984～1993年）、初步發展（1994～1997年）及走上成熟（1998年～）三個階段。而銷售金額從1994年的10億逐年增加，直到2001年10月22日足球彩票正式推出後，體育彩票的銷售量有重大突破，向上攀升至149億人民幣的高峰。

　　透過直接訪談的方式收集並瞭解中國大陸現行發行體育彩票的現

---

[1] 本文係劉代洋等（2003）接受行政院體育委員會委託研究「我國發行運動彩券可行性之評估——以中國大陸發行體育彩票為例」報告摘錄而成。

圖2-1　中國發行體育彩票

資料來源：每日頭條網。

圖2-2　中國發行體育彩票辦理大型運動會

資料來源：廣東省體育彩票管理中心360圖片。

況、背景、成功因素、遭遇問題和困難,以及如何因應處理、管制組織架構、相關管制規定等等。訪談的對象和地點包括中國大陸中央管制單位及管理機構和各主要地方執行單位,前者主要包括中國大陸國家體育總局體育彩票管理中心和體育基金管理中心,拜訪體育彩票管理中心孫晉芳主任和轄屬單位負責人員,針對中國大陸發行體育彩票的全部現況和結果,從開始發行到目前發行現況之種種前因後果作一完整的描述、討論和分析,以為我國未來考量發行運動彩票可供借鏡之處。主要目的有下列幾項:

1.瞭解中國大陸發行體育彩票之相關社會背景及歷史沿革。
2.瞭解中國大陸發行體育彩票之發行方式、組織架構及營運管理現況。
3.瞭解中國大陸發行體育彩票之相關法律及稅制管制規定。
4.瞭解中國大陸發行體育彩票所遭遇困難與挑戰及其處理解決方式。
5.瞭解中國大陸發行體育彩票成本效益及利弊得失分析。
6.瞭解中國大陸發行體育彩票可資借鏡之經驗並理出可供參考之具體可行建議。

一、中國大陸發行體育彩票所遭遇困難與挑戰及其處理解決方式

中國大陸自1984年10月開始發行體育彩券,在中央及各省市政府的配合及共同努力下,體育彩券之銷售金額亦呈穩定成長之態勢。以上海為例,上海於1992年為舉辦東亞運動會集資而開始發行體育彩票,至今已有十年之發行歷史,根據上海市體育彩券管理中心所提供之資料,十年來上海共銷售了27億人民幣之體育彩票,自1999年後,電腦體育彩票之銷售量開始提升,預估在2002年全年度將有9億人民幣之銷售金額。和上海相同其他各省市近年來體育彩票銷售額亦呈穩定之成長態勢,但在此背後,中國大陸發行體育彩票亦遭遇到相當之困難及挑戰,中國大陸管理當局已針對部分問題進行研究並提出解決方式。

(一)中國大陸發行體育彩票所遭遇困難及挑戰

◆體育彩票面臨之市場競爭者

中國大陸體育彩票目前所面臨到最大之問題在於來自各方之競爭，以北京所發行之體育彩票為例，其所面臨之競爭如**圖2-3**所示，由圖中可得知目前各省市所發行之體育彩票所面臨之競爭對手主要來自五個部分，分別說明如下：

● 國外彩票之競爭

除了中國大陸之外，目前世界各國有許多國家亦有各項彩券之發行，例如台灣發行之電腦彩券、香港六合彩、美國威力球彩券等等，另

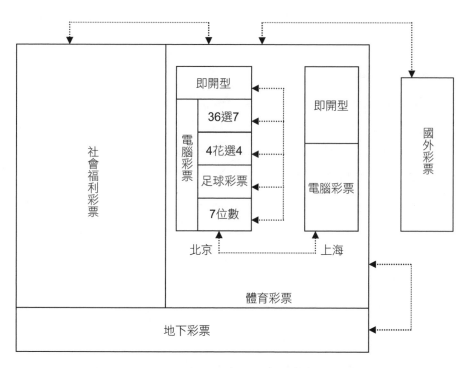

圖2-3　各省市體育彩票面臨之競爭圖──以北京為例

資料來源：本研究整理。

外，針對各項大型之運動比賽例如世界盃足球賽、美國超級盃、美國職籃、職棒、英國足球超級聯賽等等各國亦有賭盤存在。

國外彩票相較於中國大陸發行之體育彩券之相對優勢為：

1. 獎金高：以美國2002年底之威力球彩券為例，其頭彩獎金高達3億美金，而台灣之頭彩獎金動輒亦有上億新台幣（約300萬美金），相較之下，中國大陸體育彩券之頭彩獎金最高之金額限於500萬人民幣（約65萬美金），其競爭力自然不若他國所發行之彩票。

2. 玩法多樣性：中國大陸於2001年推出足球彩票，以運動勝負為下注之對象，但此種以運動為下注對象之賭盤於國外早已行之多年，且其玩法更加多樣化。目前電腦科技發達，已有國家之彩券可採網路下注之方式進行，因此未來中國大陸之體育彩票將會面臨更多來自國外之競爭。

● 地下彩票之競爭

根據中國相關法令規定，發行彩票的審批集權在國務院，任何地方或部門均無權批准發行彩票，但除合法之彩票存在之外，不可避免的，中國大陸個別地區亦存有私自發行彩券或代銷境外彩券等非法行為，這類之彩票或賭盤，通常以國外之重要運動比賽為下注對象，其主要之優勢如下：

1. 中獎獎金免稅：根據中國大陸稅法規定10,000人民幣以上之中獎者須依法繳納「個人偶然所得稅」，地下彩券之最大優勢在於中獎獎金可免稅，如此將提高購買者之購買意願。

2. 發行成本低：依目前中國大陸發行體育彩券之條例，中獎獎金為總銷售金額的50%，公益金為銷售總額35%，發行費為銷售金額15%。

相較於政府發行之體育彩券只有50%為獎金，地下彩券之中獎率及報酬率遠高於合法彩券。

● 社會福利彩票之競爭

中國大陸目前發行之合法彩券除了體育彩票之外，同時有社會福利彩票（如**圖2-4**）。此兩種彩票皆是國務院批准，同時皆以為社會公益集資為目的。

在中國大陸社會福利彩票之發行歷史較體育彩票長久，無論在發行經驗，銷售之軟硬體皆較體育彩票佳，因此長久以來，社會福利彩票的銷售金額皆高於體育彩票，一直到2001年，體育彩票推出足球彩票之後其銷售額才在某些省市超前社會福利彩票，但兩者之銷售金額在各省市皆大致相當，由於雙方之競爭對雙方提高銷量皆有益處，因此兩者目前處於良性的競爭狀態，但未來彩券發展接近成熟期時，彼此相互激烈的競爭勢必不可避免。

● 其他省市體育彩票之競爭

目前中國大陸之規定，各省市若有舉辦大型運動會，可依運動會之

圖2-4　中國福利彩票投注站

資料來源：中國福彩網。

規模及賽事的經費需求向中央提出發行體育彩券。除此之外，個別地方和部門亦有未經批准擅自發行等變相發行體育彩票之情形。這些都是造成各省市間體育彩票發行之競爭。

● 同省市中其他體育彩票之競爭

目前中國大陸，各省市發行之體育彩票亦有相當多之種類，以上海為例，便有即開型彩票及電腦彩票，而電腦彩票又分為「36選7」、「30選7」、「6＋1」及2001年推出之「足球彩票」；北京方面，亦有即開型彩票及電腦彩票，在電腦彩票方面又分為2000年5月推出之「36選7」、2001年4月推出之「4花選4」、2001年10月推出之「足球彩票」及2002年7月推出之「7位數」玩法。

不單在上海、北京等大都市，其他各省市中通常都有數種體育彩票之發行，各省市中體育彩票購票者有限，其購買預算亦有限，因此在各省市中所發行之各類彩票亦互為競爭對手，但同時也是合作之對象。

◆ 體育彩票管理體制之定位問題

中國大陸目前體育彩票之發行集權在中央國務院，其主管機關為財政部及國家體育總局，各省市為配合體育彩券及銷售大都設有各省市體彩中心，圖2-5便為中國大陸彩票之管理機制架構圖。

由架構圖可看出，在管理機制方面，中國大陸之體育彩票之主要問題如下：

● 主管機關疊床架屋，執行單位行政負擔加重

由架構圖可看出，中國大陸不論在體育彩票及社會福利彩票之發行皆面臨同一單位受到兩個以上主管機關領導或監督之問題。總局體彩中心之主管機關為國家體育總局及財政部；各省市之體育彩票中心之情形更為嚴重，由圖中可看出，各省市之體育彩票中心同時受到各省市體育局、各省市財政局及總局體彩中心之管制及監督。又因為主管單位之權責目前並無明確之劃分，因此當主管單位意見或看法不同時便造成執行單位無從適從之情形。

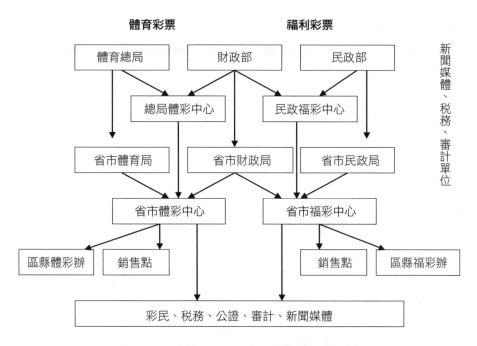

體育彩票　　　　　　　**福利彩票**

新聞媒體、稅務、審計單位

圖2-5　**中國大陸彩票發行管理機制架構圖**

資料來源：本研究整理。

　　又因各單位間大都有本位主義之存在，因此常造成執行單位在執行時之困擾，同時也降低了執行單位之工作效率。

● **主管部門和銷售部門之相互掣肘**

　　如同以上所提，各省市體彩中心之主管機關為各省市體育局、各省市財政局及總局體彩中心等傳統之行政部門，一般而言，傳統政府行政部門之工作通常較制式化，同時其工作效率皆不如民間企業；但體育彩票之銷售乃是在變化莫測的市場中，省市體彩中心唯有按市場經濟模式去運作，並以最快的速度去滿足購買者之各項需求方能創造更高的銷售額。

　　由以上可知主管單位和銷售單位不論在管理模式上及效率上都存有相當多的問題。

● 銷售獎金制度之設計誘因不足

　　根據訪談之結果，目前中國大陸所發行之體育彩票，當其銷售金額到達一定程度時，對於省市體彩中心有所謂獎金紅利制度之設計。在獎金制度之激勵之下，各省市及體彩中心自然願意努力推動體育彩票之銷售，但對於主管單位財政部及體育總局而言，卻無相對之激勵制度。

　　在此種制度之下，執行銷售單位雖有心推動體育彩票之銷售，但相較之下，主管機關卻顯得興趣缺缺。造成執行單位或主管單位推行時一冷一熱不同態度之問題。

◆ 體育彩票之宣傳問題

　　體育彩票對於中國大陸而言為一新興事業，而對許多民眾而言亦為一項新產品。對新產品而言，除了產品本身之設計之外，最重要的便為適當的宣傳（promotion）使消費者能知曉產品，進一步地產生購買行為。但體育彩票此一商品之性質特殊，畢竟公益和賭博行為之認知僅有一線之差。中國大陸在進行體育彩票之宣傳時，面臨到以下之困難及問題：

● 中央對體育彩票宣傳之限制

　　在1996年前，中國大陸管理當局更要求不得對外宣傳，要求先做好再講話，因此造成體育彩票在推行初期時之宣傳處處受限。

　　體育彩票雖以公益為出發點，但難免有賭博之性質存在，由於中國大陸社會文化傳統觀念向來不允許有助賭博風氣發達之事物存在。中國大陸之管理當局，更是下達「體育彩票之發行不得引起賭博風氣，且宣傳以公益為目的」之命令，而體育彩票對某些民眾而言又是與賭博畫上相似符號。因此中國大陸之管理當局在推行體育彩票活動時便面臨著「如何合理推行彩票」這個問題。

● 民眾對體育彩票公益金使用瞭解程度不夠

　　體育彩票之發行，雖以籌集社會公益基金為其主要目的，但根據2002年6月份上海體彩中心課題組，針對上海之體育彩票購買者所做之研究顯示，體育彩票之購買者對於體育彩票公益金的使用不夠瞭解。

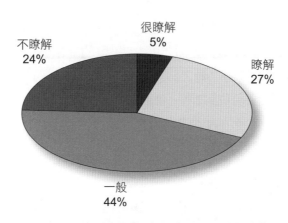

圖2-6　上海體育彩票購買者對公益金使用瞭解程度比例

資料來源：上海體彩中心課題組。

　　由**圖2-6**所示，在3,294位受訪者中，僅有181位表示對體育彩票公益
金之使用情形很瞭解，另外有881位之受訪者表示瞭解。表示「瞭解」和
「很瞭解」之體育彩票受訪者僅占所有受訪者32%。

　　由以上之調查可知，體育彩票之發行雖以公益為目的，但對大部分
購買者而言，仍然不清楚公益金使用分配情形。這表示體育彩票的管理部
門與銷售部分對於體育彩票對社會公眾的宣傳仍嫌不足。

● 管理單位與執行單位行銷人力及人才有限

　　中國大陸體育彩票發行之主要主管單位為國家體彩中心，共分為六
個部門，分別為：

　　1.綜合處：負責體育彩票之整體規劃。

　　2.財務處：負責體育彩票之財務規劃。

　　3.技術處：負責電腦彩票軟硬體。

　　4.發行處：負責體育彩票之規劃。

　　5.銷售處：負責即開型體育彩票之發行。

　　6.印製處：負責體育彩票之印製。

另外，在各省市之體彩中心，一般而言其員工人數仍屬不足，以體育彩票2002年估計銷售金額為9億人民幣的上海為例，目前（2002年10月）上海市體彩中心之員工共計25名，除了綜計處有7名員工外，其餘各處員工人數大都為1位到2位。而員工中又以體育界人士占大多數。

由以上可知，中國大陸之體育彩票之主管及各省市的執行單位中，面臨著行銷宣傳人力及人才不足之問題。

◆足球彩票標的之問題

為提高體育彩票之銷售，中國大陸於2001年10月正式推出足球彩票，由於足球彩票玩法新鮮，且具挑戰性。因此足球彩票之銷售額快速成長，並成為體育彩票的主角，且為體育彩票的銷售量的持續增加打下良好的基礎。

由於中國大陸國內足球賽事並未規則化，其精彩程度不夠，且成績不佳，對於足球彩票之購買者無法產生足夠之吸引力。因此，2001年足球彩票發行時，採用英國超級足球聯賽中之十三場比賽結果為其投注標的。

後來因為英國足球聯盟要求之權利金太高，因此由2002年開始便改選德國甲組聯賽、法國甲組聯賽、義大利甲組聯賽中的十三場比賽結果為其投注標的，雖然投注之標的短期內不會有問題，但其主導權仍在國外，就長期而言仍有問題存在。

(二)中國大陸體育彩票主管單位之處理方式

中國大陸針對目前體育彩票所遭遇之困難及挑戰之處理解決方式如下：

◆面對體育彩券競爭對手之處理方式

1.適時推出新穎玩法：對國外彩票競爭，中國大陸之體育彩票處理方式為適時推出新穎玩法，玩法能左右電腦體育彩票之銷量已成為中國大陸體育彩票主管單位及執行單位之共識，目前各省市之體彩中心正考慮加入新玩法，以上海為例，目前正研究20選5小獎組的玩

法，同時也將對6+1玩法進行調整以期能提高中國大陸體育彩票之競爭力，並增加銷售額。

2.對非法彩票之嚴格管制及取締：針對個別地方和部門未經批准擅自發行彩票；一些彩票發行與銷售機構擅自改變彩票的發行方式和遊戲規則，或在個別地區存在私彩及代銷境外「六合彩」及各項彩票之情形，中國大陸體育彩票之主管機構十分重視，對此，國務院下達的通知中指出，要堅決取締代銷境外「六合彩」及各項彩票等非法行為。對未經國務院批准擅自發行或代銷境外彩票之行為，財政部將會同工商及公安等部門進行查處，對於涉及政府部門和行政機構重要單位負責人給予黨紀和政紀處分，觸犯刑法者要追究刑事責任，並加重處分。由此可看出中國大陸對變相發行彩票的活動、加彩及代銷境外彩票等非法彩票取締之決心，雖然無法完全根除此一問題，但仍具有相當之成效。

3.跨地區銷售之禁止：由主管機關對體育彩票銷售實行額度管理，其中明文規定：「取得體育彩票銷售額度的地區，不得跨地區銷售。」以避免不同省市經核准發行之體育彩票與其他省市相互競爭之問題。

4.和社會福利彩票相互合作，創造雙贏：在中國大陸體育彩票視社會福利彩票為合作之競爭對手，事實上也證明了雙方的競爭，已創造了兩方銷售金額同時增加之共存共榮之競合關係。在雙方的合作及競爭之下，已經漸漸的拓展中國大陸彩票之市場。

◆解決主管單位與執行單位矛盾之問題

根據本研究訪談之結果，中國大陸上海市、北京市及南京市體彩中心之主管對於目前管理體制之問題皆表示此種狀況在短期內無法改變，各省市體彩中心面對此問題，皆以「尋求正確的定位，做好能做的事」為處理此問題之態度。

◆解決通路問題之處理

1.開拓體育彩票銷售通路：研究彩票銷售點的布局與管理為解決體育彩票銷售點之布局不盡合理之處，中國大陸許多省市之體彩中心皆致力於彩票銷售點之布局與管理，在布局新的銷售點時，由申請者提交詳細之市場分析報告以作為省市體彩中心管理部門決策之主要依據。除此之外，包括上海市、北京市等省市前亦積極的開拓新的銷售通路。

2.建立規章制度以管理銷售點：為管理銷售點，以維持相當之品質水準，許多省市之體彩中心皆採以規章制度來管理銷售點之方式。以上海為例，上海體彩中心制定了一套相當完整之規章制度以管理銷售點，如：「上海電腦體育彩票管理辦法」、「關於財務結算之規定」、「關於票務管理之規定」、「銷售員培訓制度」等，並與銷售點簽訂了「代理銷售電腦體育彩票合同」，在2001年又推出了「關於加強對銷售點管理的六項措施」，以完整之制度管理銷售點。

◆加強正面之宣導及行銷人員之培訓

針對宣傳的問題，近年來隨著體育彩票的銷售日益增加，且認為對社會並不會造成太大不良的影響，中國大陸之主管單位，已漸漸放寬對體育彩票宣傳之限制。推行玩體育彩票是一種娛樂，不中獎是行善之觀念。甚至在上海市體育局還下文規定在市、區場館和賽場做體育彩券廣告都不收費。目前上海各大體育場館、南京路鬧市區、八萬人體育中心都有大型體育彩票的宣傳廣告牌，重要體育賽場內和重大體育活動現場都有體育彩票的宣傳標語。

◆足球彩票權利金之問題

為解決中國大陸足球彩票以國外足球賽為投注標的，其權利金過高並主導權在他人之問題。中國大陸目前正擬議以中國大陸國內之足球聯賽為競猜內容，只要增強國內足球賽事之精彩度，並提高其公信力，相信未

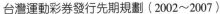
來這將是個不錯的契機和增長點。

(三)對中國大陸體育彩票所面臨問題之省思

由以上敘述可知中國大陸體育彩票面臨之問題及管理當局之處理方式，但仍有一些問題並未獲得有效之處理，以下將提出各項可行之建議以供作參考。

◆加入其他運動項目彩票

中國大陸之體育彩票，自2001年加入足球彩票之後，其銷售額有明顯之成長，未來為了彩票種類、形式更多樣化，建議可參考日本及南韓加入其他運動項目之體育彩票，例如：自行車、水上摩托車、籃球等運動項目，或可以中國大陸之國球「桌球」為未來體育彩票下注之對象。藉由體育彩票之發行，同時達到單項運動項目之發展。

◆主管單位權責之劃分

依照目前中國大陸體育彩票之管理架構可知，各省市體彩中心，同時受到省市體育局、總局體彩中心及各省市財政局之管理及指導，而各上級單位之權責並無明確的劃分，造成當上級單位意見相左時，執行單位無所適從。

為改善此一問題，建議可透過相關之法令明確劃分各主管機關之權責，以免造成執行單位之困擾。

◆最高獎金限額之放寬

根據中國大陸國家有關規定，電腦體育彩票及足球彩票之單注中獎金額最高之限額為500萬人民幣，中獎獎金超出最高限額部分將轉入下一期特獎基金。

此項規定將限制了中國大陸電腦體育彩票及足球彩票之正常發展，若能放寬或解除該項限制將為中國大陸體育彩票再創另一波銷售高峰。

◆提高獎金之比率

目前中國大陸之「體育彩票發行管理辦法」第14條之規定，中獎獎金不得低於總銷售額45%、公益金不得低於30%，另外發行費用不得高於20%。各省市依其實際發行情況其發行費用之比例不一，通常為15%或20%，而中獎獎金之比例各省大都相同，皆為50%。和其他國家發行之電腦彩票相較，中國大陸所發行之體育彩票之中獎獎金略為偏低，建議可提升至55%，將可增加人民之購買意願。

◆公益金分配之宣傳

體育彩票之購買者以及其他社會大眾對於體育彩票之公益金分配情形之瞭解程度對於體育彩票市場的長遠發展具有相當的重要性。因此體育彩票之管理當局應致力提升體育彩票公益金使用情形之透明度，將其實際分配及使用情形透過各種可能之管道讓民眾知曉公益金之流向，以提升民眾對體育彩票之參與感及信任度。

◆開放網路及電話交易

目前中國大陸之電腦體育彩票之銷售情況良好，但就長遠來看，建議中國大陸之體育彩票可應用資訊科技，透過網際網路或電話交易之方式，提供購買者更便利及人性化及購買方式，使更多的民眾能感受到體育彩票購買之便利性，進一步提高銷售金額。

二、中國大陸發行體育彩票成本效益及利弊得失分析

中國大陸發行體彩至今業已經歷九個年頭，這段時間下來必對社會發生一定程度的影響，一定會有許多值得我們學習的成功經驗，當然其中也有許多弊端的出現。我們該如何擷取經驗，避免失敗並且達到在最小成本下的最大效益是本研究的重要目的之一。因此接下來將就中國大陸自發行體彩以來所產生的效益以及應該持續改進的部分作探討。

(一)發行體育彩票的經濟效益

◆公益金的運用解決社會保障問題及促進體育事業的發展

在運用體育彩票營收用來還獎原則上不低於45%，發行成本不得高於25%，而真正對國家社會實質助益的公益金則占體彩營收的35%以上。

在公益金部分需上繳給中央統籌社會保障的占了公益金的60%，其他40%則為地方留用。留用部分除了可用來支應地方財政外，政府更規定需有一定的比例給地方作為發展體育事業。這體育事業的發展可分兩類，一為奧運爭光計畫（占發展體育事業的40%），二為全民健身工程（占發展體育事業的60%）。在奧運爭光計畫的實際作為包括：補助全運會、城運會、冬運會之經費不足；補助承辦國際單項賽事和申辦奧運會之場館維修、器材購置以及科學研究等（各個細項的補助比例，因各地狀況不同，難以找到統一標準）。透過體彩來支應奧運發展使得全國各省市體育經費幾乎99%由彩票收入來源提供。而用於全民健身計畫的有：資助發展群眾體育活動、修建群眾體育設施、體育扶貧濟困。

◆提供下崗職工就業機會

假設每多設立一個投注點就將提供兩個人就業機會，那麼如果增設五萬個投注點將可提供十萬個就業機會，這樣一來將可減少社會失業的問題。而且由於投注點的營收一般來說算是不錯，因此也吸引不少公司或事業單位職工主動下崗，解決中共中央要主動裁員的窘境。

◆提供終端機商機

由於電子資訊產品可提供既快速又便捷的資訊流通，彩迷能夠更精準的預測賽事結果，以及得到任何有關彩票的及時消息，甚至開出號碼的統計資料，因此提供了民眾對終端機的需求，進而帶進商機。

◆促進傳媒事業的發展

由於彩票的資訊要流通，因此傳播媒介將被廣泛使用，如電視、電

台、報紙等,也因此間接的助長了傳媒事業的興起。除了提供體彩的相關資訊外,甚至還製作了與體彩有關的綜藝節目(如雞毛信等),如此一來更是把體彩融入了社會大眾的生活裡。

◆稅收

按照中央財政部、國家稅務總局「體育事業收取和繳納的各種價內外基金(資金、附加)和收費徵免企業所得稅等幾個政策問題的通知」,規定體育彩票發行收入繳入同級財政部門預算外資金財政專戶,可以免徵企業所得稅。另外按照中央財政部、國家稅務總局「關於個人取得體育彩票中獎所得徵免個人所得稅問題的通知」,規定凡一次中獎不超過1萬元者,暫免徵收個人所得稅;超過1萬元者應按稅法規定全額徵收20%的個人所得稅。而光是去年一年來自體育彩票的稅收就高達7億人民幣。

◆豐富業餘生活

根據朱南俊、張林、劉煒、劉文董(2002)對上海市體彩購買者的問卷調查,近三成的購買者認為購買彩券可豐富業餘生活,促進居民消費和作為消遣娛樂的方式。例如以規則性而且普遍受大眾歡迎的職業運動比賽,作為發行體彩投注的標的,民眾會很自然地關心體育活動。

(二)發行體育彩票的缺點

◆宣傳及溝通不夠

彩迷購買彩票是明白有相當一部分資金是用於公益事業的,所以也想瞭解公益金是如何使用的。體彩公益金的使用關係到社會各界對體彩的看法,進而影響民眾對體彩的支持或購買的熱情。調查顯示,許多彩迷對體彩公益金的使用不夠瞭解,這表明體彩的管理部門與銷售點對社會大眾的宣傳力度與溝通不夠。

◆銷售員素質參差不齊

　　由於銷售人員也是影響買氣的一項關鍵因素，據統計資料顯示許多彩迷會因為銷售員的素質而決定是否購買彩票。例如：銷售員本身就不瞭解玩法，更遑論吸引民眾購買。再者，銷售員的態度好壞也會影響彩迷意願。而以上海為例，根據調查顯示目前上海體彩銷售員普遍存在年齡過大、文化層次不高、個別銷售員業務素質和服務態度有待提升的問題。

◆銷售系統技術問題

　　銷售系統包括軟體與硬體，以目前上海的情況看來，體彩的銷售系統比較落後，比起福利彩票有很大的差距，也與上海這個國內經濟、技術中心城市的地位不相稱。在對部分彩迷與銷售員的訪談中，有不少意見是與目前體育彩票銷售系統落後有關。除此之外，部分彩迷要求小獎能全市通兌，及要求延長銷售時間等。還有人認為開獎時間太晚，銷售結束時間與開獎時間間隔過長，直接影響了彩迷對體育彩票的信任度，懷疑體育彩票開獎結果的人不在少數。這些現象的出現，追根究底在於銷售系統技術不夠成熟所致。

◆玩法不夠靈活

　　目前中國大陸的體彩發展仍限於中央統一印製、統一發行的階段，而一些細節的玩法（如多少取多少）可由各省提出不同意見，再由中央定奪適用在不同省份中。整個提出申請的流程太過繁雜且沒有時效。由於人們需求是異質性的。有些人玩體彩是為了中大獎；有些人則是純粹為了消遣娛樂。為了適應不同彩迷的不同需求，設計出多樣且變化快的體育彩票是必要的。例如：日本、韓國就推出自行車與水上摩托車彩票。

　　玩法是電腦彩票的生命線，應該實行差異化產品策略，使不同的彩種具有不同的市場定位，以適應不同目標市場的需求，並以此加大市場。對足彩而言，由於國內賽事未規則化，因此利用國外賽事來作為投注標的。但相對於國內賽事來說，與國外聯賽的訊息傳播路徑不夠發達，

所擁有的球迷較少，未來如何發展國內比賽水準作為足彩主要的投注標的，將是體彩發展的一項重點。

◆ 管道不夠暢通

以今年為例，全國購買體彩的人口僅占全國總人數的6～7%，約九千萬人。而購買人口集中在藍領階層，白領階層購買情況並不普遍。可能原因出現在銷售的管道並不暢通。目前體育彩票的銷售渠道比較簡單，基本上是透過銷售點直接面對彩迷。而電話、網路等投注方式尚待努力中。研究體育彩票銷售渠道的重點在於一方面研究體育彩票銷售點佈局與管理，另一方面則在於開拓新的銷售渠道。

至於有關大陸發行體育彩票之社會成本層面，由於受到大陸中央政府部門嚴格而統一的管制和管理，部分階段性的問題先後逐一的加以調整和解決。例如1994年大陸發行體彩之初，以獎品取代現金，曾經造成民眾不小的鼓動風潮，社會風氣欠佳，然因時代的特殊背景，1996年起乃改以現金發放獎金。1998年發行體彩以來，銷售數每年呈現兩倍的快速成長，亦造成民眾購買的熱潮和瘋狂，體彩當局乃以嚴格限制廣告和促銷活動以為因應。2001年10月22日發行足彩，亦造成上海、廣州及大連等大都市足球彩迷購買的風潮。由於因英國超級甲組聯盟索取過高的權利金，體彩發行當局付出了昂貴的代價才得以發行足彩，發行一年後乃斷然決定改以法甲、德甲及義甲聯盟球賽比賽結果作為投注標的。綜合以上看來，大陸發行體彩面對各項發行問題乃採邊做邊學，適度限制廣告促銷活動（改採舉辦活動方式或召開記者會加以宣傳），以降低發行體彩所造成之社會成本。另外中國大陸體彩發行當局亦未見對發行體彩所造成之社會成本做有系統之整理。

三、中國大陸發行體育彩票可資借鏡之經驗

本研究透過研究文獻的收集、中國體彩網，和親自赴上海、北京、

南京、廣州、深圳等地，分別拜訪大陸中央體育彩票業務主管機關和幾個主要的地方體育執行發行銷售業務機關所獲得的心得，綜合整理出下列多項研究結論與建議。

(一)主要研究結論

1.發行彩票的目的是國家為支持社會公益事業而特許專門機構壟斷發行。

2.彩票發行分別由隸屬於民政部的中國福利彩票發行中心和隸屬於國家體育總局的體育彩票管理中心承擔，按省級行政區域組織實施。省級行政區域內的彩票銷售工作，由受彩票發行機構業務指導隸屬於省和省以下各級民政、體育部門的專門機構（以下簡稱彩票銷售機構）承擔，也可由彩票發行機構直接承擔。發行彩票由國務院批准。跨省行政區域發行和銷售彩票，必須由彩票發行機構報財政部批准。

3.體彩從1994年開始發行，主管機關為財政部，發行機構為國家體育彩票管理中心。前兩年（1994～1996）先試辦，直到2001年10月22日足球彩票出現以後，體育彩票的銷售量才取得重大突破。

4.國家對年度彩票發行規模實施額度管理。彩票發行機構應向財政部提交下年度彩票發行額度申請，經財政部審核並報國務院批准後，由財政部下達給彩票發行機構執行。年度執行中，如需增加發行額度，彩票發行機構經財政部審核並報國務院批准後下達執行。

5.各類彩票的遊戲規則及發行銷售方式，由彩票發行機構報財政部審核批准。彩票遊戲規則包括彩票名稱、具體遊戲方法、單注彩票價格、設獎和兌獎方式，以及發行銷售細則等。發行銷售方式，指發行彩票所採用的形式和手段，包括採用電腦網路系統、電話系統、大規模集中銷售、郵售、網路銷售等。

6.彩票的銷售方式按面值發行銷售，禁止溢價或折價發行銷售彩票。

彩票機構只能接受現金或銀行貸記卡投注。

7. 彩金限制：彩票獎金實行單注獎金額上限封頂，單注獎金額最高不得超過500萬人民幣。各種彩票單注獎金額封頂限額，按財政部批准的具體遊戲規則執行。目前為500萬人民幣。

8. 彩票印製：有紙彩票必須由彩票發行機構統一印製。彩票發行機構應按照統一軟件，統一標準，統一管理的原則，建立本系統電腦彩票發行銷售系統。另外彩票安全保密技術必須由彩票發行機構統一制定，搖獎設備由彩票發行機構統一購置。

9. 足球彩票組織機構：國家體育總局授權國家體育總局體育彩票管理中心負責全國足球彩票的組織管理工作。國家體育總局體育彩票管理中心負責擬定足球彩票的發行區域、銷售方式、遊戲方法及規則，經國家體育總局審核並報財政部批准後實施。

10. 發行管理：足球彩票是以足球比賽為彩票遊戲媒介，由購票者預測比賽結果，並以實際比賽結果為彩票兌獎依據的一種體育彩票。足球彩票由總局彩票中心統一發行。供足球彩票購票者選擇填寫的專用投注單，以及銷售終端機用於列印正式預測結果的兌獎彩票，由總局彩票中心統一印製。

11. 獎金占體育彩票資金的比例不低於45%，發行成本費占體育彩票資金的比例不得高於25%。體育彩票實際銷售總額減去上述獎金和發行成本費支出的淨收入，為體育彩票的收益金。收益金占體育彩票資金的比例不得低於30%。

12. 每期足球彩票銷售總額為足球彩票資金，按以下比例分配：
    (1)公益金30%。
    (2)獎金50%，其中獎金調節基金為獎金總額的2%。
    (3)發行成本費20%。
    足球彩票的公益金統一納入體育彩票公益金管理，依照財政部及國家體育總局的有關規定執行。

13.收益金按以下原則分配：

(1)凡國家體委批准的1994～1995年度大型體育運動會的承辦省、自治區、直轄市及計畫單列市，在本地區銷售體育彩票所得的收益金，由該地區全額留成，全部用作補充大型體育運動會的舉辦經費。

(2)其他代理銷售體育彩票的地區所得的收益金，其多數（70%左右）須交給大型體育運動會的承辦省（區、市），用作補充大型體育運動會的舉辦經費。

收益金由各級體育彩票管理機構的財務部門設立專門帳戶統一管理，專項用於發展體育事業，任何部門、單位和個人，不得以任何理由截留或挪用，並須定期向社會公布其收入和使用情況，接受公眾監督。

14.「中國體育彩票全民健身工程」是指由國家體育總局統一組織，將各級體育 行政部門的體育彩票公益金作為啟動資金，捐贈給城市社區和農村鄉鎮的受贈單位，由受贈單位興建，旨在開展全民健身活動的公益性體育場地設施。目前由於北京市獲得申辦2008奧運的權利，體育發展經費已涵蓋「全民健身工程」和「奧運爭光計畫」兩大項。

15.發行體育彩票的經濟效益：

(1)公益金的運用解決社會保障問題及促進體育事業的發展，如奧運爭光計畫和全民健身工程。

(2)提供下崗職工就業機會。如果每增設五萬個投注點將可提供十萬個就業機會。

(3)提供終端機商機。

(4)促進傳媒事業的發展。

(5)稅收，光是去年一年來自體育彩票的稅收就高達7億人民幣。

(6)豐富業餘生活。

16.中國大陸發行體育彩票的弱點：

(1)宣傳及溝通不夠。

(2)銷售員素質參差不齊。

(3)銷售系統技術問題。銷售結束時間與開獎時間間隔過長。

(4)玩法不夠靈活，應該實行差異化產品策略，使不同的彩種具有不同的市場定位，以適應不同目標市場的需求。

(5)管道不夠暢通，全國購買體彩的人口僅占全國總人數的6～7％，而購買人口集中在藍領階層，白領階層購買情況並不普遍。

17.中國大陸發行體育彩票面臨之市場競爭者：

(1)國外彩票之競爭。

(2)地下彩票之競爭。

(3)社會福利彩票之競爭。

(4)其他省市體育彩票之競爭。

(5)同省市中其他體育彩票之競爭。

18.中國大陸發行體育彩票管理體制之定位問題：

(1)主管機關疊床架屋，執行單位行政負擔加重。

(2)主管部門和銷售部門之相互掣肘。

(3)銷售獎金制度之設計誘因不足。

19.中國大陸發行體育彩票成功因素：

(1)市場導向：競爭市場意識，即利用市場運作模式來運作。

(2)服務導向：體彩發行就是為求提供彩迷服務。

(3)管理導向：嚴格要求、態度要求，有沒收銷售點之權利。

(4)發行單位從中央到地方人員團結，強烈使命感，工作認同感特別強烈。

(5)專營店之設置，特別是福建省70％的銷售額是來自專營店。

(6)足球彩票的發行，使得廣東省、上海及大連市銷售成功。

(二)主要建議事項

◆立即可行之建議事項

1.發行體育彩票的目的及定位應該非常明確：中國大陸發行體育彩票從開始為籌資大型運動賽事經費，到目前為「奧運爭光計畫」和「全民健身工程」，以及發展各項體育活動事業籌措體育經費。發行目的及定位非常清楚，號召力強。台灣發行體育彩券旨在籌備體育發展經費，設置「體育發展基金」並專款專用（主辦機關：行政院體育委員會）。

2.體育彩票發行的多元化，亦可因地制宜：中國大陸體育彩票的發行從1994年開始只發行即開型體育彩票，1998年發行電腦體育彩票，2001年發行足球體育彩票。體育彩票銷售也逐漸成長，而且成長幅度逐漸擴大，各地方亦可因地制宜。如江蘇省發行22選5的首發式，廣州、上海和大連以足球彩票為主等。建議台灣亦應以漸進的方式從即時樂、電腦樂透、棒球運動彩券等逐步發行，終至各項運動彩券同步推出（主辦機關：行政院體育委員會）。

3.發行機關人力的妥適運用：中國大陸體育彩票發行得以相當成功，其中一項關鍵因素在於運動界人士的強力團結。凡投入體育彩票工作者目標一致，高度工作團結、凝聚力強和工作全心全力投入，造就體育彩票發行和銷售佳績。預計2002年底可達近200億人民幣的銷售佳績。台灣發行體育彩券亦應結合愛好體育運動人士、體育運動專家（如運動管理、運動行銷）等，共同努力推動體育彩券發行工作（主辦機關：行政院體育委員會）。

4.良好和規則性的運動比賽俱為關鍵：中國大陸足球彩票受限於國內甲組足球球隊水準參差不齊，而且足球賽事並不規則，因此只能支付高額的權利金給予國外的英超、法甲、德甲、義甲等球隊聯盟，形成對國內足球運動的發展助益有限。建議台灣發行體育彩券時亦

可考慮先以國外美、日等主要國家之職業棒球比賽結果作為投注標
的（主辦機關：行政院體育委員會）。

5.完備的管理制度：中國大陸發行體育彩票對銷售人員的教育訓練、
銷售點位置的規範、財務結算的規定等均訂有明確的規範。建議台
灣發行體育彩券時可參酌中國大陸之統一管理模式及台北銀行發行
公益彩券之管理模式，制定一套體育彩券之管理模式（主辦機關：
行政院體育委員會）。

6.銷售點的佈點和設置關係銷售成敗：部分廣州市足球彩票銷售點的
設置精心設計且頗有創意，並設有專門的足球酒吧（俗稱足吧）提
供足球迷最佳的專業服務，並因此創造良好的銷售佳績。建議台灣
發行體育彩券走向專業化經營，並樹立強而有效的公信力（主辦機
關：行政院體育委員會）。

7.市場機制、競爭環境和獎金激勵誘因不可或缺：中國大陸體育彩
票發行配合市場競爭環境，先後不斷調整經營手法，現法亦有所變
化，但仍舊脫離不了官方體系，員工激勵誘因不足，預期發展瓶頸
將在某一發展階段出現，不利於彩票長期的發展，因此發行體育彩
票時市場機制競爭環境和獎金激勵誘因必須同時兼顧。建議台灣發
行體育彩券應適度引進市場機制（利潤中心和成本中心），重視員
工工作績效，訂定績效考核和績效獎金制度（主辦機關：行政院體
育委員會）。

8.建議台灣發行體育彩券時，參照中國大陸發行運動彩券的方式（漸
進式），先以國外的比賽結果作為投注標的。有專業的足球酒吧
及專業的報章雜誌報導。發行單位由上而下的團隊合作精神（team
work），並不斷地從嘗試中學習（learn by doing）以獲取最好的結
果。此外，有很多的相關設備，除了搖獎機外均為國內自製（主辦
機關：行政院體育委員會）。

◆ 中長期性之建議事項

1.完備的法律架構：中國大陸發行體育彩票先後訂定「1994-1995年度體育彩票發行管理辦法」、「中國彩票發行與銷售管理暫行規定」、「中國足球彩票發行與銷售管理辦法」等規定，奠定體彩發行法制化的基礎。正如同公益彩票的發行從條例、管理辦法和管理要點，訂定相當完備。台灣發行體育彩券應可比照中國大陸之模式，和參考台北銀行發行公益彩券之模式，制訂所有跟發行體育彩券相關之母法與子法（主辦機關：行政院體育委員會）。

2.設置專責發行機構：中國大陸國家體育總局轄下設立國家體育彩票管理中心負責綜理體育彩票的發行，連同轄下各省市所配合設立的省市體育彩票管理中心，形成綿密的體彩發行網。專責單位的設置，使得體育彩票統一印製、統一管理、統一標準化等的運作模式。台灣亦可仿照此模式設定一專責機構負責發行（主辦機關：行政院體育委員會）。

貳、研擬發行運動彩券需求規範[2]

為加速推動運動彩券的發行，經建會於95年3月28日由主委邀集財政部與體委會開會研商，協商部分結論重點為：(1)體委會儘速公布國際認可競技活動項目之認定，以及監督國內體育活動競賽公正性之機制；(2)運動彩券發行時程，預計明（96）年6月底前完成；(3)運動彩券發行初期，先以國際認可競技活動為投注標的，俟國內運動項目發展成熟，並已具備監督機制，再逐步發展國內運動投注標的。

在發行策略方面，可分為兩部分：(1)分工策略──利用財政部與體委會個別之專業：由財政部辦理運動彩券發行等配套作業，由體委會負

---

[2] 本文係劉代洋（2006）接受行政院研究體育委員會委託研究「運動彩券發行需求規範」報告摘錄而成。

責國際認可競技活動項目之認定以及盈餘運用等,以加速運動彩券之發行;(2)彩券發行策略——循序漸進:發行初期,先以國際認可競技活動為投注標的,俟國內運動項目發展成熟,並已具備監督機制,再逐步發展國內運動投注標的。

因此,本研究計畫的目的主要有:(1)研議建議發行運動彩券投注標的項目、SWOT分析及優先選項;(2)擬定本國銀行發行運動彩券應親自執行之相關事項;(3)擬定運動彩券之年度發行目標;(4)擬定評選發行機構之評選項目及比重。

一、台灣發行運動彩券投注標的與投注方式

政府發行運動彩券由於具有合法性和公信力,而且市場規模較大,彩金較多,優於地下非法運動賭博。同時為帶動國內運動風氣,配合長遠推動全民運動之思維,並採循序漸進的原則,發行初期先推出幾項全民較為普及以及發生弊案較低的運動或球賽為投注標的(包括棒球、籃球、足球、賽車等)。

根據劉代洋(2002)接受行政院體育委員會委託研究報告「國民對於發行運動彩券意見調查報告」研究中,針對一般民眾進行「如果要發行運動彩券,比較贊成在台灣舉辦國際性運動比賽時發行運動彩券,還是針對國內職棒運動發行運動彩券?或者兩者都贊成?」之問卷調查,研究結果指出,大部分族群皆贊成「在台灣舉辦國際性運動比賽時發行運動彩券」以及「國內職棒運動」兩種方式發行運動彩券。

本研究將分別針對幾種可能之國內和國外運動項目,包括中華職棒、超級籃球聯賽、美國大聯盟棒球、NBA籃球、歐洲足球、日本職棒等,就其成為投注標的之優缺點進行SWOT分析,另外,亦將對投注方式之各種可能性提出優先選項建議。

(一)美國職棒大聯盟（MLB）和NBA球賽作為運動彩券投注標的之SWOT分析

發行運動彩券之投注標的選擇美國職棒大聯盟（MLB）主要理由如下：

1.根據多項調查顯示，國內七成民眾支持棒球（依序為中華職棒、美國職棒和日本職棒），四成民眾支持籃球（依序為美國NBA、國內超級籃球聯賽等）。

2.美國職棒大聯盟（MLB）共有三十個球隊，每天有15場球賽，而且美國職棒大聯盟（MLB）之球季為每年4～10月，NBA球季為11月～次年6月（含季後賽），兩者球隊和球賽眾多，球季涵蓋整個年度。

3.美國職棒大聯盟（MLB）賭盤公開，報紙上已有刊登相關訊息，資訊透明；況且目前ESPN電視台每週轉播3場比賽，公共電視台每週約轉播1場比賽；另外網路電視MLB.TV現場轉播每場比賽，網路現場轉播的收費亦相當低廉，每月14.95美元，或每年79美元，價格並不昂貴。

4.國人高度關切包括王建民等十幾位知名台灣旅美球員在內，而且王建民等旅美球員何時上場比賽的資訊相當透明。而NBA球賽，中視每週轉播6～7場。由於有電視轉播，自然引起賭客高度的投注興趣。況且，以MLB或NBA為運動彩券投注標的，並不需要支付權利金給各該職業聯盟。

5.美國職棒大聯盟（MLB）仍然是世界上最高水準的棒球比賽，球隊數量多，每隊球員人數眾多，球賽相當精采，不只是美國運動人口最多的運動比賽項目，而且深受美國以外的國家和地區廣大的民眾所喜好。

6.美國職棒大聯盟（MLB）屬於境外球賽，國內的地下運動組頭難以

操控比賽，因此發生舞弊的機會可以降至最低，甚至沒有。

另外，美國籃球NBA大賽長期以來亦深受國內籃球運動愛好者，甚至許多一般民眾的關心與支持，其作為運動彩券投注的標的，正如美國職棒大聯盟（MLB）一樣，球隊多，傑出球員眾多，球賽相當精采，亦不易為國內地下運動組頭所操控等等，在在顯示，NBA籃球賽亦非常適合作為運動彩券投注標的。其他有關美國職棒大聯盟（MLB）和NBA球賽之優勢、劣勢、機會和威脅均將列示於**表2-1**。

(二)中華職棒作為運動彩券投注標的之SWOT分析

中華職棒為國人所喜好，毫無疑問，理當成為發行運動彩券首要的投注標的。目前中華職棒共有六支球隊，每年球季約自3～10月間，賽程進行三十週，每隊每球季各打100場，全年共計300場的例行賽，賽程採上、下半球季。

然正如中國大陸、香港以及許多其他國家和地區一樣，中華職棒由

表2-1 美國職棒大聯盟（MLB）和NBA球賽作為投注對象之SWOT分析

優勢（S）	劣勢（W）
1.球季賽事涵蓋全年，比賽場次多。 2.高水準球賽，球員球季非常好，球賽精采，容以吸引聚集大量球迷。 3.已有ESPN和公視等電視台轉播，且有網路電視現場轉播。 4.國外球賽不易受操控，發生舞弊機會小。 5.球賽所有相關資訊完全、公開透明。 6.現有十幾位台灣選手加入聯盟。 7.毋須支付權利金。	1.受到時差影響，不易看到現場球賽。 2.受限於語言文化差異，影響部分民眾興趣。
機會（O）	威脅（T）
1.增加球賽現場轉播場次。 2.球隊、球員等球賽相關訊息有待大幅增加。	1.發展國內中華職棒之呼聲很大。 2.地下組頭非常活躍。

資料來源：本研究整理。

表2-2　中華職棒作為運動彩券投注對象之SWOT分析

優勢	劣勢
1.長久以來為國人最喜愛之運動項目。 2.比賽場次多，一年比賽300場。帶動職棒良性發展。 3.包括亞洲盃、世界盃和經典棒球賽，帶來職棒高潮。	1.技術好之球員不多。 2.1996年和2005年兩次職棒弊案重擊社會大眾信心及職棒公信力受挑戰。 3.容易發生舞弊，大眾質疑聲浪不斷。 4.職棒發展環境欠佳，待解決問題多。
機會（O）	威脅（T）
1.找尋更多球技佳的球員。 2.嚴格要求各球隊去除舞弊。	1.包括美國職棒大聯盟（MLB）和NBA球賽可能之競爭對手。 2.各球隊普遍虧損連連，影響對球隊之再投資。

資料來源：本研究整理。

於球隊數目不多，球員人數有限，球賽之精采程度無法與美國職棒大聯盟（MLB）和日本職棒相媲美，再加上中華職棒分別於1996年和2005年出現簽賭弊案，國人仍記憶猶新。有鑑於此，發行運動彩券初期，中華職棒作為運動彩券之投注標的不易為一般人所接受。中華職棒為投注對象之優勢、劣勢、機會和威脅分別加以分析如**表2-2**。

(三)其他主要運動項目作為運動彩券投注標的之SWOT分析

　　根據媒體報導，「超級籃球聯賽（SBL）鬧分家一吵再吵，而沒有加入的裕隆及達欣卻擁有大部分聯盟目前的明星球員，新的聯盟球隊彼此財務條件也不相同，想要整合並不容易。成立職業聯盟以後，財務損失最大的是業餘的籃協，因此籃協並不熱衷將SBL職業化可以想見。職業化相關的球員合約轉換、勞資權利的約束更是工程浩大，新聯盟必須要有更明確的計畫才能跟籃協抗衡。」可見超級籃球聯賽作為運動彩券投注對象之SWOT分析，正如**表2-3**所示，整體而言，並不具備運動彩券投注標的的相關條件。

　　日本職棒作為運動彩券投注標的，基本上，可作為輔助性的投注對象之一。而由於日本職棒常對出場比賽的投手加以保密，形成球隊和球迷

表2-3 超級籃球聯賽(SBL)作為運動彩券投注對象之SWOT分析

優勢	劣勢
1.國人熟悉運動項目之一。 2.逐漸聚集熱愛觀眾,且電視轉播許多比賽場次。	1.仍屬小型區域性球賽,精采不如NBA,觀眾人數亦不太多。 2.球賽場次無法涵蓋全年度。 3.國內球賽,較易發生舞弊事件。
機會(O)	威脅(T)
1.如引進國外歐美明星球員,使球賽更加精采。 2.可作為輔助性運動彩券投注標的。	1.NBA吸引絕大部分國內籃球迷。 2.美國職棒大聯盟(MLB)及NBA賽事完整且精采,SBL難以媲美。

資料來源:本研究整理。

間的資訊不對稱,無法提高球迷下注興趣。至於日本職棒作為投注對象之SWOT分析,如**表2-4**所示。

歐洲足球深受中國大陸、香港、新加坡以及歐洲各國和地區民眾的普遍歡迎。可是根據國內許多調查顯示,國人對足球運動仍相當陌生,短期內歐洲足球作為我國發行運動彩券之投注標的,恐難吸引眾多民眾之投注興趣,但是由於國外球賽不易受操控,發生舞弊機會較小,因此可作為輔助性運動彩券之投注對象,如**表2-5**。

表2-4 日本職棒作為運動彩券投注對象之SWOT分析

優勢	劣勢
1.球賽相當精采,可媲美美國職棒大聯盟(MLB)。 2.球迷普遍關心亞洲棒球三強之現況與未來發展。 3.國外球賽不易受操控,發生舞弊機會較小。	1.資訊不完全,賽前無法預先得知投手名單,球迷無法判斷投注。 2.受限於語言文化差異,影響部分民眾興趣。 3.球賽無法涵蓋全年,轉播比賽場次有限。
機會(O)	威脅(T)
1.部分本國籍球員赴日加入球隊參賽。 2.可作為輔助性運動彩券投注對象。	1.美國職棒大聯盟(MLB)普遍較受歡迎。 2.國人較關心國內職棒發展。

資料來源:本研究整理。

表2-5　歐洲足球作為運動彩券投注對象之SWOT分析

優勢	劣勢
1.球賽相當精采，足球迷觀眾人數眾多。 2.足球運動有助於推廣全民運動。 3.國外球賽不易受操控，發生舞弊機會較小。	1.國人對足球運動仍相當陌生。 2.國人對歐洲足球認識和資訊有限，投注興趣不高。 3.受限於語言文化差異，影響部分民眾興趣。 4.電視台少有轉播。
機會（O）	威脅（T）
1.可作為輔助性運動彩券投注對象。 2.新加坡、香港和中國大陸等華人區均列為運動彩券之主要投注對象。 3.歐洲盃和世界盃足球賽，球迷多且瘋狂。	1.美國職棒大聯盟（MLB）、NBA和中華職棒普遍較受歡迎。 2.現在和未來不易看到精采的國內足球比賽，吸引人潮有限。

資料來源：本研究整理。

(四)小結

　　台灣發行運動彩券最可能的投注標的、投注方式為何？可行的成功關鍵為何？困難與挑戰為何？時差問題如何克服？等等有關的問題，以下分別加以說明之：

◆可能的投注標的、投注方式

　　採行與地下運動賭博相同的玩法，外加三星彩的投注方式。

　　台灣發行運動彩券最可能投注標的為美國職棒大聯盟（MLB）及NBA籃球賽，主要原因乃目前地下賭博高達七成以上賭金，是以這兩項運動比賽為主要投注對象，再加上國人對於棒球最感興趣，以及MLB.TV之網路現場轉播等等。投注方式主要根據地下賭博的玩法，可以選擇：

1.樂透集資賭注，共同分配賭金。例如選擇十三場比賽作為投注標的，賭金採獲勝平分的方式分配。

2.採行類似三星彩的投注方式，根據星期五、六、日共三天比賽的場次，設定固定賠率，並透過ESPN電視台轉播。

◆ **可行的成功關鍵**

政府發行運動彩券的關鍵成功因素：

1. 降低運動彩券發行盈餘：為了與地下運動賭博相抗衡，運動彩券獎金比例應提高至75%上限，另外運動彩券經銷商銷售佣金約8%，而發行機構成本和費用比例7%之間，則政府發行運動彩券發行盈餘的預估比例為10%左右。

2. 搭配獎金平均分配之玩法和週末發行三星彩之玩法，採用地下運動賭盤主要投注賽事。如主客勝、讓分和總分制等。

3. 讓賭客資訊透明化，設法吸引潛在的賭客：對於沒有管道可以參與運動賭博或缺乏賭注信用額度者來參加政府發行的合法運動賭博。

4. 切斷台灣組頭與拉斯維加斯組頭兩者套利的機會，讓台灣組頭把彙集的賭金轉而投入國內發行的合法運動彩券。前提在設法讓政府合法發行的運動彩券能與拉斯維加斯保持良好的關係，以關切賭資的流向為重點。

5. 首先推出多場投注（3～6場）固定賠率遊戲，再配合亞洲盃或世界盃大賽，採單場投注固定賠率遊戲。

6. 高獎金賠率（如單場為80～90%）：由於台灣地下賭盤太大，發行運動彩券必須直接破解和打敗地下賭盤，獎金支出比例必須大幅提高，因此「公益彩券發行條例」最高的獎金支出比例75%可為運動彩券獎金支出比例。

7. 運動彩券投注標的選擇一般民眾熱愛的運動，由大家共同加以關注和監督，並設有電視轉播每場比賽過程。

地下運動賭博與政府發行運動彩券之優劣比較如**表2-6**。

◆ **困難與挑戰**

若以中華職棒為投注標的，以下問題必須優先解決：

表2-6　地下運動賭博與政府發行運動彩券之優劣比較

	優點	缺點
地下運動賭博	・返獎率高（高達95%）。 ・不課稅。	・風險高，倒帳機率高達30～40%。
政府發行運動彩券	・公信力高，無壞帳風險。	・返獎率較低，最高僅達75%。

資料來源：本研究整理。

1. 中華職棒薪水：相較於美國職棒大聯盟（MLB）和日本職棒球員，台灣職棒球員失誤較多，打球技術較差，亦遭人質疑。

2. 改善職棒環境，包括場地設施等：首先必須從制度面加以改革。其中主要項目包括設立球員工會、提高球員薪水、職棒聯盟獨立運作、購買球員商業保險、球員薪資差異化等等。其中職棒聯盟獨立運作部分，必須打破目前職棒完全由六隊領隊以一致決方式決定所有職棒運作之模式，Cartel聯營形式形成獨占。甚至傳出某一領隊不願再花錢投資棒球隊，造成其他球隊亦不得進行投資，以免球隊間差距過大，形成球賽不精采（可能輸贏分數太多）。職棒的遊戲規則只要任一球隊領隊有不同意見，即可加以否決，形成惡性循環，造成中華職棒不容易進步。中華職棒聯盟必須改善目前職棒球員保障不足的問題。目前職棒球員有勞保但沒有退休金，資遣時亦無資遣費，顯然保障不足。

3. 中華職棒聯盟應建立一套完整的監督管理和誘因機制：如La New球隊球員勝場獎金點數統計、La New熊職業棒球管理規範和La New熊宿舍生活區公告事項等等，更進而強而有力地有效加以執行，以杜絕球員舞弊。

◆ 克服時差方法

　　關於時差問題，可採用網路電視直播的方式，如MLB.TV，以及開辦電腦網路下注的方式加以解決。

二、運動彩券的發行企劃

(一)發行運動彩券申請條件與甄選方式

　　根據「公益彩券發行條例」第4條第一項「公益彩券之發行，由主管機關指定銀行辦理之」。又第4條第二項「為舉辦國際認可之競技活動，得申請主管機關核准發行特種公益彩券；特種公益彩券之發行、銷售、促銷、開兌獎作業、管理及其他相關事宜之辦法，由主管機關定之。」

◆發行機構特性

　　顯然運動彩券之發行機構仍為銀行，如同公益彩券之做法一樣，再加上如前述體委會和財政部之分工合作，有關發行作業部分將由財政部負責，體委會則提供運動專業之意見，運動彩券的發行，在國內尚屬首次，「只許成功，不許失敗」，由於國人缺乏發行運動彩券的經驗，所有相關的專業人力與組織架構應作適當調整，體委會內部應成立專責小組任務編組；體委會內部應有強烈的認知，機關首長尤其應全力支持並投入更多的人力及物力，相關專責小組成員應抽空對包括香港、新加坡和其他運動彩券發行國家或地區進行參訪，以掌握運動彩券從發行前的準備工作，和發行過程中所可能遭遇的問題與挑戰，以及危機控管機制的建立，吸取發行運動彩券經驗等等，全力做好發行工作，並求永續經營及發展。

　　2005年財政部遴選公益彩券發行機構分兩階段方式辦理，第一階段公開評選銀行擔任運動彩券發行機構，有鑒於2005年財政部甄選公益彩券發行機構之經驗，為使發行機構和技術合作廠商彼此之間，在合理的報酬範圍內，組成最佳發行團隊，擬定最佳發行計畫，建議採用最有利標的方式甄選發行機構，因此，發行機構沒有支付回饋金之義務。

　　第二階段銀行再挑選合適之技術合作廠商和運動彩券經銷商，因此有關發行運動彩券申請條件、甄選方式和評選比重，參考財政部甄選發行公益彩券之申請條件、甄選方式和評選比重，參酌運動彩券特殊性和專業

性加以修正，應符合下列基本條件：

1.以行政院金融監督管理委員會定義之本國銀行為限。

2.申請人如與其他銀行合作或聯盟，仍應以一家銀行出名申請，並負指定銀行應有之責任。

3.最近半年自有資本與風險性資產之比率符合「銀行法」第44條之規定。

4.最近一次信用評等結果，符合「金融資產證券化條例」第4條第二項所稱「經主管機關認可之信用評等機構評等達一定等級以上者」。

5.最近一年未有重大違反金融法規受到處分確定情事。上述「重大情事」指有經行政院金融監督管理委員會決議之重大裁罰或處分罰鍰金額達新台幣100萬元以上之情事者。但受罰鍰處分之缺失事項已改善並經金融主管機關認可者，不在此限。

6.未有備抵呆帳提列不足情事。

7.另外，申請人基本條件如有爭議，得由甄選委員會徵詢金融主管機關或金融專業機構之意見後審議決定。

◆ 受委託機構之資格及特性

關於電腦技術廠商主要資格條件如下：(1)資本額5億元；(2)國外公司合作廠商具備條件：電腦軟硬體目前正在使用中；公司需成立五年以上；每年發行運動彩券收入達30億台幣；(3)最近五年至少有三個發行運動彩券實績經驗；(4)其中至少有一個發行契約所簽訂之投注站超過1,000家。

財政部2005年遴選公益彩券發行機構之評選分為兩階段進行，第一階段首先由財政部負責遴選發行機構（銀行），發行機構應針對包括銀行健全性、營運及管理能力、招標規範、運動專業、財務規劃、經銷商管理、教育訓練及溝通與其他相關項目提出發行企劃書，而且根據「運動特種公益彩券管理辦法」第6條第一項之規定，發行機構提出之企劃書應包

括有關發行機構名稱、受委託機構名稱及委託事項與期限；運動彩券遊戲標的、遊戲規則；運動彩券名稱、價格、發行頻率、發行期數、發行期間及銷售地區等共十三項內容。

第二階段再由發行機構甄選技術合作廠商，而技術合作廠商應提出「管理建議書」和「技術建議書」之詳細項目內容如下：

1. 管理建議書：(1)本國彩券市場研究；(2)技術合作廠商管理；(3)彩券經銷商管理及溝通；(4)產品行銷及促銷；(5)建置及管理；(6)彩券券票電腦型彩票教材之設計和管理；(7)開獎機及開獎作業；(8)資料檔案管理；(9)訓練；(10)其他。
2. 技術建議書：(1)主電腦系統及備援系統；(2)端末系統；(3)網路系統；(4)應用軟體；(5)維護及服務；(6)測試作業；(7)安全控管；(8)技術移轉計畫；(9)未來發展能力（網路及語音投注）；(10)其他。

運動彩券發行機構之遴選，由於現階段部分國內外銀行和技術合作廠商已有發行彩券經驗，因此基於降低交易成本（transaction cost）起見，可採單一階段之遴選作業方式，亦即把上述兩階段之評選作業方式合而為一，財政部和體委會共同組成「運動彩券發行機構甄選委員會」，邀請學者專家參與遴選。

◆ 經銷商遴選及管理規劃

仿照公益彩券之遴選做法，申請後經資格篩選，若人數過多，便先行抽籤再進行面試，面試時需考量其對運動專業之認知。

1. 經銷商特性：運動彩券經銷商根據「公益彩券發行條例」第8條規定：公益彩券經銷商之遴選，應以身心障礙者、原住民及低收入單親家庭為優先；以及「公益彩券經銷商遴選及管理要點」，兩者基本上已對經銷商之資格、遴選及管理方式作了相當明確之規範，再考量運動彩券的專業性及特殊性，具備彩券經銷商資格者，尚可與

眾多包括運動經紀公司、運動相關協會以及運動專業之企業或個人等合作，進行策略聯盟。而且建議經銷商的遴選可參考**表2-7**「公開徵求銀行及技術合作廠商發行團隊擔任運動彩券發行機構之建議評審項目比重」之內容。

2.經銷商特質：銷售績效優良之經銷商需具備以下特質：

　(1)人的因素：用心經營、身段柔軟、服務親切、態度積極及具備經商之經驗。

　(2)環境因素：人口密集、交通便利、各投注站間保持適當距離及停車方便等。

　(3)店面因素：CIS布置、彩券相關資訊及店面整潔明亮等。

(二)本國銀行發行運動彩券應親自執行之相關事項

根據「運動特種公益彩券管理辦法草案」第6條之規定，有關本國銀行發行運動彩券應親自執行之相關事項主要內容如下：

1.發行機構發行運動彩券前，應先擬具發行計畫，報經主管機關洽中央體育主管機關核准後，方能發行。發行計畫內應載明下列事項：

　(1)發行機構名稱、受委託機構名稱及委託事項與期限。

　(2)運動彩券遊戲標的、遊戲規則。

　(3)運動彩券名稱、價格、發行頻率、發行期數、發行期間及銷售地區。

　(4)運動彩券預計發行額度、發行張數。

　(5)銷售方法及促銷策略。

　(6)獎金結構及公布方式。

　(7)賽事公告、作業流程、監督措施及賽事過程及結果公布之方式。

　(8)兌獎方式及手續。

　(9)預估獎金支出、銷管費用及其計算方式。

　(10)運動彩券遊戲標的之安全控管事。

表2-7 公開徵求銀行及技術合作廠商發行團隊擔任運動彩券發行機構之建議評審項目比重

評審項目	評審細項	評審項目比重
發行機構健全性	自有資本與風險性資產比率（BIS）	8%
	逾期放款比率	
	資產報酬率	
	股東權益報酬率	
運動彩券專業	發行運動彩券之實績	10%
	運動彩券投注標的之規劃	
	對運動產業發展之策略	
運動彩券營運及管理能力	運動彩券發行作業之管理	25%
	運動彩券銷售及促銷作業之管理	
	運動彩券開兌獎作業之管理	
	運動彩券其他事項之管理	
財務規劃	預估發行期間年度銷售目標及保證	25%
	總獎金支出之規劃	
	總銷管費用支出之規劃	
	其他可能發生之相關收入及支出	
	發行團隊之報酬收取率	
	預估運動彩券之盈餘成長情況	
安全性	作業流程之安全維護規劃	20%
	一切業務所涉及之重要資訊之保密能力	
	管理資訊系統之安全性	
	風險控管機制	
經銷商遴選及管理	經銷商遴選方式之規劃	8%
	經銷商訓練及管理	
	經銷商運動專業之培訓	
	溝通管道之規劃	
其他	補件次數及情形	4%
	創新能力	
	配合政府政策	
合計		100%

(11)運動彩券遊戲標的賽事異動狀況之處理措施。

(12)發行運動彩券可能產生問題之預防及停止發行時之善後處理措施。

(13)其他經主管機關及中央體育主管機關指定之事項。

2.發行機構如依「公益彩券發行條例」第4條第三項規定，委託適當機構辦理彩券發行之電腦技術相關事宜（以下簡稱電腦技術廠商），應依下列原則辦理：

(1)以公開招標方式辦理電腦技術廠商之遴選，且限定投標者應為本國股份有限公司（外國人持有股份總數應低於50%），得標公司可與外國公司技術合作或聯盟。

(2)發行機構經公開招標選定電腦技術廠商後，應於簽約前報主管機關同意，始得與其簽約。

3.發行機構依「公益彩券發行條例」第8條規定，辦理經銷商遴選時，應依下列原則辦理：

(1)發行機構應以公開、公正方式辦理經銷商遴選，並提供充分資訊。

(2)發行機構遴選之經銷商以具有工作能力且能親自在場銷售之身心障礙者、原住民及低收入單親家庭為優先。惟不得有公益彩券管理辦法第26條規定之違法違規情事。

(3)指定銀行應遴選經銷商，並增加運動專業知識之面試等工作能力鑑定之機制。

(4)經銷商銷售期間，自指定銀行與其簽約日起，迄發行機構彩券發行期間屆滿止，期滿重新遴選。

(5)有關運動彩券經銷商之遴選，除了必須滿足公益彩券經銷商之條件，尚需考量運動彩券之特殊性和專業性，訂定適當篩選標準。

4.參考財政部遴選公益彩券發行機構時，指定銀行依「公益彩券發行條例」及「公益彩券管理辦法」等相關規定，委託適當機構辦理彩

券之發行、銷售、促銷、開兌獎作業、管理及其他相關事宜時,本研究建議遴選運動彩券發行機構時,應加重虛擬通路之規劃與管理及經銷商運動專業知能訓練,並親自執行下列事項(親自執行事項,得由受委託機構適度參與,但發行機構應保留控制權並負全責):

(1)經銷商之遴選、管理、訓練、溝通及經銷證之核換發。

(2)經銷商款項之收取。

(3)新台幣1萬元以上獎金之支付。

(4)因辦理彩券業務所產生應付帳款之支付。

(5)彩券盈餘之撥付。

(6)購券者資訊服務。

(7)安全管制作業。

(8)公共關係。

(9)虛擬通路之規劃與管理。

(10)經銷商運動專業知能訓練。

當採用美國職棒大聯盟賽事和美國NBA職業籃球賽事作為發行運動彩券投注標的時,由於兩地時差關係,除網路轉播賽事外,為便於民眾投注起見,應仿照新加坡和香港現行做法,運用虛擬通路開放網路投注,根據國外經驗,網路下注的金額往往超過總投注金額的半數以上,也成為影響發行運動彩券是否成功之關鍵。上述各項工作除運動彩券發行盈餘金額全數納入體育發展基金外,其他大致雷同。

(三)擬定評選發行機構之評選項目及比重

財政部2005年遴選公益彩券發行機構之評選項目比重分別為:銀行健全性(10%)、營運及管理能力(25%)、招標規範(10%)、安全性(10%)、公益性(10%)、財務規劃(10%)、經銷商管理、教育訓練及溝通(10%)與其他相關項目(5%),其詳細評審細項及評審項目之比重列示如**表2-8**。

表2-8　公開徵求銀行擔任公益彩券發行機構之評審項目比重

評審項目	評審細項	評審項目比重
銀行健全性	自有資本與風險性資產比率（BIS）	10%
	逾期放款比率	
	資產報酬率	
	股東權益報酬率	
營運及管理能力	彩券發行作業之管理	25%
	彩券銷售及促銷作業之管理	
	彩券開兌獎作業之管理	
	彩券其他事項之管理	
招標規範	招標規範之周詳度	10%
	招標規範之合理性	
	招標規範之前瞻性	
安全性	作業流程之安全維護規劃	10%
	一切業務所涉及之重要資訊之保密能力	
	管理資訊系統之安全性	
公益性	對整體社會公益效益之正面助益	20%
	對政府推動公益活動效果之提升	
	提升公益性之創新作為	
財務規劃	預估發行期間各種彩券銷售收入情況	10%
	總獎金支出之規劃	
	總銷管費用支出之規劃	
	其他可能發生之相關收入及支出	
	設定之報酬收取率	
	預估各種彩券之盈餘成長情況	
經銷商管理及溝通	經銷商遴選方式之規劃	10%
	經銷商訓練及管理	
	溝通管道之規劃	
其他	補件次數及情形	5%
	創新能力	
	配合政府政策	
合計		100%

有鑑於新加坡和香港均由彩券局和馬會統一負責所有樂透彩券和運動彩券之發行和營運管理；而中國大陸則由國家體育總局（轄下各省市體育彩票管理中心）和民政局（轄下各省民政局）分別負責發行體育彩票和福利彩票。均顯示運動彩券發行機構必須深入瞭解運動彩券之特殊性和專業性，具備對參與運動比賽之熱忱和實績經驗，對運動產業發展之認知、企圖心和策略。因為運動彩券強調的重點在於運動專業；而公益彩券強調的重點為公益性，兩者明顯不同。因此，前者重在運動專業化，後者重心則放在社會福利之公益性和品牌效果，**表2-7**公開徵求銀行及技術合作廠商發行團隊擔任運動彩券發行機構之建議評審項目及比重，以運動彩券專業取代公益性，而比重調整為10%，由於運動彩券風險控管之機制及能力非常重要，每場賽事賠率之設定關係發行團隊之盈虧，因此安全性評審項目比重必須調高為20%，其權重僅次於運動彩券之營運及管理能力和財務規劃兩項。發行運動彩券的目的在於獲得發行盈餘以挹注體育發展所需之經費，因此財務規劃之良窳成為整體發行作業成果最後之總檢視，當然運動彩券營運及管理能力成為達成發行目標財務規劃之重要歷程，兩者權重相同，均為25%。另外，由於現行公益彩券乙類電腦彩券經銷商之銷售佣金比例為8%，因此，為使運動彩券的經銷商與公益彩券之經銷商不至造成太大的利益衝突，現階段運動彩券經銷商之銷售佣金比例宜比照公益彩券的做法辦理。

三、運動彩券之年度發行目標

本章就運動彩券之發行目標（包含規劃、銷售、收入、獎金支出、彩券盈餘、回饋金、獎金課稅等），分別加以說明。針對國內運動彩券之各年度銷售收入擬定發行目標，90年財政部第一次公開甄選公益彩券發行機構時，當時擬定之發行目標為年度國內生產毛額的1%比例，去（94）年財政部第二次公開甄選公益彩券發行機構時，有鑑於93～94年彩券銷售

不斷下滑，年銷售量均未達800億元，遂明定96～102年，七年期之發行目標修正為800億元之發行目標。

(一)新加坡運動彩券銷售規模

新加坡在1999年開始發行運動彩券，以國內足球比賽為投注標的。到2002年時，才選擇國際（以歐洲國家比賽為主）足球比賽為投注標的。2000年足球運動彩券的銷售收入約1.5億新加坡幣，約占總彩券銷售收入5%，平均每人購買金額約新加坡幣40元；2002年世界盃64場球賽，運動彩券銷售收入即達4.5億新加坡幣；2004年足球運動彩券銷售收入占總彩券銷售收入之25%比例，大約7.5億美元，也就是12億新加坡幣，平均每人購買足彩的金額為170美元，僅次於香港和希臘。

(二)香港運動彩券銷售規模

2003年8月香港馬會推出足智彩運動彩券，以歐洲足球比賽（英超、義甲、西甲等）國際足球比賽為投注標的。2004年香港足智彩運動彩券銷售收入為20.6億美元，平均每人購買金額為298美元；2005年香港足智彩運動彩券銷售收入34.3億美元，平均每人購買金額為497美元。2004年全球運動彩券的銷售收入為101億美元，其中亞洲占了39%。

(三)亞洲各國運動彩券銷售規模

根據La Fleur's 2005 World Lottery Almanac 統計數字，亞洲2004年運動彩券銷售來自於中國、以色列、日本及韓國等四個國家（如**表2-9**），但這四個國家年度平均個人購買金額（per capita sales）來看，除以色列高達33美元以外，中國不到1美元，日本約2美元，韓國約3美元，皆遠低於歐洲或加拿大之水準，未來仍有很大的成長空間。

表2-9　2004年亞洲各國運動彩券銷售金額

國家	運動彩券銷售量 （美金億元）	運動彩券銷售占所有券 銷售百分比	每人平均消費金額 （美金）
香港	20.6		298
新加坡	7.50	25%	170
中國	5.84	13%	0.5
以色列	2.06	23%	33
日本	1.90	2%	1.5
韓國	1.33	4%	3
總計	39.22	4.8%	0.75

資料來源：La Fleur's 2005 World Lottery Almanac.

(四)未來發行財務規劃

　　保守估計如以全世界發行運動（體育）彩券之國家和地區，其運動彩券銷售金額約為所有彩券銷售量之5%估計，則我國運動彩券年度發行目標之下限為40億元。而由於多數國家其運動彩券銷售金額約占其全部彩券銷售量的5～10%左右，因此一般而言，我國發行運動彩券發行目標介於40～80億元之間。但如以香港和新加坡為例（平均每人投注金額約200美元），再加上各項亞洲盃和世界盃的運動比賽納入單場投注在內，並以最有利標方式遴選最佳發行團隊（包括銀行、技術合作廠商和經銷商），則我國運動彩券的銷售金額，甚至不排除有可能達到百億元台幣之銷售規模。

　　此外，配合政府部門行政作業遴選運動彩券發行機構以及未來運動彩券發行機構之規劃和準備工作，並配合未來公益彩券七年之發行作業期限，則發行機構應就未來六年（2008年1月～2013年12月）發行運動彩券提出財務規劃（如表2-10），包括各年度銷售額、總獎金支出、銷管費用、佣金、發行機構報酬率、發行損失及賠償準備，以及發行盈餘等。同時各類型玩法之運動彩券之年度銷售額、總獎金支出、銷管費用、佣

表2-10　發行機構之未來六年發行運動彩券提出財務規劃　　　　　單位：億元

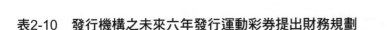

項目	第一年	第二年	第三年	第四年	第五年	第六年	占收入平均比率%	六年平均數	六年合計數
預計各類彩券總銷售收入(1)	40	40	40	40	40	40	16.67	40	240
預計各類彩券總獎金支出(2)	30	30	30	30	30	30	16.67	30	180
預計各類彩券總銷管費用(3)=(7)+(8)+(9)	6.0	6.0	6.0	6.0	6.0	6.0	16.67	6.0	36
總經銷商之銷售佣金(7)	3.2	3.2	3.2	3.2	3.2	3.2	16.67	3.2	19.2
發行機構擬收取之報酬（註1）(8)	2.4	2.4	2.4	2.4	2.4	2.4	16.67	2.4	14.4
彩券發行損失及賠償責任準備（含財政部公益彩券監理委員會會務經費）(9)	0.4	0.4	0.4	0.4	0.4	0.4	16.67	0.4	2.4
預計彩券發行盈餘(4)=(1)-(2)-(3)	4.0	4.0	4.0	4.0	4.0	4.0	16.67	4.0	24
預計獎金課稅所得(5)	2.4	2.4	2.4	2.4	2.4	2.4	16.67	2.4	14.4
預計彩券盈餘及課稅所得合計數(6)=(4)+(5)	6.4	6.4	6.4	6.4	6.4	6.4	16.67	6.4	38.4

註1：發行機構擬收取之報酬應包括發行機構擬自行收取之手續費、給予受委託機構或採購廠商之費用、兌獎佣金、廣告費用及其他等相關費用。

　　金、發行機構報酬率、發行損失及賠償準備，以及發行盈餘等亦應分別詳加估計。

　　　　有關發行目標之各項數據，將由參與競標之銀行提出，未來六年假設平均每年運動彩券發行目標下限均為40億新台幣為例，獎金支出最高比例為75%，獎金支出金額為30億元；經銷商銷售佣金比例8%比例計算，經銷商銷售佣金金額為3.2億元；發行機構擬收取之報酬比例上限為7%，

則發行機構擬收取之報酬金額為2.8億元（含彩券發行損失及賠償責任準備比例1%，金額為0.4億元）；則體委會發行運動彩券平均每年獲得發行盈餘4億元（不含課稅所得）；獎金課稅所得粗略以8%計算，為2.4億元（課稅所得歸財政部國庫所有）。

四、結論與建議

(一)研究結論

1. 投注標的／對象之選擇：首先第一階段以美國職棒大聯盟（MLB）及美國職籃（NBA）球賽為運動彩券投注標的；第二階段，計畫在發行運動彩券後一年，再加入足球比賽為投注標的；第三階段俟時機成熟和中華職棒作為投注標的之前提與配套措施完備後，則納入中華職棒為投注標的。

2. 投注方式：

   (1)全資賭注：平常採3～6場比賽結果，國際大賽則以單場比賽結果為投注標的。

   (2)固定賠率：根據台灣地下運動賭博玩法（大小顆、連碰、單雙、勝敗）以及考量香港、新加坡共通之玩法（勝和負和單場總入球數、準確球數、正確比數、半全場、首名入球員及特別投注項目等）。

   (3)樂透集資賭注，共同分配賭金。例如選擇13場比賽作為投注標的，賭金採獲勝平分的方式分配。

   (4)採行類似三星彩的投注方式，根據星期五、六、日共三天比賽的場次，設定固定賠率，並透過ESPN電視台轉播。

3. 政府發行運動彩券的關鍵成功因素：

   (1)降低運動彩券發行盈餘：為了與地下運動賭博相抗衡，運動彩券獎金比例應提高至75%上限，另外運動彩券經銷商銷售佣金約

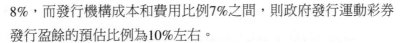
8%，而發行機構成本和費用比例7%之間，則政府發行運動彩券發行盈餘的預估比例為10%左右。

(2)搭配獎金平均分配之玩法和週末發行三星彩之玩法，採用地下運動賭盤主要投注賽事。如主客勝、讓分和總分制等。

(3)讓賭客資訊透明化，設法吸引潛在的賭客：對於沒有管道可以參與運動賭博或缺乏賭注信用額度者來參加政府發行的合法運動賭博。

(4)切斷台灣組頭與拉斯維加斯組頭兩者套利的機會，讓台灣組頭把彙集的賭金轉而投入國內發行的合法運動彩券。前提在設法讓政府合法發行的運動彩券能與拉斯維加斯保持良好的關係，以關切賭資的流向為重點。

(5)首先推出多場投注（3～6場）固定賠率遊戲，再配合亞洲盃或世界盃大賽，採單場投注固定賠率遊戲。

(6)高獎金賠率（如單場為80～90％）：由於台灣地下賭盤太大，發行運動彩券必須直接破解和打敗地下賭盤，獎金支出比例必須大幅提高，因此「公益彩券發行條例」最高的獎金支出比例75%可為運動彩券獎金支出比例，而且單場賽事之獎金支出比例應該保持彈性。

(7)運動彩券投注標的選擇一般民眾熱愛的運動，由大家共同加以關注和監督，並設有電視轉播每場比賽過程。

4.保守估計，我國發行運動彩券發行目標介於40～80億元之間。但如以香港和新加坡為例（平均每人投注金額約200美元），再加上各項亞洲盃和世界杯的運動比賽納入單場投注在內，並以最有利標方式遴選最佳發行團隊（包括銀行、技術合作廠商和經銷商），則我國發行運動彩券的發行目標，甚至不排除可達百億元台幣之銷售規模。

5.運動彩券發行機構必須深入瞭解運動彩券之特殊性和專業性，具備

對參與運動比賽之熱忱,對運動產業發展之認知、企圖心和策略。因為運動彩券強調的重點在於運動專業,公開徵求銀行擔任公益彩券發行機構之評審項目比重,以運動彩券專業取代公益性,而比重調整為10%,由於運動彩券風險控管之機制及能力非常重要,每場賽事賠率之設定關係發行團隊之盈虧,因此安全性評審項目比重必須調高為20%,其權重僅次於運動彩券之營運及管理能力和財務規劃兩項。財務規劃之良窳成為整體發行作業成果最後之總檢視,當然運動彩券營運及管理能力成為達成發行目標財務規劃之重要歷程,兩者權重相同,均為25%。另外,由於現行公益彩券乙類電腦彩券經銷商之銷售佣金比例為8%,因此為使得運動彩券的經銷商與公益彩券之經銷商不至造成太大的利益衝突,現階段運動彩券經銷商之銷售佣金比例宜比照公益彩券的做法辦理。

6.發行機構應就未來六年發行運動彩券提出財務規劃,包括各年度銷售額、總獎金支出、銷管費用、佣金、發行機構報酬率、發行損失及賠償準備,以及發行盈餘等。同時各類型玩法之運動彩券之年度銷售額、總獎金支出、銷管費用、佣金、發行機構報酬率、發行損失及賠償準備,以及發行盈餘等亦應分別詳加估計,預估體委會發行運動彩券每年平均至少獲得4億元之收入。

(二)研究建議

1.體委會內部應成立運動彩券發行專責小組:運動彩券的發行,在國內尚屬首次,「只許成功,不許失敗」由於國人缺乏發行運動彩券的經驗,所有相關的專業人力與組織架構應作適當調整,體委會內部應成立專責小組任務編組;體委會內部應有強烈的認知,機關首長尤其應全力支持並投入更多的人力及物力,相關專責小組成員應抽空對包括香港、新加坡和其他運動彩券發行國家或地區進行參訪,以掌握運動彩全從發行前的準備工作,和發行過程中所可能遭

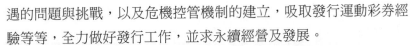
遇的問題與挑戰，以及危機控管機制的建立，吸取發行運動彩券經驗等等，全力做好發行工作，並求永續經營及發展。

2. 關於風險機制必須參訪國外發行機構，學習寶貴經驗：有關發行運動彩券之風險控管機制，從發行前準備作業開始，中間的過程可能遭遇的種種問題以及可能解決方案，以及階段性以及未來的發展等等，均有賴體委會運動彩券發行專責小組之所有人員實地參訪國外發行機構，吸取寶貴經驗，確實掌握各項問題的關鍵細節。

3. 根據香港馬會發行足球彩券之經驗，未來必須開放網路和電話投注，配合現金投注一起實施。

4. 每場賽事可採不同的定價方式，有的返獎率高，有的返獎率低，並將包括風險控管以及承受能力等等因素考慮在內。特別是在固定賠率的下注方式，尤其如此，平均返獎率介於80～85%之間，有些返獎率甚至高達90%。原則上應讓價格之訂定保持充分的彈性。

5. 未來運動彩券賠率設定的專業人員可參考香港馬會的做法，引進國外具有實際經驗之專業人員，再訓練國內對運動專業有興趣和專業能力之人員，共同負責運動彩券之賠率設定。

參、評估發行運動彩券對社會經濟影響[3]

運動彩券之發行對於國內社會和經濟層面之影響，一直是國人所共同關心之重要議題；特別是包括對於中華職棒等國內職業運動項目之影響在內。本研究一方面透過問卷調查瞭解一般民眾之看法，一方面蒐集部分亞洲及歐洲國家發行運動彩券之經驗以及風險控管具體措施，透過蒐整參訪地區之社會經濟影響評估及相應對策之具體做法，供我國發行運動彩券之重要參考依據。因此，整體而言，本研究透過全國性問卷調查，國內

---

3 本文係劉代洋等（2007）年接受行政院體育委員會委託研究「運動彩券之社會經濟影響及規劃評估」報告摘錄而成。

中華職棒發展環境進行職棒球員訪談,以及部分亞洲和歐洲國家進行國外參訪和兩次專家學者座談會等研究結果,以瞭解國內職棒現況和改善之道,和探討發行運動彩券之社會經濟影響效果。

本研究的目的主要有下列幾項:

1. 蒐集歐洲國家發行運動彩券之經驗以及風險控管具體措施,蒐整參訪地之社會經濟影響評估及相應對策。
2. 瞭解中華職棒聯盟強化內部和風險控管之機制。針對中華職棒聯盟球團、和部分球員對於消除民眾疑慮之內部管理和風險控管可行之機制。
3. 針對問卷調查、國內實務狀況、國外參訪和專家學者座談會等研究結果,探討發行運動彩券之社會經濟影響面效果。
4. 針對發行運動彩券之社會經濟影響面效果,如何將衝擊降到最低,提出政策規劃措施。

一、發行運動彩券社會效果分析

(一)國內外職業運動團體、運動員及賽事問題

◆丹麥國內外職業運動團體、運動員及賽事監督管理問題

丹麥足球協會,跟歐洲其他國家,包括英國、芬蘭等均非常強調自我負責、自我管理之約束機制,來防治不法問題對彩券市場的直接衝擊(劉代洋,2006)。英國國家賭博委員會提及,只要社會上出現運動比賽有舞弊的嫌疑時,該單項運動協會通常會採取主動調查,與積極負責的態度處理相關疑點,必要時政府主管機關除加強監督,亦可能主動介入調查。

包括丹麥、芬蘭、希臘等國均有以國內運動賽事來作為運動彩券的投注標的,如芬蘭、丹麥以國內足球賽事;希臘以國內籃球賽事。但是

由於國內球隊實力不強，所以主要還是以歐洲的足球作為最主要的投注對象。另外，包括中國、新加坡、香港在內亦復如此，國內的足球比賽並不精彩，不具吸引力，因此多半以英國、德國、義大利之足球比賽作為主要的投注標的。

◆ 台灣國內職業運動團體、運動員及賽事監督管理問題

對於未來防止打假球事件的發生，應採取恩威並施的方式，一方面能將報酬和獎金提高來鼓勵球員的傑出表現以及有公平的仲裁第三者，另外則在契約簽訂，使球員若涉及賭博，須賠償給球團一些賠償金，這樣球員犯法的誘因就會大大降低。此外刑法上也應將一般賭博罪與職業球員涉及賭博罪兩者分開，因此建議另訂定職業運動法，針對職業運動球員包括各項職棒球員在內，加重其犯罪刑度，針對球員與球團的合約簽訂民事賠償的部分應有所規範，另外包括球員二軍和薪資仲裁制度亦應有所修正和調整，以達到合理化的水準。

參酌包括英國、丹麥和芬蘭等國家，各單項運動協會採取自我負責和自我管理的態度有效約束職業球員，以避免打假球和各項不當行為等，事實上，國內La New職棒球隊的內部管理機制，包括對球員和對球隊之管理監督、提供誘因和倫理規範，以及避免與地下運動賭博間之聯繫等等，亦相當值得其他球隊的參考。La New球隊負責人指出「藉由運動彩券之發行之良性循環，讓球員不屑亦不敢打假球。」而且La New球隊已訂定有「La New職棒球員獎勵條例」、「La New職棒球員生活公約」及「La New職棒球員管理辦法」等La New職棒球隊對於球員之管理監督和提供誘因機制。其他職棒各隊之相關規範大致雷同，可惜各球隊執行寬鬆不一。現在已經在發行運動彩券，所以先不需考慮中長期的目標，先把短期的問題先解決，列出成功及失敗的項目，逐一確認並妥善加以處理。

(二)社會投機心理及賭博問題

◆ 香港運動彩券對於社會投機心理與賭博問題之影響

香港政府於2003年9月成立平和基金，資助預防及緩減與賭博有關問題的措施。香港馬會在兩年捐款2,400萬元港幣，後三年每年捐款1,200～1,500萬元港幣。港政成立平和基金諮詢委員會，就基金的用途及運用事宜提供意見，就賭博有關的事宜和問題進行研究、預防及緩減與賭博有關問題的公眾教育和其他措施、為問題和病態賭徒及其他受影響人士而設的輔導、治療和其他支援服務（朱文生、林于郁、葉劉慧娟，2006）。

◆ 芬蘭運動彩券對於社會投機心理與賭博問題之影響

芬蘭政府所提供的賭博工具，只在於滿足芬蘭人的賭博需求。芬蘭國家彩券局法務部門的主管Tuula指出，在2007年，防治問題賭博的經費高達200萬歐元，並全數由營運機構負責支付所有成本。芬蘭從1996年12月起，就允許使用網路下注，同時主張，並不對任何的玩家施以懲罰，對於網路下注，並沒有特別訂定相關法律。

◆ 英國運動彩券對於社會投機心理與賭博問題之影響

根據英國國家賭博委員會的報告指出，雖然72%英國成年人參與賭博，但只有0.6～0.8%的成年人口屬於問題賭博者，這項比例一般而言是低於國際的標準。根據Walker（2007）有關賭博的成本分析效益之研究指出，英國問題賭博與病態賭博行為的每年社會成本估計總金額高達3,240～5,050萬英鎊不等，其中問題賭博者的社會成本每年高達1,490～1,650萬英鎊不等，而病態賭博者每年的社會成本估計1,750～3,450萬英鎊不等，又問題賭博者平均每人每年的社會估計成本約467英鎊，而病態賭博者平均每人每年的社會估計成本約為881英鎊。

◆ 台灣發行運動彩券對社會投機心理與賭博問題之影響

根據問卷調查發現民眾對於依法發行運動彩券，認為會造成的壞處

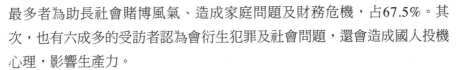

最多者為助長社會賭博風氣、造成家庭問題及財務危機，占67.5％。其次，也有六成多的受訪者認為會衍生犯罪及社會問題，還會造成國人投機心理，影響生產力。

公益彩券的玩法是靠運氣，而運動彩券則需要玩家有一部分相關運動常識，限制比公益彩券較多；然而玩家投注運動彩券，大部分想法並非以此賺大錢，反而是可因投注運動彩券讓自己觀賞比賽時能夠更有興致，會下注運動彩券的民眾因為本身喜歡看球賽才會去下場投注運動彩券，而非是為了下注才去看球賽，且發行公益彩券並未增加賭風，加上以運動彩券的投注金額相對地下簽賭較低的情況下，發行運動彩券並不會因此增加賭博風氣，如同現今開放的台灣彩券，社會的賭風並未因此增加。

根據各國問題賭博所造成的嚴重性，主要與開放觀光賭場有關；鑑於公益彩券已經發行多年，發行運動彩券預料對於問題賭博和病態賭博所增加的影響程度應該相當有限，因此現行問題賭博之嚴重性顯然並非當務之急。為防範於未然，運動彩券主管機關應責成發行機構投入適當的人力和物力於問題賭博的預防工作、調查研究以及諮商協助專線等項目以降低發行運動彩券對社會成本的負面影響於最低。

(三)弱勢人員照顧

發行運動彩券可以增加身心障礙人員的就業機會，根據規劃，未來發行銀行將設立運動彩券的投注旗艦店，約占全國投注店比例為10%左右，對於一般經銷商而言會擔心在財團背後龐大的支持下，一般經銷商的生存空間會不會大受影響。所以在照顧弱勢團體的權益下，發行銀行投注站的員工，應僱用弱勢團體的人員，並且台灣未來應強化經銷商人員的培訓，投入更多的資源。另外，運動彩券的經銷商資格選取應該更合理，以全國弱勢團體人數百萬人來說，應該篩選有能力經營的人來擔任，而非連癱瘓及植物人都可以來抽籤，運動彩券的經銷商資格應要有行為能力及對

運動有基本的瞭解,加上以公益彩券為例經銷商資格每七年抽籤一次,使得經銷商的專業水準無法持續累積。

由於運動彩券發行初期的規模明顯低於公益彩券,經銷商的數目也因此在近千人左右,弱勢團體所關心乃是運動彩券的發行是否會替代部分公益彩券的銷售金額造成公益彩券部分經銷商難以維持生計,關於此點,一方面未來的運動彩券發行機構——台北富邦銀行和現行公益彩券發行機構——中國信託商業銀行,可維持適度的競合關係,以降低對現行經銷商可能造成的衝擊;另一方面,現行公益彩券回饋金可以善加運用,以發揮調劑公益彩券經銷商可能造成傷害於最低之有效工具。

(四)對地下非法運動賭博可能之影響

◆ 希臘運動彩券對地下運動賭博可能之影響

發行運動彩券主要有三大益處:(1)降低非法賭博的機會;(2)防止逃稅;(3)降低洗錢的機會。畢竟合法的運動彩券較易為一般民眾所接受,超過有5,300個投注站,遍布全國,並廣受一般民眾的喜愛。由於希臘國家彩券局強調嚴格執法,以打擊非法地下賭博,另外嚴格禁止媒體進行促銷地下非法賭博,大幅提高地下非法賭博的營運成本和風險(劉代洋,2006)。

◆ 芬蘭運動彩券對地下運動賭博可能之影響

為了防堵賭博的問題。劉代洋參訪芬蘭彩券局(2006)指出:「芬蘭規定,只有當地的居民才可以購買當地的運動彩券,其設置運動彩券的主要目的為防止芬蘭人到國外去進行運動賭博活動,因此,芬蘭發行運動彩券的主要目的,不在獲取最大利潤。」芬蘭國家彩券局法務部門的主管Tuula指出,2007年防治賭博問題的經費高達200萬歐元,並全數由營運機構負責支付所有成本。芬蘭對所有的管制和規定都只限於國內地區的管制,對國外的賭博不加以管制。基本上管制愈來愈嚴格,理由是因為過去

發生過舞弊事件，包括操縱足球球員踢球的舞弊事件。

◆ 香港、新加坡運動彩券對地下運動賭博可能之影響

　　香港和新加坡在發行運動彩券之前，皆有許多運動賭博的地下經濟活動，然而兩國在發行初期，均強力運用了警力，如香港政府特別提撥經費成立「特別警力打擊部隊」，以有效消弭地下運動賭博。根據香港馬會訪談時聲稱，此舉已獲致相當的成效。

◆ 台灣運動彩券對地下運動賭博可能之影響

　　現行台灣地下運動賭博的風氣，據聞與其地下運動賭博組頭訪談時，發現每日實際參與下注的金額至少一、兩億以上，金額相當的龐大，尤其是在重要國際比賽和紐約洋基隊王建民出場投球比賽的場次，其下注的金額更是難以估計。然地下組頭因虧損而隱匿消失不見，時有所聞。政府發行運動彩券，當可替代部分地下運動賭博。若能仿照香港、新加坡成立特別警力打擊部隊，相信對減少地下賭博的活動，會有較大的影響效果。再者，包括提高獎金支付的比例，以及改善中華職棒的形象和職業的水準等等，均對地下非法運動賭博的影響相當的關鍵。

(五)盈餘分配的運用

◆ 香港運動彩券之盈餘分配運用

　　香港馬會將每年從發行足球博彩所得的盈餘，撥捐香港賽馬會慈善信託基金（賽馬及六合彩盈餘亦撥入該慈善信託基金，成立於1993年）。於2004～2005年之間，慈善信託基金共撥捐10億2,000萬港元給114項慈善公益計畫，並且推行社區資助計畫。另外馬會透過與自願組織、慈善團體及私營機構合作，使慈善信託基金的資助，得惠於社會不同階層，主要分為四方面，即康體文化、教育培訓、社會服務及醫藥衛生（朱文生、林于郁、葉劉慧娟，2006）。在體育方面，馬會繼早期捐款創建維多利亞公園及其內的一個奧運標準泳池後，一直以來還不斷捐款建設

其他康樂設施,如公眾騎術學校、滘西洲公眾高爾夫球場。2005年馬會捐款1億300萬港元,資助香港足球總會於將軍澳興建足球訓練中心,作為香港代表隊及青少年足球隊的訓練場地,亦可作更廣泛的社區用途。近年慈善基金用途如圖2-7。

◆新加坡運動彩券之盈餘分配運用

　　行政院體育委會在參訪香港及新加坡運動彩券報告（2006）指出：「新加坡自1999年發行足球彩券,累積約16億新加坡幣的足彩盈餘,其中已捐助超過5億新幣作為當地足球與運動發展;近年在2003年及2004年球季,共提供1億7,600萬新加坡幣回饋給社區,主要包括慈善、運動和社區之活動和設施等所需經費。」

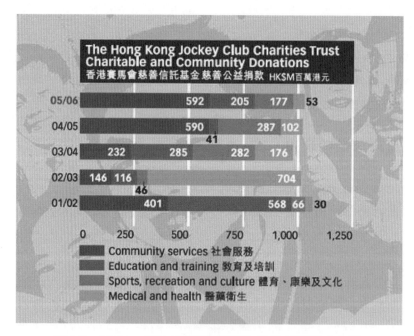

圖2-7　2001～2006年香港賽馬會慈善信託基金用途

資料來源：香港賽馬會提供。

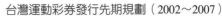

新加坡博彩公司發行樂透型、立即型、數字型及足球彩券所獲得的盈餘用途大致為（朱文生、林于郁、葉劉慧娟，2006）：

1. 運動建設：興建國家體育館、國內足球聯賽資金、動項目訓練設施的提升與行銷，以及國際競賽的補助（如亞運、奧運及東協等）。
2. 社區建設：興建新加坡室內體育館、濱海地區戲院、資助新加坡動物園、Jurong鳥園、夜間動物園及其他公園設施等、社區各項建設計畫、國內各專案活動，如防制煙害活動、道路安全推廣計畫及犯罪防制計畫。

◆ **芬蘭運動彩券之盈餘分配運用**

芬蘭國家運動彩券之盈餘，除了用於藝術、文化、體育發展、科技以及青少年事務，運動彩券的收益，除了專款專用之外，並且規定在法律條文內，以避免政治人物濫用。另外芬蘭國家彩券局非常重視與其他國家合作，共同收集和分享相關資訊，打擊非法的經濟活動（劉代洋，2006）。

◆ **丹麥運動彩券之盈餘分配運用**

丹麥國家彩券局將盈餘用於衛生、文化、體育發展、教育、青少年事務、戶外活動以及國家財政（樂彩公司，2006）。

◆ **台灣發行運動彩券之盈餘分配運用**

根據現行「公益彩券發行條例」第6條第二項的規定，公益彩券的盈餘只能用於國民年金、全民健保及其他社會福利支出項目，雖然最近行政院已針對運動彩券發行的盈餘運用修正為80%作為體育和運動發展之用，而20%仍然作為社會福利使用，然此項修正案仍然必須透過修法的程序完成，才能確保發行運動彩券得以挹注體育發展所需的經費。因此，未來幾個月主管機關應積極與立法部門協商，以加速早日立法完成。

運動彩券的盈餘分配的運用，將可運用在發展國內職業運動如舉行

國際賽事、培養菁英及幫助國內運動的推廣等，但因為運動彩券可能替代部分公益彩券的銷售金額，因此弱勢團體關切並爭取運動彩券的發行盈餘難以避免，所以運動彩券的盈餘分配是否真的可以運用在發展國內職業運動令人懷疑。並且台灣在培育運動人才經費短缺，如很多地方上小朋友常常因缺乏經費而無法出國比賽或硬體設備不足等問題，將可運用運動彩券的盈餘分配來幫助改善，但盈餘的分配必須要公正公平以免只被大財團所運用。另外運動彩券盈餘分配應提撥一部分的經費作為特訓警力部隊使用，如香港馬會的做法，以打擊地下簽賭。

二、發行運動彩券經濟影響效果分析

(一)運動及彩券相關產業和就業問題

◆香港

2005年賽馬營業收入為626億港幣，六合彩銷售收入為65億港幣，若加計該年足球彩券收入，其總營收達971億港幣（柯綉娟、戴龍輝，2006）。銷售狀況部分，依據香港馬會公布之年報資料，2004會計年度發行之「足智彩」，創下161億港幣（20.6億美元）的佳績，接著2005會計年度更增加至267億港幣（34.3億美元），位居全世界第一位（柯綉娟、戴龍輝，2006）。總結2005年之銷售狀況，扣除獎金支出226億港幣，總計稅前毛利約41億港幣（柯綉娟、戴龍輝，2006）。香港馬會共用4,000位全職員工與20,000名義工。

◆新加坡

新加坡運動彩券目前投注方式，包括實體通路與電話投注。在實體通路部分，目前共計318家銷售站，其中包含88家直營店，230家指定銷售商（位於購物中心、便利商店、百貨公司、加油站、郵局等）。投注站通常不可接近教堂、寺廟、學校以及小孩活動的地方（朱文生、林于郁、葉

劉慧娟，2006）。

◆英國

英國運動彩券發行的營運模式，主要是透過賭博投注站（Book Makers）方式經營，較大的賭投注站系統包括Labrokes（約2,400家投注站）、William&Hill（約2,000個投注站）以及Coral（約1,400個投注站）等連鎖賭博投注站為主，全國賭博投注站的數量約5,800個。

英國賭博產業共僱用員工約10萬人，且根據統計，英國人口的9%下注足球比賽。

◆希臘

希臘國家彩券OPAP每年營收250億，根據2006年的統計，其運動彩券的銷售收入占歐洲40%以及全世界30%的比例。

希臘運動彩券的通路經銷商，共設立5,300個，遍布全國，並廣受一般民眾的喜愛（劉代洋，2006）。希臘國家運動彩券之管制機構為OPAP為一半官方組織，擁有300人全部時間員工以及900人部分時間員工。

◆芬蘭

目前彩券經銷商總共有3,200家，包含電腦型彩券經銷商2,860家，立即彩券840家。基本上，芬蘭國家彩券局的組織型態為國營公司，隸屬於教育部。

◆丹麥

丹麥國家彩券投注主要以實體商店為主，其型態包括便利商店、書報攤、雜貨店等，目前有電腦型彩券經銷商2,698家，立即彩券1,025家。另外尚有虛擬投注通路——網路投注，但網路下注占的比例只有40%，主要銷售還是來自實體通路（樂彩公司，2006）。

丹麥彩券實體經銷商，除了一般常見的型態外，尚有與咖啡店型態結合的娛樂場所——PitStop的設立，2001年丹麥議會通過，可以販售各種

彩券以及遊戲。目前全丹麥有30家PiStop，其中2家為隸屬丹麥彩券公司之直營店，其餘為丹麥彩券公司授權經銷商經營。另外還有144家規模較小的彩券店——Pitten，根據丹麥彩券公司統計，運動彩券在此兩種類型的店銷售比較好（樂彩公司，2006）。

◆ 台灣

根據運動彩券發行機構台北富邦銀行的規劃，運動彩券經銷商實體通路有1,000個店家，外加大約10家自營店（包括旗艦店在內）；以及設置虛擬通路在內，當然如果發行機構自行設置旗艦店，則其僱用的員工受限於「公益彩券發行條例」必須優先僱用身心障礙等人士的規定，應該優先考慮身心障礙人士的工作機會。另外，發行機構自行設置虛擬通路時，所帶來的收益應訂定適當的回饋比例，以凸顯其公益性。因此，估計運動彩券發行所創造的銷售人員就業機會，大約在兩、三千人左右。外加相關的周邊產業，如運動行銷公司、網路設計公司、廣告商、運輸公司等等，至少可增加數百人左右的額外就業機會。

再根據發行機構的財務規劃，未來六年預估銷售金額約1,900億元左右，則平均每年銷售金額超過300億元。假設因此周邊產業產值所創造的乘數效果為2，則發行運動彩券共計可帶來約900億元的產值。

(二)銷售盈餘與稅收效益

◆ 香港

政府課徵之博彩稅約20億港幣（柯綉娟、戴龍輝，2006）。香港政府對馬會發行之足球彩券係以「稅前毛利」為基礎，課徵50%博彩稅，至於獎金支出則設定約80～85%。

2005年賽馬營業收入、六合彩銷售收入和足球彩券收入，其總營收達971億港幣，總繳納稅額為123億港幣，目前是香港地區最大的單一納稅機構，約占香港政府稅務局總稅收的10%（柯綉娟、戴龍輝，2006）。

香港馬會2005年及2006年總投注金額高達960億港幣，其中600億港幣屬於賽馬收入，316億屬於足彩的收入，另外44億為六合彩的收入；2006年及2007年季節之總投注金額則高達1,000億港幣，而賽馬收入為640億港幣，足彩投注金額為320億港幣，以及六合彩收入約60億港幣。

◆新加坡

新加坡自1999年發行足球彩券，累積約16億新加坡幣的足彩盈餘，其中自1999年以來，已捐助超過5億新幣作為當地足球與運動發展；近年在2003年及2004年球季，共提供1億7,600萬新加坡幣回饋給社區，主要包括慈善、運動和社區之活動和設施等所需經費。

新加坡博彩公司發行足球彩券所獲得的盈餘用途大致為：

1.運動建設：興建國家體育館；國內足球聯賽資金；運動項目訓練設施的提升與行銷；各項國際競賽的補助（例如亞運、奧運及東協等）。

2.社區建設：興建新加坡室內體育館；濱海地區戲院。

◆英國

2003年至2004年英國賭博總投注金額高達534億英鎊，為1999年至2000年的2倍，而政府收取13.5億英鎊特種銷售稅收入。

◆希臘

2005年7月OPAP銷售利潤高達13.3億歐元，銷售金額高達4.63億歐元。希臘國家彩券OPAP每年盈餘7,500萬歐元，其中擁有34%股權的希臘政府也約有1,700萬歐元的收入。歐洲銷售金額7%、世界3%。

OPAP每年營收之250億，課徵10%稅額，在運動彩券課徵營業利潤的25%的稅額。如果中獎的獎金超過17,674歐元，課稅的稅率是5%（劉代洋，2006）。希臘運動彩券課稅的方式係以營業利潤的25%繳稅。

◆ 芬蘭

平均每週的銷售金額為100萬歐元。經銷商的佣金為6%（網路下注的佣金比率為0%），而營運的成本跟費用占7%，因此，運動彩券發行盈餘約17%，直接交給負責管理體育事務的教育部（劉代洋，2006）。

芬蘭國家運動彩券，獎金支付比率為70%（賽馬獎金支付比率為60～65%；電腦彩券獎金支付比率為40%），營運機構所必須繳付的租稅負擔為利潤的9.5%，亦即大約是銷售數量的2.85%（劉代洋，2006）。

◆ 丹麥

2002年丹麥運動彩券總銷售金額7億5,000萬丹麥幣，2003年成長87%，銷售金額達14億丹麥幣，2006年至2007年總銷售金額更高達18億丹麥幣，預估2008年銷售金額會超過20億丹麥幣，整體看來市場呈現成長的趨勢，由於在2007年的獎金比例，由80%提高至87%，造成其營收由1.2億美金變增加至2.4億美金，而當場投注的獎金比例為90～92%，藉此吸引投注（劉代洋，2006）。

丹麥國家彩券局是唯一個國營事業組織，繳稅的金額為獲利的30%。將盈餘用於衛生、文化、體育發展、教育、青少年事務、戶外活動以及國家財政（樂彩公司，2006）。

◆ 台灣

根據發行機構財務規劃，以每100元銷售金額計，最高獎金支出金額為75元，發行機構報酬3.25元，實體通路經銷商佣金8元，虛擬通路經銷商佣金6元，如以實體通路和虛擬通路之比例為60：40，則經銷商佣金比例平均為7.2元，外加發行責任準備金1元，則每100元之銷售可帶來13.55元之發行盈餘，未來六年平均每年運動彩券發行盈餘約為40.65億元，如果以其中80%的比例用於體育和運動發展經費，則平均每年約可增加32.52億元的體育和運動發展經費。

另外有關稅收部分，由於現行稅法規定，凡是中獎獎金超過2,000元

者，一律就源扣繳20%的比例，以平均每年300億元的銷售金額計算，則中獎獎金約為225億元，假設中獎獎金超過2,000元的比例為七成，則就源扣繳的稅款約31.5億元；另外發行機構仍須就其營利所得部分，繳交營利事業所得稅，以及其他尚有印花稅等稅收。

(三)電子商務交易情形

有關電子商務交易，主要針對香港、新加坡、英國、希臘、芬蘭與丹麥等六國運動彩券銷售通路的種類進行彙總和簡要分析，以作為我國發行運動彩券之重要參考依據。

◆ 香港

香港之運動彩券經銷通路，包括投注站投注、投注寶投注、電話投注、網路投注、手機投注與PDA投注。其投注比率依序為電話投注38%、實體通路31%、網際網路22%、PDA 9%（柯綉娟、戴龍輝，2006）。

◆ 新加坡

2005年新加坡博彩公司推出運動彩券電話投注及部分賽事即時投注，但是由於電話投注推出時間尚短，故多數消費者仍習慣於實體通路進行投注下單（柯綉娟、戴龍輝，2006）。目前新加坡彩券局已經做好網路投注的準備以及系統開發作業，但仍需等待政府的獲准。

◆ 英國

英國的運動投注不由政府授權的彩券局獨占經營，而是將執照開放給許多家私人博彩公司經營，並以完備周全的法令加以規範，只要政府審核通過即可經營，並無執照數量的限制，在完全競爭市場環境下，也使得英國成為全球運動投注產業最興盛、先進的國家，全球幾大博彩公司──Ladbrokes、William Hill等分別設有2,000多家的投注站，全國總共近萬家投注據點，規模大小不一，由於在實體商店參與運動彩券的投注非常的方便，因此除非在營業時間以外的時段，比較可能進行網路下注。

◆ 希臘

希臘人基本上不太熱衷於網路下注，反而喜歡到經銷商享受下投注的氣氛。另外希臘人使用網際網路在歐洲是最低的。根據統計，80～90%的營收都來自於零售店。

◆ 芬蘭

芬蘭1940年即開始發行運動彩券，於1996年即開始發展網路投注，包括手機WAP、電話投注以及互動電視等虛擬投注方式，並於2004年推出即時投注方面，特別在提高獎金賠率和發展虛擬投注方面，著有成績，非常值得學習。

◆ 丹麥

2002年推出網路投注，丹麥認為五年內實體商店一樣會十分重要且比例且不會超過25%。從現場比賽的投注所創造的營收比例來看，60%的營收來自於實體商而40%來自於網路下注。丹麥彩券局運動彩券系統目前使用集鈦（GTECH）ProSys與Betware BGP系統組合，GTECH ProSys系統負責實體通路（Retailer）之現金投注，而Betware BGP系統負責虛擬通路（Internet）之帳號投注。丹麥當局為了解決兩系統間整合操作問題，自行開發一套名「ROSA」之管控軟體，架於GTECH ProSys及Betware BGP系統之上，達到單一窗口的管控目的，簡化操作上的複雜度（樂彩公司，2006）。

◆ 台灣

參考上述各國的實際發行經驗和做法，運動彩券的銷售通路，除了實體通路經銷商外，由於我國發行運動彩券初期主要的投注對象，為美國職棒大聯盟比賽和美國職籃比賽，受到時差因素的影響，虛擬通路成為不可或缺的銷售管道，而且依據香港馬會的實際經驗，實體通路、電話投注和上網投注各占三分之一的比例，因此，上網投注和電話投注，透過設置運動彩券資訊網供上網投注，以及設置大型電話投注中心供電話投注，非常必要。另外，其他的投注方式，包括PDA、手機和互動電視等工具，均

可列入提供民眾多元投注方式的選項。

三、發行運動彩券綜合評估

(一)社會層面

◆ 中華職棒作為運動彩券發行的投注標的

　　若中華職棒比賽作為投注標的時，應加強監控各場運動比賽，以及有效伸張公權力，以取締地下運動賭博。有關運動賭博各項相關訊息，包括深入瞭解地下運動賭博活動，應設法有效傳達給社會各界知曉，包括警察機關在內。

　　運動彩券不一定只賭輸贏，提供多種玩法，賭總分值較容易被操控，所以可以擴大玩法，一場可以開放很多標的物的下注模式。例如單場的安打數以及特殊表現之結果等等的一些特殊玩法。台灣運動彩券要推動足球為投注標的有一定的困難，除了ESPN，台灣的媒體很少轉播足球比賽，而且台灣人民對足球並沒有歷史的情感，所以不如將精神投入好好策劃在棒球及籃球運動上。運動彩券相對於地下簽賭的單筆金額是較低的，並不認為運動彩券的發行會使打假球事件更為嚴重。搭配性玩法如一場國內比賽加上兩場國外比賽，這樣搭配會降低吸引力因為賭博的玩家通常喜歡能下注就能立刻知道結果，大部分不願意等待，時間拖越長或許會打擊買氣。

　　在中華職棒方面，聽取各方的意見，並做綜合性的分析，為了健全中華職棒的發展環境，仍然需要中華職棒聯盟和各球團共同擬定防弊措施。並吸取其他國家的實際經驗，確實嚴格加以執行，使中華職棒未來能夠納入運動彩券的投資標的。

　　對於中華職棒是否納入投注標的，建議初期漸進小心，高度建議初期中華職棒不要加進來。若運用中華職棒當作投注標的，除了承受勝負的

壓力,還有許多我們看不到的壓力存在,也可能因為這樣使中華職棒加速滅亡及影響運動彩券之信譽發展。且建議先以國外的比賽來當作運動彩券的標的,之後,在適當的時機,再用國外搭配國內,或是國內單獨成為標的,後續的觀察還是看實際的運作狀況,再採用循序漸進的方式進行。基於愛護職棒的心理,建議先不要在初期將職棒當作運動彩券的標的。

對於未來防止打假球事件的發生,應採取恩威並施的方式,一方面能將報酬和獎金提高來鼓勵球員的傑出表現以及有公平的仲裁第三者,另外則在契約簽訂,使球員若涉及賭博,須賠償給球團一些賠償金,這樣球員犯法的誘因就會大大降低。此外刑法上也應將一般賭博罪與職業球員涉及賭博罪兩者分開,因此建議另訂定職業運動法,不只職棒也包括各項職業運動比賽。加重球員刑責,並就球員與球團的合約簽訂民事賠償部分有所規範。另外,為有效防止球員打假球,提出預防於先的上策、阻止於中的中策以及防止於後的下策,分別就其策略和具體作為提出建議,相當值得中華職棒聯盟和各球團認真考慮,澈底執行以杜絕職棒舞弊事件的發生,並恢復國人對職棒的信心和公信力,如**表2-11**。

◆**發行運動彩券與社會投機心理及賭博問題**

有關國內發行運動彩券是否會增長社會投機心理及賭博問題,由於現行地下運動賭博已經存在,政府發行合法的運動彩券能否取代現行地下賭博,將視運動彩券是否成功而定,包括專業性和公信力的水準,獎金賠率是否能夠彈性調整,重要國際比賽是否能提供單場投注的機會,運動賽事的選擇是否符合民眾的喜好,以及運動彩券的盈餘如何運用等等,由於運動彩券即將發行,發行初期並不可能帶來新增的賭博問題。

由於台灣發行公益彩券時間不長,運動彩券也即將於2008年發行,而且事實上根據各國有關問題賭博所造成的嚴重性主要與開放觀光賭場有關,發行運動彩券預料對於問題賭博和病態賭博所增加的影響程度應該相當有限,因此現行問題賭博之嚴重性顯然並非當務之急。然而根據各國發行運動彩券之經驗,為防範於未然,運動彩券主管機關應責成發行機構投

表2-11 降低球員打假球之策略

	定義	策略	作為
上策	預防於先	讓球員不會打假球	1.治本：從體質下手。從少棒開始，國小、國中、高中就給予合理的教育目標 2.洋將選聘時就要考慮人品
		讓球員不想打假球	1.建全球員薪資、福利及個人、家人之人身安全保護提供法治教育（刑責：詐欺） 2.協助球員生涯規劃，使其退休後生活無慮
		讓球員不願打假球	1.訂定自律公約，期許球員、球隊以高道德標準自我要求 2.提供案例教育（瞭解黑道的財、物、色及暴力攻勢；打假球者的下場） 3.建構球員求助、支援系統
中策	阻止於中	讓有可能打假球的球員不能打假球	1.注重球員的生活管理，球隊應建立嚴明的紀律 2.建立洋將管理防範機制 3.監督、偵防、清除黑道組頭
		讓有可能打假球的球員不敢打假球	1.訂定明確規範並嚴格執行 2.成立安全防護小組、球技委員會嚴格監督球員 3.發現有打假球者，予以嚴厲處分（終身禁賽、移送檢警） 4.由球員、球隊、聯盟、檢警組成綿密的保護、監督網絡
下策	防止於後	讓曾打假球者不再打假球	對曾經打假球者永不錄用

資料來源：孫義雄（2007）期中報告審查會提供。

入適當的人力和物力於問題賭博的預防工作、調查研究以及諮商協助專線等項目以降低發行運動彩券對社會成本的負面影響於最低。

◆發行運動彩券與身心障礙人員的就業問題

　　發行運動彩券可以增加身心障礙人員的就業機會，根據規劃，未來發行銀行將設立運動彩券的投注旗艦店，對於一般經銷商而言會擔心在財團背後龐大的支持下，一般經銷商的生存空間會不會大受影響。所以在照顧弱勢團體的權益下，發行銀行投注站的員工，應僱用弱勢團體

的人員，並且台灣未來應強化經銷商人員的培訓，投入更多的資源。另
外，運動彩券的經銷商資格選取應該更合理，以全國弱勢團體人數百萬人
來說，應該篩選有能力經營的人來擔任而非連癱瘓及植物人都可以來抽
籤，運動彩券的經銷商資格應要有行為能力及對運動有基本的瞭解，同時
應該讓有意願擔任運動彩券經銷商的人士，瞭解存在經營的風險，以減少
不必要的損失。

　　由於運動彩券發行初期的規模明顯低於公益彩券，經銷商的數目也
因此在近千人左右，弱勢團體所關心著乃是運動彩券的發行是否會替代
部分公益彩券的銷售金額造成公益彩券部分經銷商乃以維持生計，關於此
點，一方面未來的運動彩券發行機構──台北富邦銀行和現行公益彩券發
行機構──台灣彩券公司，可維持適度的競合關係，以降低對現行經銷商
可能造成的衝擊；事實上，從運動心理學的角度加以分析，運動彩券的參
與者，多為愛好運動人士；而公益彩券的參與者，多為社會中下層，兩者
有明顯的市場區隔。當然現行公益彩券回饋金應該善加運用以降低公益彩
券經銷商可能造成的傷害。

(二)經濟層面

◆運動產業發展和就業問題

　　發行運動彩券所帶來的產業關聯效果包括電腦周邊產品和服務（軟
體和硬體設備）、運動賽事分析師、彩券印刷、運動行銷經紀公司、媒體
公關、彩券物流配送、社會公益活動、相關運動用品店或者開啟運動捐贈
的風氣等等。

　　發行運動彩券可提升運動觀賞人口，除了使職業運動發展外，亦能
增加相關產業及商品的能見度，目前球團收入主要有兩項，比賽收入跟周
邊商品販售之收入，球員廣告的收入由球團跟球員按比例拆帳，球員球衣
上的logo亦有廣告收入，但目前球團並無將此廣告收入與球員分享。希望
未來在訂定合約時，能清楚條列，將贊助廠商的廣告收入分配給球員，現

在球團認定是自己出資，所以此項收入也應歸於球團本身。而目前國內有將logo廣告收入分予球員的球隊，只有兄弟象球隊。

公益彩券跟運動彩券分屬兩個不同的發行機構，獎金支出比例不同，經銷商亦不相同，主管機關和發行機構應該加以協調；另外，為便於有效執行發行運動彩券的行政管理和監督事宜，設置專責機構實有必要。另外，實體通路的經銷商利潤為8％，而虛擬通路為6％，虛擬通路會不會侵蝕掉實體通路業者的利潤，是實體通路業者所擔心的地方。而且法令上以三大族群有優先販賣彩券的權利，所以有關發行機構可能獨享6％網路投注之利益，應有所規範，並要求發行機構訂定回饋經銷商辦法。

配合運動彩券發行的規模，可以預期增加近千名的運動彩券經銷商，發行機構應提供較多的經營管理資訊，包括經營的風險在內，提供給有意願的運動彩券經銷商參考，並且台灣應強化經銷商人員的培訓，投入更多的資源。

根據運動彩券發行機構的規劃，運動彩券經銷商實體通路有1,000個店家，外加大約10家自營店（包括旗艦店在內）；以及設置虛擬通路在內，當然如果發行機構自行設置旗艦店，則其僱用的員工受限於「公益彩券發行條例」必須優先僱用身心障礙等人士的規定，應該優先考慮身心障礙人士的工作機會。另外，發行機構自行設置虛擬通路時，所帶來的收益應訂定適當的回饋比例，以凸顯其公益性。因此，估計運動彩券發行所創造的銷售人員就業機會，大約在兩、三千人左右。外加相關的周邊產業，如運動行銷公司、網路設計公司、廣告商、運輸公司等等，至少可增加數百人左右的額外就業機會。

再根據發行機構的財務規劃，未來六年預估銷售金額約1,900億元左右，則平均每年銷售金額超過300億元。假設因此周邊產業產值所創造的乘數效果為2，則發行運動彩券共計可帶來約900億元的產值。

◆ 發行運動彩券的盈餘

根據合理的估計，未來六年台灣發行運動彩券平均每年可以帶來200

億到300億元不等的收入，扣除75%的中獎獎金支出，8%的銷售佣金以及3.25%的發行機構報酬，預估每年可以帶來運動彩券發行盈餘27.5～41.25億元不等。

現行「公益彩券發行條例」限定彩券發行盈餘只能用於國民年金、社會福利和全民健保等用途，無法有效轉換發行運動彩券將盈餘用於國民體育和運動之發展，除推動修正「公益彩券發行條例」外，長期而言，尚須依據運動彩券特性單獨訂定「運動彩券發行條例」，方為根本之道。

運動彩券的盈餘分配可幫助國內運動的推廣，台灣培育運動人才經費短缺，如很多地方上小朋友常常因缺乏經費而無法出國比賽等，但是此盈餘的分配比須要公正公平以免只被大財團所運用，分配比例需體委會去協調規範。另外，運動彩券的盈餘分配於中央及地方政府為14%，此盈餘在各地方及中央獲取的比例太少，是否會使得各地方及中央對運動彩券的重視度不高及無法全力支持。

根據發行機構財務規劃，以每100元銷售金額計，最高獎金支出金額為75元，發行機構報酬3.25元，實體通路經銷商佣金8元，虛擬通路經銷商佣金6元，如以實體通路和虛擬通路之比例為60：40，則經銷商佣金比例平均為7.2元，外加發行責任準備金1元，則每100元之銷售可帶來13.55元之發行盈餘，未來六年平均每年運動彩券發行盈餘約為40.65億元，如果以其中80％的比例用於體育和運動發展經費，則平均每年約可增加32.52億元的體育和運動發展經費。

◆發行運動彩券課稅問題

在租稅方面，要探討兩個問題：(1)是要分離課稅或是綜合課稅？(2)課稅的時候，是否有個基本的免稅額？其他稅的名目的都要一起作為考量，這樣才能比較出我們跟其他國家在於稅或是費這些名目的課徵，到底合不合理。由於現行稅法規定，反中獎獎金在2,000元以上者，均需究源扣繳20%的比例，嚴重打擊中獎獎金，金額不高的中獎人之感受，降低一般民眾購買彩券的誘因。為突顯現行中獎獎金課稅制度的不合理，研究顯

示，稅率降低有助於增加彩券銷售金額。此項問題過去許多研究報告已多所著墨，未來運動彩券發行機構必須再度與賦稅主管機關財政部再度協商，以澈底消除此項稅法規定的不合理現象。

另外有關稅收部分，由於現行稅法規定，凡是中獎獎金超過2,000元者，一律就源扣繳20%的比例，以平均每年300億元的銷售金額計算，則中獎獎金約為225億元，假設中獎獎金超過2,000元的比例為七成，則就源扣繳的稅款約31.5億元；另外發行機構仍須就其營利所得部分，繳交營利事業所得稅，以及其他尚有印花稅等稅收。

(三)風險控管層面

◆ 運動賽事的選擇

台灣運動彩券要推動足球為投注標的有一定的困難，除了ESPN，台灣的媒體很少轉播足球比賽，而且台灣人民對足球並沒有歷史的情感，所以不如將精神投入好好策劃在棒球及籃球運動上。

開放運動彩券的前一兩年，建議暫時不納入單場比賽投注，然後開始採循序漸進的方式加入。如希臘的玩法就是一場國內比賽搭配兩場國外的比賽作為投注標的；台灣也可以用這種做法一場國內職棒配兩場美國職棒大聯盟的比賽，不過玩法需等到後續的討論，不過前提之下中華職棒不能再發生問題。

建議先以國外的比賽來當作運動彩券的標的，之後，在適當的時機待中華職棒得以確定擁有自我負責和自我管理的機制，以及一般大眾對職棒的公信力逐漸恢復時，再用國外搭配國內，或是國內單獨成為標的，後續的觀察還是看實際的運作狀況，所以採循序漸進方式。基於愛護職棒的心理，建議先不要在初期將職棒當作運動彩券的標的。

◆ 中華職棒作為投注標的之檢討分析

中華職棒發生打假球的賭博事件，實有必要由政府的公權力來介入

調查,避免拖延時間造成害群之馬加入簽賭,甚至有因為顧慮自己與家人的安危而被迫打假球。在目前制度面尚未改善之下,中華職棒納入運動彩券的投注標的對球員來說會更危險,而且更沒保障。因為中華職棒聯盟希望讓中華職棒列入運動彩券的投注標的,所以要讓中華職棒加入投注標的就得重新檢視探討制度面的問題;或是請體委會舉辦一場公聽會,由球員、聯盟及球團老闆一起探討研究。

當制度面未臻完善之前,不宜把中華職棒納入運動彩券的投注標的。畢竟中華職棒是未來考慮納為運動彩券投注標的的主要運動項目之一,其制度面健全,加入後才會對運動彩券有加分效果;若現階段制度不完備,則以後造成的問題會更加麻煩。球員提出建議,盼記者注意到球員跟聯盟的所發出的聲音不盡相同,可讓媒體去發酵探討。

建議對於中華職棒是否納入投注標的,初期就不納入。若運用中華職棒當作投注標的,除了承受勝負的壓力,還有許多我們看不到的壓力存在,也可能因為這樣使中華職棒加速滅亡。2008年5月前中華職棒的形象需改善,使社會大眾能耳目一新。中華職棒球員形象若無法明顯改善,則可等到後年或大後年再將中華職棒納入運動彩券,讓中華職棒有時間自我調整。讓三方(球員、球團聯盟、政府)能平等的互相監督,從環境面以及制度面著手。最後可能造成兩種結果,一是帶動整個運動風氣及整個中華職棒的發展;另一是因此被拖垮。

配合發行運動彩券,La New職棒球隊的風險管理機制,包括對球員和對球隊之管理監督、提供誘因和倫理規範,以及避免與地下運動賭博間之聯繫等。地下運動賭盤合法化,推出運動彩券,隊職棒球隊及球員的倫理道德、管理監督等風險管理是有正面的良性循環效果。運動彩券發行後,看球人數增加,票房收入提高,球員待遇增加,隊倫理道德規範要求提高,風氣自然轉好。在這樣的優質環境下,對球員而言,打假球的風險與損失將遠超過其可能所帶來的收益,打假球的可能性就自然大幅降低。La New劉董事長:「藉由運動彩券之發行之良性循環,讓球員不屑

亦不敢打假球。」事實上，La New球隊已訂定有「La New職棒球員獎勵條例」、「La New職棒球員生活公約」及「La New職棒球員管理辦法」等，La New職棒球隊對於球員之管理監督和提供誘因機制。其他職棒各隊之相關規範大致雷同，可惜各球隊執行寬鬆不一。現在已經在發行運動彩券，所以先不需考慮中長期的目標，先把短期的問題先解決，列出檢查清單，列出成功及失敗的項目，再一項項去確認。

◆ 固定賠率人才之培育

發行運動彩券風險管理賠率設定的人才培育，國內並無此方面的人才，未來政府應重視這方面的人才培育。根據香港馬會的實際經驗，初期固定賠率人才的培育，來邀請國外有相關實務經驗的專業人士，訓練對運動有興趣的人員，大約花費兩年的時間加以訓練，則可培養本土的賠率設定人才。賠率設定人才具備的條件除熱愛運動以外，對於機率的設定要有非常快的反應能力。但是發行機構的發行權利只有六年期間，六年後又要重新招標，也因此影響專業水準和經驗的累積。

◆ 投注金額和派彩金額的限制

芬蘭彩券局目前有很好的控制系統，尤其在於固定賠率的控管，並不會針對某一場賽事做頻繁的改變賠率。限制運動彩券最高的獎金倍數以投注金額的3,000倍為上限；並且銀行和經銷商每次給付給中獎者的金額，最高上限為1,000歐元。

丹麥國家彩券局對於風險的控管非常慎重，每一項運動比賽都有兩三位熟悉各種運動、反應快與負責任的風險控管人員，並且風險控管系統每十秒中可以將變動後的最新資訊呈現出來。法律上的規定，丹麥國家規定每個人在每個經銷商的下注不能超過5,000丹麥幣。並且禁止獎金支出比例的促銷廣告，但是可以促銷新的投注項目。丹麥國家彩券局有九位員工負責賠率的設定，通常一個禮拜有20場，其中現場直播的每週約有10～15場的比賽。在比賽當中經常有賠率變動的情形。

顯然參考各國的做法，發行機構可針對運動彩券最高的獎金倍數為投注金額的倍數加以限制，另外銀行和經銷商每次給付給中獎者的金額亦設定最高上限，同時每個人在每個經銷商的下注金額亦得適度加以限制等等，均可列入我國發行運動彩券，基於風險控管的考量，值得採取的風險控管的具體措施。

四、結論與建議

(一)結論

◆在問卷調查結果方面

1. 調查結果顯示有六成以上的受訪者最近三個月內有運動。有運動者中超過半數平均每週運動一至三次，近三成運動七次以上。

2. 在最近三個月內有四成受訪者沒有收看過運動節目或球賽，一至三次者有三成。有一成二的民眾平均每週收看七次以上的運動節目或球賽，換句話說平均至少每天一次。

3. 調查結果顯示，超過八成六的受訪者觀看棒球節目或比賽，此為最高比例；次高者為籃球比賽，有43.8%。其次是網球及撞球，分別占20.1%及14.5%受訪者觀看。

4. 如果政府依法發行運動彩券，在1,071位受訪者當中，以四成四的受訪者比較喜歡美國職棒大聯盟作為投注標的為最高，其次為中華職棒，占全體受訪者36.1%；再依序為美國職籃及國內超級籃球聯賽，分別占34.0%及30.5%。而歐洲足球、日本職棒、一級方程式賽車及自行車賽四項也有約兩成的受訪者喜歡，但是賽馬項目則只占15.8%。

5. 調查如果發行運動彩券以國內的運動賽事（如中華職棒）作為投注標的，有近七成的受訪者不會參與投注。

6. 調查不會投注以國內的運動賽事（如中華職棒）作為投注標的之運動彩券的727位受訪者中，發現不願投注國內運動賽事為標的之運動彩券最大的原因是受訪者沒興趣或不瞭解，占近三成。其次為擔心運動員作假或運動球團經營者舞弊事件，占近兩成。不喜歡賭博或擔心造成賭風也差不多，占17.3%。也有約一成的受訪者不想買彩券。

7. 認為依法發行運動彩券在社會層面上會產生的好處最多者為增加國家稅收，占67.6%。也有接近六成的受訪者認為可提升民眾觀賞運動風氣。其次，有五成多的受訪者認為依法發行運動彩券可促進相關產業發展及合法化以取代地下運動賭博。接下來有47.3%的受訪者認為可增加就業機會，照顧弱勢人員。

8. 認為依法發行運動彩券在社會層面上會造成的壞處最多者為助長社會賭博風氣、造成家庭問題及財務危機，占67.5%。其次，也有六成多的受訪者認為會衍生犯罪及社會問題，還會造成國人投機心理，影響生產力。

9. 調查發現有七成以上的受訪者曾經購買過公益彩券。

10. 有購買過公益彩券的756位受訪者中，未考慮轉而投注運動彩券或看情形而定的受訪者占六成多；近三成四的受訪者有考慮轉而投注運動彩券。

11. 調查結果顯示，曾經購買過其他國內外簽注的受訪者不多，不到一成。

12. 有購買過其他國內外簽注（如香港六合彩、台灣職棒簽注、其他運動簽注）的受訪者中，看情形而定或未考慮轉而投注運動彩券的受訪者占約四成五；五成多的受訪者有考慮轉而投注運動彩券。比較問題12與問題10的結果會發現：購買過其他國內外簽注的受訪者有考慮轉而投注運動彩券的比例（51.3%）高於購買過公益彩券的受訪者有考慮轉而投注運動彩券的比例（33.7%）。

13.受訪者偏好的投注管道以投注站現金投注所占比例（60.7%）最高，達六成。其次是以電腦網路購買，占全體受訪者37.0%。接下來以手機及電話投注（21.6%）方式也都有超過兩成的比例喜歡。互動式電視及PDA也有約一成五的受訪者喜歡。

14.發行運動彩券以滿足國人參與運動賭博為主要動機，並將發行盈餘主要用於體育與運動發展經費所使用。

15.各國均非常重視和其他國家合作，共同蒐集和分享資訊以打擊非法地下賭博活動。

16.因為運動彩券可能替代部分公益彩券的銷售金額，因此弱勢團體關切並爭取運動彩券的發行盈餘難以避免。

17.運動彩券的發行，對媒體的發行及出版數量勢必產生改變。

18.多數國家皆以國外運動賽事作為國內發行運動彩券之投注標的。

◆ **在中華職棒球員訪談方面**

1.中華職棒加入運動彩券投注標的的行列，可以從環境面、制度面或薪資等等來探討。現今中華職棒最大的問題就是制度面不健全對球員保障不夠，沒有最低薪的保障。如美國職棒大聯盟有最低薪的保障，但中華職棒卻不存在。

2.當球員和球團發生異議或糾紛時，現行制度和做法由球團自行擔任仲裁，缺乏公正的第三者擔任仲裁者的角色。

3.過去幾年球員曾試圖成立工會，但由於受到球團壓力因此無法成立，不過到目前為止球員仍朝著成立工會繼續努力。

4.當制度面未臻完善之前，不宜把中華職棒納入運動彩券的投注標的。畢竟中華職棒加入運動彩券的投注標的如果制度面健全的話，加入運動彩券才會有效果；若現階段制度不完備，則以後造成的問題會更加麻煩。

5.未來發行運動彩券的盈餘若運用在體育發展上面，主要用途可使用

在補助出國比賽、培養教練、改善硬體（球場）設施或獎勵球員等方面。

事實上從亞洲各國包括香港和新加坡在內發行運動彩券公權力，如大量警力的介入，特別在發行初期的第一年，強力取締地下賭博非常關鍵。其次，參訪歐洲各國發行運動彩券的經驗顯示，各單項運動協會本身擁有高度的自我負責和自我管理的約束，有助於防止弊病的發生，以及足以強化發行機構的公信力。

◆ **在社會影響方面**

1. 中華職棒是否納入投注標的，初期先不納入。先以國外的比賽來當作運動彩券的標的，之後，在適當的時機，再用國外搭配國內，或是國內單獨成為標的，後續的觀察還是看實際的運作狀況，再採用循序漸進的方式進行。

2. 為了健全中華職棒的發展環境，仍然需要中華職棒聯盟和各球團共同擬定防弊措施。並吸取其他國家的實際經驗，確實嚴格加以執行。

3. 即將發行的運動彩券也因為公益彩券已經發行多年，因此發行運動彩券預料對於問題賭博和病態賭博所增加的影響程度應該相當有限。

4. 從運動心裡學的角度加以分析，運動彩券的參與者，多為愛好運動人士；而公益彩券的參與者，多為社會中下層，兩者有明顯的市場區隔。當然現行公益彩券回饋金應該善加運用以降低公益彩券經銷商可能造成的傷害。

◆ **在經濟影響方面**

1. 配合運動彩券發行的規模，可以預期增加近千名的運動彩券經銷商，發行機構應提供較多的經營管理資訊，包括經營的風險在內，

提供給有意願的運動彩券經銷商參考，並且台灣應強化經銷商人員的培訓，投入更多的資源。

2.發行機構自行設置虛擬通路時，所帶來的收益應訂定適當的回饋比例，以凸顯其公益性。

3.未來六年台灣發行運動彩券平均每年可以帶來200～300億元不等的收入，扣除75%的中獎獎金支出，8%的銷售佣金以及3.25%的發行機構報酬，預估每年可以帶來運動彩券發行盈餘27.5～41.25億元不等。

4.未來六年平均每年運動彩券發行盈餘約為40.65億元，如果以其中80%的比例用於體育和運動發展經費，則平均每年約可增加32.52億元的體育和運動發展經費。

5.由於現行稅法規定，反中獎獎金在2,000元以上者，均需究源扣繳20%的比例，嚴重打擊中獎獎金，金額不高的中獎人之感受，降低一般民眾購買彩券的誘因。

(二)建議

　　本研究透過赴國外參訪，一方面瞭解運動彩券的發行對該國社會經濟影響狀況，作為我國發行運動彩券之借鏡和參考；一方面對於四國發行運動彩券之關鍵成功因素加以瞭解，特別是虛擬通路之設置、固定賠率之設定、取代地下賭博之可行性、民眾可能產生疑慮之解決方式、各種玩法特別是足球彩券賭注方式之設計以及民眾偏好等進行全盤的瞭解，以供我國即將發行運動彩券之重要借鏡。

　　另外，透過進行全國性的問卷調查，針對中華職棒球員進行訪談，以及召開兩次專家學者座談會，分別針對社會影響評估（如對整體運動環境發展效益及規範、賭博問題、弱勢人員照顧，及對地下非法運動賭博可能之影響）等等相關問題提出影響分析，以及針對經濟影響評估（如運動及彩券相關產業效益及就業問題、國家稅收、電子商務交易情形、盈餘效

益以及對公益彩券發行可能帶來之衝擊）等等相關問題提出影響分析。整體而言，就國外發行運動彩券的實際經驗，和上述幾項收集相關資訊的做法，共同針對社會影響評估和經濟影響評估，規劃因應對策及建議（含政策方向、配套措施及修法建議）。以下就本研究的研究成果，分別依照短期立即可行事項和中長期建議分別加以說明之：

◆ **短期立即可行事項**

1. 投注標的選擇：開放運動彩券的前一兩年，建議暫時不納入單場比賽投注，然後開始採循序漸進的方式加入。如希臘的玩法就是一場國內比賽搭配兩場國外的比賽作為投注標的；台灣也可以用這種做法一場國內職棒配兩場美國職棒大聯盟的比賽。

2. 風險控管：

   (1) 不一定賭輸贏，提供多種玩法，例如單場的安打數以及特殊表現之結果等等。

   (2) 可以搭配國內外比賽作為投注標的，另外可以納入現場比賽的及時投注。

   (3) 發行機構應提供較多的經營管理資訊，包括經營的風險在內，提供給有意願的經銷商參考。

   (4) 短期內聘請國外有經驗的賠率設定人員協助發行機構，進行賠率的風險控管。

   (5) 各單項運動協會擁有高度自治管理和自我負責的態度。

   (6) 中華職棒比賽作為投注標的時，應加強監控各場運動比賽。以及有效伸張公權力，以取締地下運動賭博。

   (7) 讓球員不願打假球：訂定自律公約，期許球員、球隊以高道德標準自我要求；提供案例教育（瞭解黑道的財、物、色及暴力攻勢；打假球者的下場）；建構球員求助、支援系統。

   (8) 注重球員的生活管理，球隊應建立嚴明的紀律，建立洋將管理防範機制，監督、偵防、清除黑道組頭，對曾經打假球者永不

錄用。

3.盈餘分配與運用：有關發行機構可能獨享6%網路投注之利益，應
　有所規範，並要求發行機構訂定回饋經銷商辦法。

4.運動彩券發行與管理：

　(1)在發行初期均強烈動用公權力，以有效取締地下賭博。

　(2)政府未來可增加對地下運動賭博之調查研究，以及從玩家的角
　　度進行相關的研究。

　(3)如希臘和丹麥兩國在面臨銷售下跌時，均先後透過提高獎金支
　　付比例的方式以提高銷售金額。因此，現行獎金支付比例75%的
　　規定有待修正。

　(4)公益彩券跟運動彩券分屬兩個不同的發行機構，獎金支出比例
　　不同，經銷商亦不相同，主管機關和發行機構應該加以協調；
　　另外，為便於有效執行發行運動彩券的行政管理和監督事宜，
　　設置專責機構實有必要。

　(5)針對運動彩券經銷商的資格，首先應針對工作能力的加以明確
　　定義，並確實執行。另外，明確訂定經銷商相關的遊戲規則，
　　先行溝通再進行公告確定。

　(6)有關運動賭博各項相關訊息，包括深入瞭解地下運動賭博活
　　動，應設法有效傳達給社會各界知曉，包括警察機關在內。

　(7)慎選固定賠率軟體，以確保運動彩券發行之財務效益。

　(8)設定單場投注金額之限制，以及最高派彩獎金金額之限制，以
　　降低可能發生的損失。

◆ 中、長期建議

1.透過運動彩券的發行使中華職棒大聯盟，適度改善其運動比賽環境
　和管理制度：

　(1)現有中華職棒與球員的合約內容需要更改，讓雙方的權益皆獲
　　得保障。

(2)協助球員成立工會，使勞資雙方處於更公平的待遇。

(3)另行訂定職業運動法，凡法律條文、罰則等，均於列入考慮。

2.中華職棒作為投注標的考量：97年5月前，中華職棒的形象如果無法明顯改善，則可等到後年或大後年再將中華職棒納入運動彩券，讓中華職棒有時間自我調整。讓三方（球員、球團聯盟、政府）能平等的互相監督，從環境面以及制度面著手。最後可能造成兩種結果，一是帶動整個運動風氣及整個中華職棒的發展；另一是因此被拖垮。

3.課稅方式的修正：多數國家對於中獎獎金的課稅均明顯偏低。包括香港、芬蘭和丹麥均對中獎獎金不加以課稅，而希臘則只課稅10%。因此，現行我國針對中獎獎金超過2,000元以上，才就源扣繳20%的規定，相較於國外多數的做法，顯然明顯偏高，並不合理。運動彩券發行主管機關應積極與財政部協商，解決中獎獎金課稅的問題。

4.另訂專法：另訂「運動彩券法發行條例」，針對現有許多有疑慮的條文加以修正，其中包括發行機構之資格、運動彩券盈餘運用的範圍、經銷商的資格、獎金支付比例的提高等等，單獨於以明確規範。

5.固定賠率人才之養成：針對運動彩券發行賠率設定所需的人才，可以委託國外有經驗的機構協助培訓。

6.未來規劃：

(1)為有效掌握發行運動彩券的社會經濟影響效果，宜進行長期的追蹤調查研究。

(2)為使發行運動彩券帶來的社會成本降低於最小的程度，有關問題賭博和病態賭博之輔導和諮商，主管機關宜責成發行機構投入更多的人力和物力資源從事相關的預防工作、調查研究和諮商協助熱線等等。

Chapter 3

第一屆運動彩券的發行
（2008～2013）

壹、運動彩券對我國職業棒球運動發展之影響

貳、籌劃第二屆運動彩券專業發行機構

壹、運動彩券對我國職業棒球運動發展之影響[1]

棒球是國人最常觀賞的運動（約占52%），台灣運彩於2008年5月2日正式發行（包含美國職棒大聯盟MLB、美國職業籃球NBA、歐洲足球運動）（如圖3-1），並於2009年3月28日納入中華職棒（如圖3-2），希冀透過運彩與中華職棒的結合能讓棒球運動更加蓬勃發展。本研究分析的主要目的是在探討運動彩券對我國職業棒球運動發展之影響，茲分述如下：

一、發行運動彩券對觀賞中華職棒比賽的相關收入之影響[2]

根據統計到9月29日為止，據緯來公司提供的收視調查顯示，今年上半季中華職棒四隊的平均收視率高達0.535，但下半季卻降至不到0.45。

圖3-1 第一屆運彩發行（2008年5月2日）

資料來源：壹週刊網站。

---

[1] 本文係劉代洋等（2009）參加行政院體育發展委員會會議資料摘錄而成。

[2] 中華職棒20年（2009）統計至9月29日止（中時電子報，2009-10-01）。

圖3-2　中華職棒加入運彩投注（2009年3月28日）

資料來源：自由時報網。

計，今年前220場球賽共吸引848,000名觀眾，平均每場有3,854人，較去年平均每場1,921人成長100.62%（**表3-1**）。電視轉播權利金方面，今年3月中華職棒與緯來公司簽定電視轉播權利合約。據悉，每隊每年基本金額是4,600萬元，但緯來也訂下0.45的收視率門檻，同時視收視率好壞予以增減，如果不到0.45，則依比例調降。至目前為止預計四隊今年電視轉播權利金拿到4,600萬元應不成問題；但各球團目前似乎沉醉在今年整體產值增加的喜悅中，卻未見有球團對下半季平均一場球賽觀眾人數下滑700多

表3-1　中華職棒近年觀眾人數統計表

年度	總場次	總觀眾人數	平均單場觀眾人數	銷售金額（新台幣元）
2005	301	1,025,695	3,408	--
2006	300	679,205	2,264	--
2007	300	612,887	2,043	--
2008	298	572,692	1,922	5,227,790,590
2009（1/1～9/29）	220	848,000	3,845	9,357,727,220（1-9月）

資料來源：本研究整理。

人提出警訊。

二、運彩投注比例分析與建議

　　台灣運彩於2008年5月2日正式發行（包含美國職棒大聯盟MLB、美國職業籃球NBA、歐洲足球運動），為增加投注的管道，乃於2008年11月中增加虛擬通路（電話及網路）之投注下單，並於2009年3月28日納入中華職棒。參考鄰近地區香港運彩的收入分析可知，香港之運動彩券經銷通路，包括投注站投注、投注寶投注、電話投注、網路投注、手機投注與PDA投注。其投注比率依序為電話投注38%、實體通路31%、網際網路22%、PDA9%（柯綉娟、戴龍輝，2006）。由於我國發行運動彩券初期主要的投注對象，為美國職棒大聯盟比賽和美國職籃比賽，受到時差因素的影響，虛擬通路成為不可或缺的銷售管道，因此，上網投注和電話投注，透過設置運動彩券資訊網供上網投注，以及設置大型電話投注中心供電話投注，非常必要。然而，到目前為止，國內民眾投注方式的情況仍以實體通路的銷售所占83%的比例最高，線上投注16%，電話投注1%。相較於香港民眾投注方式在線上和電話投注占銷售比例各約三分之一的情況，顯示出：線上和電話投注之方式仍有許多值得努力與加強的空間。陳坤泰（2009）研究台灣運動彩券實體與虛擬通路的競合關係，發現透過台灣運動彩券實體經銷商與發行機構虛擬通路之價值網分析，可看出彼此既是競爭者，亦是互補者。在台灣運動彩券發行時間僅一年餘，就2008年5月至2009年3月銷售數據觀之，兩者並無替代關係，虛擬通路推出後，實體通路之規模並未減少。

　　而國內在中職納入運彩後的成效似乎有限，背後的原因值得檢討。另外，中職本身是否有改善的計畫（例如形象的改變與建立，要如何讓球賽變得更精采），中華職棒由於球隊數目不多，球員人數有限，球賽之精采程度無法與美國職棒大聯盟（MLB）和日本職棒相媲美，再加上中華

職棒分別於1996年、2005年及2007年出現簽賭弊案，國人仍記憶猶新。有鑑於此，發行運動彩券初期，中華職棒作為運動彩券之投注標的不易為一般人所接受。

　　藉由政府作莊，藉由政府之公信力，且利用地下賭博具高風險之缺點，讓地下運動賭盤失去賭客。現今中華職棒最大的問題就是制度面不健全，對球員保障不夠（沒有最低薪的保障）。當球員和球團發生異議或糾紛時，現行制度和做法由球團自行擔任仲裁，缺乏公正的第三者擔任仲裁者的角色。而過去幾年球員曾試圖成立工會，但由於受到球團壓力因此無法成立。若以中華職棒為投注標的，以下問題必須優先解決：改善職棒環境，建立適當監督管理和誘因機制。讓三方（球員、球團聯盟、政府）能平等的互相監督，從環境面以及制度面著手。事實上從亞洲各國包括香港和新加坡在內發行運動彩券公權力，如大量警力的介入，特別在發行初期的第一年，強力取締地下賭博非常關鍵。其次，參訪歐洲各國發行運動彩券的經驗顯示，各單項運動協會本身擁有高度的自我負責和自我管理的約束，有助於防止弊病的發生，以及足以強化發行機構的公信力。

三、盈餘提撥的運用以強化改善中職

　　事實上，發行運動彩券的盈餘如何運用，將是未來非常值得進一步討論的重要議題。根據「運動彩券發行條例」第8條前項：運動彩券發行之盈餘，其百分之十撥入公益彩券盈餘，並依「公益彩券發行條例」管理使用；餘百分之九十，專供主管機關發展體育運動之用。因此，運動彩券發行主要在發展提倡國民體育，全民運動，籌措體育發展所需經費，其定位與公益彩券的發行主要以社會福利為宗旨，照顧身心障礙弱勢兩者並不相同，應予區隔。故建議中職在成為運彩的標的後，希能由盈餘的90%中提撥一定百分比給中職作為改善中華職棒環境發展措施的經費（如球場硬體設備、行銷宣傳費用、球迷檢舉獎金等）。相信這會是一值得的做法並

會產生一雙面互動的良性循環。面對台灣培育運動人才往往經費短缺,如很多地方上小朋友常常因缺乏經費而無法出國比賽等,運動彩券的盈餘分配可幫助國內運動的推廣,但是此盈餘的分配比必須公正公平以免只被大財團所運用,分配比例需體委會去協調規範。

貳、籌劃第二屆運動彩券專業發行機構[3]

「運動彩券發行條例」自民國99年1月1日施行,行政院體育委員會自該日起擔任運動彩券業務之主管機關,輔導管理是項業務。依該條例第4條規定「運動彩券之發行應由彩券專業發行機構辦理,由主管機關設置,或以公開遴選方式擇定並公告之。」為及早規劃因應未來運動彩券後續發行作業,委託國立台灣科技大學台灣彩券與博彩研究中心,就下列兩方案進行研析:(1)若由行政院體育委員會「在機關下設置運動彩券專業發行機構;或(2)以公開遴選方式擇定運動彩券專業發行機構。期間,曾參訪希臘、義大利、英國等國(如圖3-3、圖3-4、圖3-5),召開政策說明會暨專家學者座談會(如圖3-6),並參酌世界各國發展運動彩券之經驗,經兩方案之SWOT分析後,提出優先推動政策以作為辦理運動彩券後續發行作業之方向。

一、政策背景

行政院體育委員會於民國95年12月向財政部提出發行運動彩券計畫,並完成遴選發行機構之程序,由台北富邦銀行取得長達六年之運動彩券發行權,於97年5月2日起發行運動彩券,我國也正式成為開辦運動彩券博弈之國家。根據行政院體育委員會之統計,2008年運動彩券之實際銷售

---

[3] 本文係劉代洋等(2011)接受行政院體育委員會委託研究「運動彩券專業發行機構籌劃」報告摘錄而成。

圖3-3　參訪希臘發行機構OPAP公司（2010年11月14日）

圖3-4　參訪義大利Lottomatica集團及複合式投注站（2010年11月16日）

圖3-5　參訪英國Coral、Betterbet投注站（2010年11月19日）

圖3-6　召開政策說明會暨專家學者座談會（2011年4月25、26、27日）

金額為52億元，2009年之實際銷售金額為139億元，至2010年實際銷售之金額為150億元，預期未來國內運動彩券仍有極大之發展空間。

　　關於我國運動彩券發行機構之決定，依據發行法源，可分為兩階段。第一階段係依據「公益彩券發行條例」授權行政院財政部訂定之「運動特種公益彩券管理辦法」，財政部據以指定銀行作為運動彩券發行機構。第二階段因「運動彩券發行條例」順利完成立法，故改以「運動彩券發行條例」及「運動彩券管理辦法」為主要法源，行政院體育委員會依此規範得於轄下設置發行機構，或以公開遴選方式擇定運動彩券發行機構。

　　我國自民國39年發行愛國獎券以來，皆由銀行擔任彩券發行機構，既然「運動彩券發行條例」已明定運動彩券之發行機構可在政府機關下設或採取遴選之方式決定，故未來可由主管機關設置專責機構辦理發行業務或由運動彩券專業發行機構辦理發行相關事宜。

　　因此，未來除長期具備國內彩券發行經驗之金融機構外，只要具有運動專業之彩券發行團隊，皆有資格參與發行機構之遴選，使得運動彩券之發行回歸專業市場機制，同時亦能提高其競爭力，以利未來運動彩券之發行及管理，更有利於我國運動彩券發行制度與國際接軌。

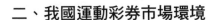
二、我國運動彩券市場環境

◆運動彩券發行之相關規定

　　依據「運動彩券發行條例」第6條前段規定「運動彩券獎金支出不得超過售出彩券總金額之百分之七十八。」以及同法第7條前段規定「運動彩券銷管費用不得超過售出運動彩券總金額百分之十二。」我國運動彩券之獎金支出率上限為78%、政府盈餘為運動彩券銷售總金額10%。此外，前次行政院體育委員會與行政院財政部聯合辦理辦理公開徵求銀行擔任運動彩券發行機構之遴選公告內容，運動彩券發行機構之發行期限將近五年、經銷商佣金比例為8%。

◆年度營收未達預估銷售金額80%之情況，發行機構必須補足盈餘之差額

　　政府要求發行機構若年度營收未達預估銷售金額的八成情況下，發行機構必須補足盈餘之差額，其目的為保障發展運動產業基金之財源，同時亦能促使發行機構積極經營運動彩券，以求達成政府保證盈餘之要求。然而，依據現行做法，發行機構必須補足盈餘之差額，亦即依據得標廠商於發行機構遴選過程所提出之財務規劃（保證銷售金額）為基礎，若實際銷售金額低於保證銷售金額，則以保證銷售金額之80%計算政府應收取之盈餘。政府盈餘採取此種做法，將可能使得發行機構於營運初期負擔過重，不利其適應國內市場之情況。

◆發行期間未滿五年，降低發行機構深耕運動彩券市場之意願

　　運動彩券發行期限之長短對發行機構至為重要，發行期限對發行機構之成本攤銷與利潤回收影響甚巨，以現行發行期限不滿五年之期間，對發行機構之成本攤銷與利潤回收極為不利，將影響未來民間廠商參與發行機構公開遴選之誘因，亦不利提高未來發行機構深耕我國運動彩券市場之意願。

◆國內運動彩券玩法以固定賠率為主

首先，我國運動彩券玩法以固定賠率為主，發行機構涉及與玩家對賭，因此本身需承擔結果預測錯誤所產生之財務風險，其性質與公益彩券僅就多數玩家支付彩金後之彩池，依一定比例作為獎金支出率，退還玩家並不相同。

其次，綜觀全球運動彩券發行機構所發行之同類型運動彩券，包括：希臘（獎金平均支出率84%）、丹麥（獎金支出率90～92%）、斯洛伐克（獎金平均支出率90.53%）等國，固定賠率運動彩券之獎金支出率皆高於80%，甚至接近85%；受限於我國現行法制獎金支出率78%、政府盈餘比例10%、發行機構管銷費用12%（含經銷商佣金比例8%）之規定，目前仍難以與地下賭盤動輒超過95%以上之獎金支出率競爭，運動彩券之銷售金額亦難有所突破。

三、方案說明

我國彩券發行機構長期由銀行擔任，金融機構擔任發行機構具有先天之優勢，即方便政府管制監督，由於現行制度已開放非金融機構參與發行機構之遴選，故必須著重於周全內控制度及相關管制規範之建立，使運動彩券發行相關之各項權利義務關係更加明確化，以利管理。

運動彩券發行具有高度複雜性及專業性，如何建立完善之遴選制度對於主管機關而言確實為一大難題。遴選適格之專業發行機構，必須針對組織面、專業面、技術面及財務面等等各項條件加以評估考量，亦應同時考慮未來發行有關之各項權利義務關係。因此，設計合適之遴選方式，並決定評估之條件及資格，以建立完善之遴選制度，乃目前主管機關正在積極努力執行之項目。

(一)運動彩券專業發行機構具備之條件

運動彩券專業發行機構具備之條件，包括運動彩券專業、金融以及投注軟硬體系統等三大功能。就現有運動彩券發行之營運模式（business model）、供應鏈（supply chain）及價值鏈（value chain）加以觀察，專業發行機構應同時具備金融機構、運動彩券專業發行機構及系統廠商之功能，如圖3-7所示。

圖3-7　運動彩券專業發行機構三大功能

◆ **運動彩券專業發行機構之功能**

運動彩券專業發行機構之條件，則必須考量其組織型態、資本額、金流能力、專業能力及法定資格要件等，如表3-2所示。

◆ **金融機構之功能**

我國彩券發行之歷程，無論是過去或是現行之公益彩券及運動彩券，皆係由銀行受政府委託或指定擔任發行機構。其原因不外乎基於銀行屬於高度管制之金融業，並考量其法定資本額高、經營管理穩定性高、相對營運風險較低及便於監理等因素。即使未來之運動彩券專業發行機構係由非金融機構擔任，其彩券發行業務仍必須包含大量現金收付之金流活

表3-2 運動彩券專業發行機構之基本要素

項目	條件	理由
組織型態	・於國內合法註冊之股份有限公司	・因發行機構涉及資本額較大,依企業組織之特性,以股份有限公司之型態組成較為適宜 ・有利主管機關之監理工作
資本額	・最低實收資本額為新台幣7.5億元	・參酌運彩科技股份有限公司開辦費及相關設備之資本支出
金流能力	・必須具備新台幣150億元之資金調度能力	・以2010年運彩銷售金額估算
專業能力	・須具備運動彩券發行相關學歷及一定經歷 ・通過國際公正專業徵信機構審慎實質審查程序並取得證明 ・內稽內控應比照金融機構	・運動彩券發行相關之知能包括:運動管理、賽事選擇、賠率設定、法律、財務等專業,故應具備相關學經歷以證明其專業能力

資料來源:行政院體育委員會綜合計畫處。

動,仍屬於金融機構主要業態之範疇。因此,即使是非金融機構型態之運動彩券專業發行機構,仍必須於內部設置具備完整金融機構功能之金流(資)部門,或至少必須與現有之金融機構進行一定程度之策略聯盟或服務整合,以利進行彩券供應鏈中彩金收付之相關作業。有關金融機構所應具備之資格條件,如**表3-3**所示。

◆ 系統廠商之功能

　　至於發行系統,應為彩券發行之技術核心,於彩券發行價值鏈上,屬於支援型活動,故其資格標準及限制與金融機構及發行功能相較則相對單純。若未來專業發行機構本身即內建相關發行管理系統之部門,則對於系統廠商功能之管理可列入整體發行機構管理之一部分。若未來專業發行機構本身不具備等同於系統廠商功能之部門,而係將此部分之功能外包或與外界專業系統廠商進行策略聯盟,端視未來管理上之需要而定。有關系統廠商所應具備之資格條件,如**表3-4**所示。

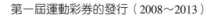
表3-3　金融機構之基本要素

項目	條件	理由
組織型態	依「金融控股公司法」或「銀行法」登記設立之金控公司或銀行	金融機構為高度管制行業，其組織型態、資本額、金流能力、人員及專業能力與消極資格等皆須符合「金融控股公司法」或「銀行法」相關規定
資本額	金控公司最低實收資本額為新台幣600億、銀行最低實收資本額為100億	
金流能力	依「金融控股公司法」第3章「業務及財務」或「銀行法」第43條、第44條之相關規定	
專業能力	負責人資格須符合「金融控股公司法」第17條或「銀行法」第35-2條，關於金融機構從業人員資格條件之相關規定	金融機構為高度管制行業，其組織型態、資本額、金流能力、人員及專業能力與消極資格等皆須符合「金融控股公司法」或「銀行法」相關規定
消極資格	依「金融控股公司法」第17條或「銀行法」第35-2條之相關規定	

資料來源：行政院體育委員會綜合計畫處。

表3-4　系統廠商之基本要素

項目	條件	理由說明
組織型態	‧於國內合法註冊之股份有限公司	‧因發行設備投資及建置成本所需資本額較大，依企業組織之特性，以股份有限公司之型態組成較為適宜 ‧有利主管機關之監理工作
資本額	‧視資本支出及營運實際之需要	‧相關設備之資本支出
投注軟硬體設備	‧經國際認證機構之標準認證	‧相關設備經第三公正機構之認證為國際慣例，加上考量未來可能開放虛擬跨境投注，故投注相關軟硬體設備有必要透過國際專業認證機構之認證
專業能力	‧具備擔任國內、外運動彩券投注軟體協力廠商之一定經驗	‧應具備擔任投注軟硬體設備廠商之實際經驗證明其專業能力
消極資格	‧未有重大違反金融法規受處分確定之情事 ‧人員無詐欺、賭博、金融犯罪及電腦犯罪相關之前科	‧參考現行指定銀行擔任發行機構之相關條件限制（較嚴格）

資料來源：行政院體育委員會綜合計畫處。

四、方案分析

以公開遴選方式擇定發行機構，相較於在機關下設置發行機構，從作業時程、運動彩券專業能力、所需之公務預算與新增員額、作業風險等方面，較具優勢，爰說明如下：

1. 作業期程有限，採現行做法之作業時程確定性高：運動彩券發行於民國102年底要進入下一階段，因此最遲應於民國101年要開始籌設機構或擬定遴選公告，以此時程推算，採現行做法以公開遴選方式擇定發行機構之做法，所需之作業時程最短，且作業期程之確定性高，最有利下一階段運動彩券之發行。

2. 中央採政府組織再造、人力精簡之政策原則，採現行做法所需之人力最少且符合政策原則：考量目前中央政府政策以去任務化、法人化、委外化及地方化等四化為政府組織再造之推動方向，政府各項業務，民間有能力、有意願辦理者，應優先委由民間辦理。爰有關運動彩券發行事宜，依政府組織再造及人力精簡之原則，仍宜優先檢討由民間辦理，不宜由政府直接投資成立事業機構辦理。

3. 運動彩券發行為私法行為：運動彩券發行機構與購買者間為私法關係，受「民法」及「消費者保護法」等法制之規範。政府設置專責機構發行運動彩券，易滋政府經營應否適用行政契約或國家賠償等公法法制之疑義，不利市場法則之運作。

4. 運動彩券發行涉及民間資源及專業：運動彩券發行工作多樣且專業，其中包括：賠率設定、賽事作業管理、網路投注安全管理等工作，非政府機構擅長之領域，短期內如由政府設置發行機構，勢必仰賴民間資源及專業，有大量工作需要委外，且在機關下設置之事業機構須符合「政府採購法」相關規定辦理採購，對於從事市場經營之運動彩券事業，恐有無法及時因應市場需求之可能性。

5. 採現行做法較易獲行政、立法兩院認同：相較於在機關下設置專業

發行機構，所需之相關人力（至少37位工作人員）、物力（電腦軟硬體系統等物力）以及鉅額開辦費用（所需支用之公務預算至少新台幣4億376萬元），且須負經營風險。採現行做法以公開遴選方式擇定發行機構，政府僅負監督責任，較易獲得行政、立法兩院認同。

6.現行做法有利政府避免彩券經營風險：現行做法以公開方式遴選發行機構，主管機關僅須遴選發行機構，透過公開遴選方式擇定發行機構具有最佳運動彩券專業及經驗之發行機構，但是可能會發生發行機構違約之風險；相較於主管機關本身直接辦理運動彩券發行作業，則須自行承擔發行運動彩券之作業風險，以及運動發展基金財源短少等相關作業及財務風險，因此採用現行做法風險最小。

7.事業機構人事制度與企業化經營仍屬有間：在機關下設置發行機構在人事制度上，固可適用金融機構人員管理機制，惟與企業化經營之績效考核及退休等，仍屬有間。遴選發行機構，由民間業者經營，可充分發揮企業化經營，擴大運動彩券規模之效益。

8.設置專責機構適用政府會計不符運動彩券發行所需：專責機構為政府下設四級以下機構，適用政府會計及審計等相關規範，與企業管理之商業會計有間，不利建構內控內稽制度及企業化經營所需。

9.由政府經營運動彩券有與民爭利之疑慮：在機關下設置發行機構恐有與民爭利之爭議，對有意經營運動彩券之民間業相對構成參進障礙。相對而言，採現行做法以公開遴選方式擇定發行機構，遴選具運動彩券專業能力之廠商辦理發行業務，由民間廠商以企業化精神經營運動彩券，充實運動發展基金。

10.設置專責機構不符公司化及民營化之發展趨勢：長期以來，公營事業公司化及民營化為政府一貫之政策及做法。設置專責機構經營運動彩券，與政府一貫之政策作為相悖，未來仍須組織改造轉型為國營公司，甚或移轉民營，不利政府效能。

五、政策建議

承前述有關政策分析之部分，建議採用現行做法，即以公開遴選方式擇定發行機構；另針對未來遴選方式、參與遴選廠商之資格條件、遴選公告事項，以及遴選評分項目等做法，列舉如下所示：

(一)遴選方式

未來遴選運動彩券發行機構宜採最有利標方式遴選最佳運動專業組合之經營團隊。

(二)參與遴選廠商應具備之資格條件

專業發行機構一般而言應結合金融機構、運動彩券專業發行機構及系統廠商三大功能。專業發行機構所需具備之資格條件如下：

1.資本額，至少新台幣7.5億元。
2.金流能力，至少新台幣150億元。
3.人員專業能力，運動彩券發行涉及之相關知能包括運動管理、賽事選擇、賠率設定、法律、財務等專業，故各項業務相關之部門人員應具備相關之學經歷以證明其專業能力。
4.專業發行機構於參與運動彩券發行權之遴選前，應通過國際公正專業徵信機構之審慎實質審查程序並取得經營彩券信用能力與適格性之證明。
5.內稽內控制度，亦應比照金融機構之標準建置。

再者，運動彩券有別於其他事業，具有高度風險不確定性。參與競標之經營團隊須具備有良好風險控管之機制與能力，其中在風險控管機制方面，參與競標之經營團隊應具備有適宜之風險管理系統，其內涵應包含下列架構：具競爭力之營業模型、設立可靠之風險管理模型、設定準確之賠率、控制專業賭金、設定風險上限、設定財務上限，以及具風險管理

能力之線上投注系統。為確保發行運動彩券之風險限制在可控制之範圍內，參與競標之經營團隊應定期針對營運部門進行安全查核，查核之重點應包括：營業場所設施之安全維護、投注設備器材製作過程之場地安全維護、投注用品供應商場地安全維護、中央電腦系統、投注終端機及網路設備等資訊安全及可靠性之維護、資金存量（流動性）及流通過程（包括派彩及盈餘分配過程）之維護及監控、營業場所與經銷商之專業性維護以及人事安全性之維護等。

(三)遴選公告事項

遴選公告事項主要內容包括：

1.年度發行目標金額至少為新台幣126億元、運動彩券發行機構所需具備資本額至少為新台幣7.5億元。
2.政府盈餘改採最低保證盈餘與收入分成。
3.發行期限以七年為原則並視發行績效最多延長不超過三年。

(四)遴選評分項目

採用兩案併陳之做法，由遴選委員會委員參酌過去及本研究提出之遴選評分項目及評審細項表（如**表3-5**），另訂新權重進行評分。

六、研究結論

(一)我國現行運動彩券發行制度

新法於制度上之最大變革，在於發行機構之決定方式與修法前完全不同。「運動彩券發行條例」第4條規定，運動彩券之發行應由「彩券專業發行機構」辦理，該專業機構可由主管機關設置，或以公開遴選之方式擇定之。

表3-5　遴選評分項目及權重比較表

本研究所提之各評分項目及配分		前次體委會／財政部聯合遴選所用之各評分項目及配分	
財務健全性	18	銀行健全性	10
招標（採購）規範	5	招標（採購）規範	10
運動彩券營運及管理能力	21	運動彩券營運及管理能力	30
財務規劃	15	財務規劃	20
安全性規劃	16	安全性規劃	10
營運管理風險控管機制	16	維運管理風險控管機制	10
經銷商遴選及管理	10	經銷商遴選及管理	10

資料來源：行政院體育委員會綜合計畫處。

1.我國現行遴選運動彩券發行機構制度之問題包括：

　　(1)運動彩券賠率仍無法與地下賭盤競爭。

　　(2)年度營收未達預估銷售金額80%之情況，發行機構必須補足盈餘之差額。

　　(3)運動彩券發行年限不利發行機構之成本攤銷與獲利回收。

　　(4)未來運動彩券銷售前景不樂觀。

　　(5)由銀行發行運動彩券，不符合專業原則。

　　(6)發行經驗難以傳承。

　　(7)不符合國際趨勢。

　　(8)發行機構不具備公權力。

　　(9)球賽同步轉播場次有限。

　　(10)運動員公開資訊揭露不完全。

　　(11)經銷商運動專業能力不足。

　　(12)經銷商佣金比例8%使得少數經銷商得有套利之空間。

　　(13)單方行政處分關係。

　　(14)虛擬投注產生爭議。

2.目前行政院體育委員會委託台北富邦銀行發行運動彩券，雙方無須

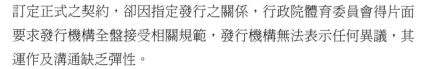

訂定正式之契約，卻因指定發行之關係，行政院體育委員會得片面要求發行機構全盤接受相關規範，發行機構無法表示任何異議，其運作及溝通缺乏彈性。

3.目前主管機關雖發給民間機構運動彩券發行之執照，卻尚未介入經銷市場進行管理以維持市場之公平性。

4.相關問題解決之方向包括：

(1)政府與發行機構採取利潤共享原則。

(2)增加發行機構學習掌握國內市場之時間與空間。

(3)採用「最有利標」之方式遴選發行機構。

(二)全球彩券產業分析

1.若以各類型彩券區分，2009年全球各類彩券以「樂透型彩券」銷售比重占全球各類彩券39.01%居冠，「立即型彩券」銷售比重為26.45%次之，前述兩類型彩券總計占全球各類彩券銷售比重高達65.46%，為全球最受歡迎的兩種彩券遊戲。

2.運動彩券部分，2009年全球運動彩券銷售總額為14,275百萬美元。若依地理位置區分可知運動彩券主要盛行之國家集中於歐洲。歐洲各國於該類彩券之銷售總額為11,132百萬美元，約占全球運動彩券銷售總額的四分之三；亞洲與中東各國則以2,425百萬美元居次。合計上述兩個地區之運動彩券銷售數額占全球銷售總額超過九成以上。

3.綜觀歐洲地區主要運動彩券發行機構，多數國家採取國營公司之組織型態，其中包括：法國、丹麥、瑞典、芬蘭、挪威、匈牙利、奧地利、斯洛伐克、羅馬尼亞等國家。以民營公司擔任發行機構者，例如義大利則是採用透過競標方式遴選發行機構之方式。另一方面，類似英國政府鼓勵民營博彩公司平等參與競爭，較少見於歐洲各國。

4.觀察亞洲及中東地區主要運動彩券發行機構，中國大陸與以色列之發行機構為採機關組織之型態；韓國發行機構則採公法財團之型

態;日本發行機構為行政法人;新加坡發行機構為國營公司。

5.觀察北美地區主要運動彩券發行機構,加拿大除了安大略彩券與博彩公司、英屬哥倫比亞彩券公司為民營公司,加拿大西部彩券公司為非營利組織之外,其餘兩家彩券公司為國營公司;美國雖為彩券大國,幾乎各州皆有發行樂透彩券或立即型彩券,但絕大多數州政府卻立法禁止運動彩券之發行(賽馬投注除外),過去俄勒岡州曾發行過運動彩券,如今美國各州有蒙大拿州通過立法發行運動彩券;墨西哥部分,該國運動彩券發行機構為行政法人專營該國運動彩券之發行。

6.觀察南美地區主要運動彩券發行機構,阿根廷發行機構為行政機關之組織型態;阿根廷、智利以及巴西之發行機構則為國營公司。另外,非洲地區運動彩券發行機構,南非為機關組織、摩洛哥、尼日爾為國營公司。

7.觀察全球主要運動彩券發行機構之人力配置情況,以美國蒙大拿州彩券局僅配置32名人力最少,中國大陸體育彩票中心配置48名人力次之,西班牙發行機構雖同為機關組織之組織型態,但其業務外包程度小,配置有650名人力。採國營公司為發行機構組織型態之國家,其人力配置依市場規模而有所差異,斯洛維尼亞僅配置29名人力;丹麥、瑞士、新加坡等國配置有200餘名人力;匈牙利、法國、瑞典等國則配置有超過500名以上之人力。

8.透過政府發給彩券發行執照之國家,其民營公司之人力配置則視公司之業務範圍不同,配置有50~1,000名不等之人力,以義大利Lottomatica集團為例,經營業務範圍涵蓋所有彩券價值鏈、服務地區超過全球50個國家與地區,其人力配置更超過1,000名員工。

9.觀察全球運動彩券發行機構之工作職能,發現多具備有資訊與通訊科技、行銷與通路、公共關係與客戶服務、財務與稅務、人力資源以及法務相關之部門。

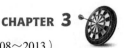
(三)若未來由行政院教育部體育署設置彩券專業發行機構

◆設置專業發行機構組織型態之重要考慮因素

1. 政府組織再造、人事精簡政策之下，宜採低度人力配置之組織；運動彩券發行所需之核心專業技術得以委外，受委託業者亦毋須承擔發行成敗。

2. 政府發行運動彩券係基於發展體育產業，故由政府設置專業發行機構尚可不計盈虧。另外，亦可對經銷商作積極有效之管理，並維持市場公平性。

3. 專業發行機構得以永續經營及經驗傳承之長遠角度看待運動彩券，相關專業人力之能力與經驗亦得以傳承。

4. 發行機構須具公權力方得以落實經銷商管理以及打擊地下投注之職能。另外，運動彩發行須建構市場之信心始具公信力。

5. 參酌世界各國運動彩券發行機構之組織型態，多數國家之發行機構為公司型態，顯示運動彩券之運作仍需回歸市場機制。

◆設置各種發行機構組織態樣之SWOT分析

1. 設置機關組織：

   (1)優勢：機關組織對於彩券發行具公權力且較具公信力，可建構市場信心，且對運動彩券之發行得以永續經營，落實政策目的。

   (2)劣勢：組織新機關不符組織再造及員額精簡之政策指標，且受公務員法任用限制不易延攬進用專業人員。

   (3)機會：組織規程設置毋須經立法審議，立法時程較短。

   (4)威脅：各項決策易受政治力介入，不易貫徹市場機制；且機關組織之員額無法彈性增加以因應市場變化。然而，若透過設立委員會之方式，由委員會負責決策，其下設置二至三個單位專責執行發行業務，則較能避免政治力介入。

2.設置事業機構：

 (1)優勢：用人得以聘用或約僱方式為之，較能因應進用專業人才需求及市場變化，且事業單位的設置得以讓主管機關行政院體育委員會肩負監督管理之職掌，並由事業單位落實運動彩券發行之業務，避免球員兼裁判之嫌。

 (2)劣勢：定位不明，且須立法，政策上較難獲行政、立法同意，設置期程難以預測。

 (3)機會：兼具機關與國營公司之功能，得提升運動彩券之公信力；且立法得建立績效獎金制度，增加專業人才參與之誘因。

 (4)威脅：不符組織立法改以機關或公司型態經營之趨勢。

 (5)若設置事業機構辦理運動彩券發行業務，其人員配置與組織架構分配如下：綜合行政組3人、運動彩券營運組10人、資訊安全組9人、執照監理組5人，以及總務處10人，共計37人；另外，開辦首年所需經費為新台幣4億376萬元，其後每年所需經費為新台幣3億9,076萬元；籌組機構所需時程預計十一個月。

3.設置行政法人：

 (1)優勢：設置行政法人與國家自為經營無殊，對運動彩券之永續經營及公信力提升，具實質意義；且行政法人之人事制度，不適用公務員法制，較能因應發行運動彩券之專業需求及用人彈性。

 (2)劣勢：立法時程及政策可行性較具爭議。

 (3)機會：行政法人自負盈虧符合組織再造之政策，且較能避免不當政治力介入。

 (4)威脅：不受立法監督，對於運動彩券盈餘分配易滋爭議。

4.設置國營公司：

 (1)優勢：具公信力具參與市場運作較能發揮應有功能，可因應專業人才需求及市場變化之需；以績效為營運考成，可鼓勵創

新，擴大市場規模。

(2)劣勢：獨占經營特許事業，宜有立法以為組織依據，期程較
長，且人事及相關資本支出相對較高。

(3)機會：自負盈虧且不受組織再造政策影響且較易延攬專業人
才。

(4)威脅：傳統國營公司之績效仍無法與民間企業相比。

(5)若設置國營公司辦理運動彩券發行業務，其人員配置與組織架
構分配如下：營運總管理處3人、固定賠率及賽事作業22人、業
務代表及客服人員85人、通訊及資訊系統工程師17人、行銷廣
宣業務9人、行政庶務4人、人力資源業務3人、財務相關業務4
人，以及法務3人，共計150人；另外，開辦首年所需經費為新
台幣5億7,250萬元，其後每年所需經費為新台幣5億6,450萬元；
籌組機構所需時程預計一年十一個月。

5.設置公設財團法人：

(1)優勢：經政府以運動彩券盈餘捐助成立，毋須經立法程序，時
程較短；且人事及年度預算等，不受公務員法及預算、審計等
法令限制，較能延攬專業人才。

(2)劣勢：運動彩券之發行係以營利為目的，體育發展等公益目的
僅於盈餘分配時始能體現，與財團法人之非營利本質不符。財
團法人之經營管理與捐助目的不合時，須經司法程序，始得予
以導正，主管機關之政策無法全然兼顧。另外，財團法人仍須
經由授權或遴選程序始得為運動彩券之發行。

(3)機會：由主管機關指派董、監事負責事務推動，得有效落實政
策目標。

(4)威脅：不具公法人格或公權力地位，較無法落實經銷商之監管
工作。

6.以運動發展基金兼辦發行業務：

(1)優勢:「運動發展基金收支保管及運用辦法」為現行法制,並經依「運動彩券發行條例」之立法,取得授權依據,法制上具體可行;且基金之運作係以政策決定為指標,較能落實運動彩券發行目的,避免政策與實務運作脫節。再者,人員薪資得由基金支付,對政府財政負擔小。

(2)劣勢:基金不具有權利能力,從事各種法律行為,仍須藉由機關對外為意思表示,且以基金運作運動彩券發行業務恐惹球員兼裁判之爭議。

(3)機會:得以本機關名義運作,再分別以公開遴選方式擇定發行、經銷、廣告、企劃等工作機構。

(4)威脅:政策上無法充分考量市場需要,且基金運作本質不無政治力介力之可能。

◆在機關下設置發行機構之SWOT分析

1.優勢:

(1)運動彩券產業之永續發展。

(2)落實發展運動產業之政策目的。

(3)提高運動彩券發行之公信力。

(4)運動彩券產業之人才培育。

(5)事業機構具經營管理之彈性。

(6)事業機構具用人之彈性。

(7)設置事業機構之作業期程確定性較高。

(8)事業機構轉型為國營公司有前例可循。

2.劣勢:

(1)行政、立法機關恐難認同。

(2)作業期程不確定性高。

(3)受政府採購法之限制。

(4)須增聘人力為必要之政策指示及監督。

(5)獎金支出率過低。

3.機會：

　(1)由技術合作廠商吸收部分開辦所需之人力物力。

　(2)整合運動彩券之發行與管理業務。

4.威脅：

　(1)不符組織再造之政策原則。

　(2)不利於企業化經營。

　(3)與民爭利之疑慮。

　(4)公私協力之挑戰。

　(5)有管制者與經營者兩者角色混淆之可能性。

(四)以公開遴選方式擇定發行機構

◆以公開遴選方式擇定發行機構之分析

　1.發行機構應具備之條件：

　　(1)運動彩券專業發行機構應具備之條件，可從其運動彩券發行之專業性，以及發行機構營運之功能性進行分析。專業性之需求包括：投注管理能力、賠率設定能力以及風險管理能力；功能性之需求包括：資訊與通訊科技能力、行銷與通路管理能力、公共關係與客戶服務能力、財務與稅務能力、人力資源管理能力以及法律事務能力。

　　(2)就現有運動彩券發行之營運模式、供應鏈及價值鏈加以觀察，專業發行機構一般而言應結合金融機構、運動彩券專業發行機構及系統廠商三大功能。

　2.主管機關與受遴選發行機構之契約內容：為避免現行「指定」發行機構之制度所造成彩券發行實務上之困擾，未來完成對專業發行機構之遴選程序，決定受委託之機構後，主管機關應透過明確之行政契約闡明發行運動彩券之相關權利義務。

3.公開遴選擇定運動彩券專業發行機構之作業事項：從過去數次甄選公
　益彩券發行機構之經驗及事後結果證明，採用最有利標之方式較能遴
　選出適合之發行團隊，足以作為未來發行機構遴選方式之考量。

◆公開遴選擇定運動彩券專業發行機構之SWOT分析

　1.優勢：

　　(1)符合政府組織再造之政策原則。

　　(2)所需作業時程最短。

　　(3)有利於運動彩券發行之無縫接軌。

　　(4)行政、立法機關較易認同。

　2.劣勢：

　　(1)較不利於發展運動產業政策目的之落實。

　　(2)較不利於運動彩券產業之永續發展。

　　(3)須完善監理作業之配套措施。

　　(4)獎金支出率訂有上限。

　　(5)受發行期限之限制。

　　(6)須加強發行機構之公權力。

　3.機會：

　　(1)採用最有利標遴選。

　　(2)延長發行年限。

　　(3)引進具運動彩券專業之廠商參與遴選。

　　(4)增加內稽內控制度之法令遵循。

　　(5)採行全球徵信調查實地查核。

　　(6)政府盈餘收取方式改採最低保證盈餘以及收入分成。

　　(7)有利於企業化經營與管理之運作。

　4.威脅：

　　(1)不利市場公平競爭環境之維持。

　　(2)廠商無投標意願。

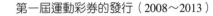

(3)贏家魔咒之可能性。

(五)兩方案之綜合比較

　　承前述方案一在機關下設置發行機構以及方案二以公開遴選方式擇定發行機構之相關政策分析，另依據兩方案之「創設目的」、「法源依據及設立標準」、「公部門參與程度」、「組織」、「設置作業時程」、「設置所須之公務預算」、「發行機構人力配置」、「業務營運」、「財務管理」、「風險承擔」、「人員身分及權益」、「採購程序」、「績效評鑑」以及「監督機制」等十四項標準作為方案一與方案二之比較基礎，作為前述方案一、方案二SWOT分析之補充性資料。

(六)擇定優先政策之重要考慮因素

　　若擇定方案一為優先執行政策，將有利於運動產業包括運動彩券之發展及人才培育，並能透過政府公信力強化運動彩券之市場信心；另外，從組織型態觀之，事業機構之用人具彈性，未來轉型為國營公司亦有前例可循，有利轉型為國營公司之行政、立法作業。然而，就政策執行面而言，在機關下設置發行機構，不符目前政府組織再造、人力精簡之政策原則，採用方案一是否能說服行政院同意？有待商榷。此外，由政府發行運動彩券，主管機關需自行承擔發行運動彩券之作業與財務風險。

　　若擇定方案二為優先執行政策，除了最能符合政府組織再造、人力精簡之政策原則外，且所需之公務預算最少、作業時程最短，作業期程確定性高，有利於下一期運動彩券發行之無縫接軌；此外，民間廠商本著企業化精神，其經營管理、採購程序皆具彈性與效率，績效評鑑執行力亦佳，同樣有利下一期運動彩券之發行。然而，採用方案二有幾項困難仍需突破，包括：未來運動彩券發行無人接續之可能性、民間廠商擔任發行機構不具備公權力、獎金支出率訂有上限、發行期限之限制、贏家魔咒之可能性，以及須完善監理作業之配套措施。

七、研究建議

(一)優先政策建議為方案二,以公開遴選方式擇定發行機構

本研究透過兩方案之SWOT分析、兩方案之綜合性比較,以及擇定兩方案之重要考慮因素後,建議行政院體育委員會短期採方案二以公開遴選方式擇定發行機構,作為優先建議之政策方案;長期而言,可考慮採方案一之做法。

優先政策建議採方案二之理由包括:(1)作業期程有限,採現行做法之作業時程確定性高;(2)中央採政府組織再造、人力精簡之政策原則,採現行做法所需之人力最少且符合政策原則;(3)運動彩券發行為私法行為;(4)運動彩券發行涉及民間資源及專業;(5)採現行做法較易獲行政、立法兩院認同;(6)現行做法有利政府避免彩券經營風險;(7)事業機構人事制度與企業化經營仍屬有間;(8)設置專責機構適用政府會計不符運動彩券發所需;(9)由政府經營運動彩券有與民爭利之疑慮,以及(10)設置專責機構不符公司化及民營化之發展趨勢。

(二)以公開遴選方式擇定發行機構之相關建議

針對未來遴選方式、參與遴選廠商之資格條件、遴選公告事項,以及遴選評分項目等做法,列舉如下所示:

◆遴選方式

未來遴選運動彩券發行機構宜採最有利標方式遴選最佳運動專業組合之經營團隊。

◆參與遴選廠商應具備之資格條件

專業發行機構一般而言應結合金融機構、運動彩券專業發行機構及系統廠商三大功能。專業發行機構所需具備之資格條件如下:

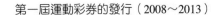
1.資本額，至少新台幣7.5億元。

2.金流能力，至少新台幣150億元。

3.人員專業能力，運動彩券發行涉及之相關之知能包括運動管理、賽事選擇、賠率設定、法律、財務等專業，故各項業務相關之部門人員應具備相關之學經歷以證明其專業能力。

4.專業發行機構於參與運動彩券發行權之遴選前，應通過國際公正專業徵信機構之審慎實質審查程序並取得經營彩券信用能力與適格性之證明。

5.內稽內控制度，亦應比照金融機構之標準建置。

◆遴選公告事項

主要內容包括：

1.年度發行目標金額至少為新台幣126億元、運動彩券發行機構所需具備資本額至少為新台幣7.5億元。

2.政府盈餘改採最低保證盈餘與收入分成和利潤共享。

3.發行期限以七年為原則並視發行績效最多延長不超過三年。

◆遴選評分項目

採用兩案併陳之做法，由遴選委員會委員參酌過去及本研究提出之遴選評分項目及評審細項表，另訂新權重進行評分。

(三)提高運動彩券銷售金額之方案

◆優先方案：政府盈餘改採最低保證盈餘以及收入分成和利潤共享

參考英國、香港、新加坡等國之做法，透過政府盈餘收取方式改採收入分成和利潤共享，修法刪除獎金支出率之限制，並降低經銷商佣金比例至4%；同時設定最低保證盈餘為新台幣26億元（2008～2010年發行機構發行盈餘之平均數），超過最低保證盈餘金額之部分，由於過去三年發

行機構之經營績效未達預期,因此由政府酌予收取10%、剩餘90%則為發行機構實得之發行費用。

透過此方案將能使運動彩券發行得以具備更大的彈性空間和運動專業素養,設計各種不同賠率之投注玩法,其中當然包括運動彩券獎金支出比例得以提高至90%以上,甚至賠率達95%,將可有效地與地下賭盤競爭,如此一來,便可擴大運動彩券之銷售規模,運動彩券發行所帶來之利潤自然增加,讓主管機關和發行機構兩者達到共贏之境界。

◆ **次佳方案：提高運動彩券獎金支出率之上限**

由於政府盈餘改採最低保證盈餘以及收入分成和利潤共享之做法,複雜度較高,若修法程序無法於遴選公告事項發布前即時完成,建議可採次佳做法,亦即於現行法制下修法提高獎金支出率。根據曾經從事實際操作經驗之交易人員訪談指出若獎金平均支出率能提高至87%;則可以有效打擊地下運動投注,並且如果政府盈餘降低至6%、發行機構實得管銷費用比例降至3%,以及經銷商佣金比例降至4%時,將使發行機構得以具備更大的彈性空間,設計各種不同賠率之投注玩法,有利於運動彩券銷售金額之成長。

然而,提高獎金支出率之做法,根據本研究所進行之模擬,若欲確保政府盈餘以及經銷商佣金不致減少,運動彩券銷售金額必須達到新台幣300億元以上;此外,當獎金平均支出率提高至90%時,銷售金額更必須達到新台幣500億元。採用此做法勢必將面臨如何說服行政機關、民意代表、經銷商以及關心運動發展人士,銷售金額可達到新台幣300億元甚至500億元之難題。

Chapter 4

第二屆運動彩券的發行
（2014～2023）

壹、研擬發行「境外」賽馬運動彩券

貳、培養（訓）運動彩券經銷商專業知能及人才

參、運動彩券發行政策檢討、分析

肆、參訪英國、新加坡、日本及澳大利亞等國可
　　供借鏡之處

壹、研擬發行「境外」賽馬運動彩券[1]

　　「境外」的賽馬運動是國際上許多運動彩券的投注標的，英國、愛爾蘭、澳洲、紐西蘭、美國、新加坡、日本等，都已經發展非常多年且成熟。以「境外」賽馬納為運動彩券投注標的，涉及動物保護之議題及社會觀感，因此，本研究透過座談會之方式（如**圖4-1**），於107年7月23日假國立台灣科技大學國際會議室，舉辦公開座談會，於會中邀請新加坡賽馬會專家分別就其賽馬投注發展經驗，對於動物保護的積極作為，以及各相關層面提出經驗分享；也邀請兩位法學專家，對適法性提出專業的見解。同時，亦邀請相關之團體代表，包括運動彩券經銷商、動物保護團體，及台灣運動彩券公司代表共同參與座談會，就適切性進行意見交流，透過面對面接觸，共同參與會議，經由會議公開討論模式，綜合各方觀點，集思廣益，共同為運動彩券的發行找出最大福利的發展方向。

圖4-1　召開「境外」賽馬發行籌備座談會（2018年7月23日）

---

[1] 本文係劉代洋等（2018）執行「境外」賽馬運動彩券發行籌備座談會研究報告摘錄而成。

一、賽馬活動合法化之國家

賽馬（horse racing）是一項已經存在很多世紀的馬術運動，羅馬帝國時代的二輪戰車比賽為一個較早的例子。在很多國家，馬匹的飼養、訓練及比賽現在已經成為一種重要的經濟活動，賽馬投注則是馬業巨大的經濟支柱。以下所述為各洲歷史較悠久之國家：

(一)歐洲

1. 英國：為現代賽馬的發源地。過去在皇室的保護獎勵下，英國賽馬活動逐漸進步發達。自1512年成立賽馬會後，賽馬逐漸成為英國娛樂性的活動。16世紀後期，英國的賽馬與國運共同迎向全盛時期的巔峰，賽馬活動風行於全國各地。此後伴隨英國的海外發展，現今美國、加拿大、澳大利亞、馬來西亞、新加坡、香港等國家或地區之賽馬活動，即由英國所移植而來。目前英國最重要的賽事包括只供3歲馬參加的英國三冠大賽，包括二千堅尼、葉森德比及聖烈治錦標。其他主要錦標有英皇錦標、英國冠軍錦標、七月盃。至於障礙賽以英國障礙大賽最為矚目。

2. 愛爾蘭：自愛爾蘭脫離聯合王國後，仍然與英國有密切關係，騎師及練馬師成績英國及愛爾蘭一起計算。有不少著名騎師及練馬師是以愛爾蘭為基地。

3. 法國：法國受到鄰國英國的影響，19世紀賽馬開始興盛起來，在平地賽事方面，最高獎金的比賽是凱旋門大賽、跳欄賽是巴黎障礙大賽，而賽馬車比賽為美洲大賽。

4. 德國：賽馬獎金較英國、法國及愛爾蘭為低，最高獎金平地賽事是德國德比，至於另一項重要平地賽事巴登大賽亦吸引歐洲鄰國馬匹參與。

5. 義大利：義大利著名賽馬祭典是Palio di Siena。雖然義大利賽馬並

非主流運動，但是在平地賽事及賽馬車出過優秀的馬匹。

6.丹麥、挪威、瑞典：北歐三國主要以賽馬車比賽為主。

(二)美洲（含北美與南美洲）

1.美國：由州政府進行管理，幾乎一直都是被法律認可的「博彩」。

2.巴西、阿根廷、智利、烏拉圭、巴拉圭均有賽馬比賽，當地亦有養馬事業，不少馬匹運往美國出賽亦有不錯的表現。

(三)亞洲

1.香港：香港境內容許「合法博彩」的本地運動項目，是由香港賽馬會舉辦及管理。除香港賽馬會以及民政事務局認可的娛樂場所外，其他博彩方式皆為非法。

2.澳門：於七十年代發展賽馬車運動，由於經營問題，八十年代由平地賽馬取代。於1990年代初期資金穩定後，正式發展賽馬運動。2004年與香港賽馬會進行埠際賽，兩地馬匹有機會前往外地馬場逐落發展賽馬運動。

3.日本：在日本開放港口後，賽馬亦得以發展，到1950年代日本中央競馬會成立，現時擁有十個馬場，1980年起創立日本盃，是日本最高獎金的比賽，日本馬有機會在日本與外國馬匹同場較量。而日本另一個賽馬會是全國地方競馬協會，舉辦地方性質賽事，水平較日本中央競馬會為低。日本是世界上獎金最高的平地賽馬賽事體系。

4.南韓：韓國馬事會自1954年成立，初期在漢城發展賽馬。1990年代在濟州舉地小馬比賽。2005年增建釜山競馬場，同年其中七項比賽納入國際賽事編委會第三部分。

5.馬來西亞：馬來西亞的賽馬活動由馬來亞賽馬協會（Malayan Racing Association）所經營，旗下有四個賽馬會，分別為位於雪蘭莪新街場（Sungei Besi）的雪蘭莪賽馬公會（Selangor Turf

Club）、位於檳城的檳城賽馬公會（Penang Turf Club）、位於霹靂
怡保的霹靂賽馬公會（Perak Turf Club）及新加坡的新加坡賽馬公
會（Singapore Turf Club）。

6.新加坡：新加坡賽馬公會（Singapore Turf Club）的前身可追溯到
1842年成立的新加坡運動俱樂部，位於克蘭芝地鐵站附近，賽馬場
面積約80公頃。1927年正式改名為新加坡賽馬公會。

7.阿拉伯聯合大公國：1996年正式邀請世界各地馬匹參賽，重點賽事
是杜拜世界盃賽馬日，另外世界各地馬匹亦可自由參與杜拜國際賽
馬嘉年華比賽，在歐洲平地賽休息日時候，來自歐洲的練馬師亦會
考慮出戰杜拜的比賽，現時賽馬最高獎金比賽是杜拜世界盃。

(四)大洋洲

在澳大利亞，賽馬是一項產業，提供澳洲25萬全職或兼職就業人口
工作，相當於77,000個職位。約30萬人直接擁有或作為參股，在澳洲投資
31,000隻賽馬用以訓練。

(五)非洲

在南非與模里西斯等非洲國家，也有賽馬活動舉行。

根據國際賽馬組織（International Federation of Horseracing Authorities,
IFHA）官方網站於2016年2月更新之具國際賽馬組織會員身分的國家由**表
4-1**所示。

無論是歐美先進國家，或是亞洲鄰近國家如香港、新加坡、馬來西
亞、日本、越南、蒙古等，都有賽馬活動；甚至是大英國協的會員國，這
些國家的賽馬活動多是歷史悠久。美國則有三十一個州有賽馬活動。賽馬
是一個非常受歡迎的運動項目。在早期，賽馬被認為是一種工作或是載運
的工具。在現在，賽馬活動多是從運動或是休閒娛樂的角度來看待。

表4-1 國際賽馬組織成員

頭銜	具會員資格之國家或地區
名譽會員	1.英國（Great Britain）
國際聯合會賽馬當局成員名單	2.阿爾及利亞（Algeria）
	3.阿根廷（Argentina）
	4.澳大利亞（Australia）
	5.奧地利（Austria）
	6.巴林（Bahrain）
	7.比利時（Belgium）
	8.巴西（Brazil）
	9.保加利亞（Bulgaria）
	10.加拿大（Canada）
	11.查德（Chad）
	12.智利（Chile）
	13.克羅埃西亞（Croatia）
	14.賽普勒斯（Cyprus）
	15.捷克共和國（Czech Republic）
	16.丹麥（Denmark）
	17.法國（France）
	18.德國（Germany）
	19.英國（Great Britain）
	20.希臘（Greece）
	21.香港（Hong Kong）
	22.匈牙利（Hungary）
	23.印度（India）
	24.愛爾蘭（Ireland）
	24.義大利（Italy）
	25.日本（Japan）
	26.韓國（Korea）
	27.黎巴嫩（Lebanon）
	28.澳門（Macau）
	29.馬達加斯加（Madagascar）
	30.馬來西亞（Malaysia）

（續）表4-1　國際賽馬組織成員

頭銜	具會員資格之國家或地區
國際聯合會賽馬當局成員名單	31.模里西斯（Mauritius）
	32.墨西哥（Mexico）
	33.摩洛哥（Morocco）
	34.荷蘭（Netherlands）
	35.紐西蘭（New Zealand）
	36.挪威（Norway）
	37.阿曼（Sultanate of Oman）
	38.巴基斯坦（Pakistan）
	39.巴拿馬（Panama）
	40.秘魯（Peru）
	41.菲律賓（Philippines）
	42.波蘭（Poland）
	43.卡達（State of Qatar）
	44.羅馬尼亞（Romania）
	45.俄國（Russia）
	46.沙烏地阿拉伯（Kingdom of Saudi Arabia）
	47.塞爾維亞（Serbia）
	48.新加坡（Singapore）
	49.斯洛伐克（Slovakia）
	50.斯洛文尼亞（Slovenia）
	51.南非（South Africa）
	52.西班牙（Spain）
	53.瑞典（Sweden）
	54.瑞士（Switzerland）
	55.泰國（Thailand）
	56.突尼西亞（Tunisia）
	57.土耳其（Turkey）
	58.阿拉伯聯合大公國（United Arab Emirates）
	59.美國（United States of America）
	60.烏拉圭（Uruguay）
	61.委內瑞拉（Venezuela）

（續）表4-1　國際賽馬組織成員

頭銜	具會員資格之國家或地區
國際聯合會之國家與區域組織成員	62.亞洲，大洋洲（Asia, Oceania）
	63.加勒比海（Caribbean）
	64.歐洲和地中海（European and Mediterranean）
	65.北美洲（North America）
	66.南美洲（South America）
國際聯合會賽馬當局附屬成員名單	67.蒙古（Mongolia）
	68.土庫曼斯坦（Turkmenistan）
該國簽署國際協定的一些條款，但不是國際聯合會的成員	69.巴貝多（Barbados）
	70.中國（China）
	71.多明尼加共和國（Dominican Republic）
	72.芬蘭（Finland）
	73.牙買加（Jamaica）
	74.千里達及托巴哥（Trinidad and Tobago）

資料來源：本研究整理。

二、「境外」賽馬之適法性

「動物保護法」第10條規定，不得以直接或間接的目的以動物進行競技行為，對此項條文之解讀，從發行團隊所提出的見解來看，係指運用「境外」賽馬訊息作為投注的標的，其中無涉投資合作或分工協辦，或是在國內舉辦任何賽馬活動等事宜，與「動物保護法」第10條規定並無直接關聯性。此外，論衡國際法律事務所的專業意見也提到，運動彩券之發行，在台灣是特別法，所以也不構成刑法上賭博罪的問題。理律法律事務所的專業意見說明法律處罰的要件是要法律明訂，若要違反第10條規定，尚須行為人客觀上有利用動物來進行競技的行為，而依發行團隊之規劃，事實上賽馬在台灣根本不會發生。發行團隊僅是使用「境外」賽馬的訊號，就像目前的美國職籃、美國職棒，基本上都是透過賽事的轉播資訊作

為投注標的。

　　未來若開放「境外」賽馬投注，同樣也是以「境外」賽馬的賽事資訊作為投注標的，與其他運動一樣。當然，「境外」賽馬之推動，除了作為娛樂之外，與一般彩券之發行相同，能帶來巨大公益功能。

　　教育部於民國107年1月15日發函行政院農業委員會與威剛科技股份有限公司等公文指出：

　　參照法務部104年6月23日法檢字第10400092280號函復資料，及法律顧問論衡國際法律事務所104年7月30日法律意見書意旨略以：於刑法之規制下，彩券的發行屬基於法律之國家保留事項，如國家基於公益目的之考量，核定預測賽事結果而提供獎金為合法，納入運動彩券投注標的，即不構成刑法上之賭博罪，與動物保護法第10條第二款「以直接、間接賭博為目的」之規定有別。

　　又威剛科技股份有限公司於104年6月30日威字第2015070號函併附理律法律事務所之法律意見書，說明本案發行規劃以「境外」賽馬作為運動彩券之投注標的，係向電腦技術廠商購買賽馬資訊及系統服務，發行機構及受託機構均未透過投資、合作、分工或協辦方式參與或主導「境外」舉辦的賽馬活動。

　　行政院農業委員會於民國107年2月1日回函教育部之公文指出：

　　查「動物保護法」（下稱本法）第10條第2款規定略以，對動物不得有以直接、間接賭博為目的，利用動物進行競技行為；違反該款規定，以直接、間接賭博為目的，利用動物進行競技者，依本法第27條第3款規定，處新台幣5萬元以上25萬元以下罰鍰，並得公布其姓名、照片及違法事實，或限期令其改善；經限期令其改善，屆期未改善者，得按次處罰之，合先敘明。

　　本案威剛科技股份有限公司之規劃，如確貴部來函所述無透過投資、合作、分工或協辦等方式參與或主導「境外」舉辦之賽馬活動，則

應無違反前開規定之虞，惟個案情形仍請貴部本於運動彩券主管機關審酌，並請提醒該公司勿違反本法規定。

另馬匹競速是否屬國際通認之運動項目及符合發行運動彩券之標的和內涵，請貴部應審慎評析。

教育部於民國107年3月30日發函威剛科技股份有限公司與台灣運動彩券股份有限公司等公文指出：

檢送行政院農業委員會（下稱農委會）107年2月1日農牧字第1070702602號函影本1份，請貴公司就是否涉及「動物保護法」第10條第二款以直接、間接賭博為目的，利用動物進行競技行為，再整理相關具體資料，補充發行籌備計畫送部，俾將計畫函送農委會檢視規劃內容是否無違反該法之規定。

為使爾後「境外」賽馬發行順利，應在事先讓大眾充分瞭解發行規劃內容，並廣徵各界意見，確保各界人士皆已充分溝通，以免發行後衍生紛爭。爰請貴公司就本次座談會廣邀國內動保團體，擴大座談會規模，並公開發行籌備計畫，俾使大眾充分瞭解規劃內容，據以表達意見，以達有效交流之目的。

有關農委會函說明，就馬匹競速是否屬國際通認之運動項目及符合發行運動彩券之標的和內涵，請本部應審慎評析一節，請貴公司再提供國際賽馬組織及國際賽馬賽事之相關資訊，以為因應。

根據理律法律事務所於民國104年6月29日給台灣運動彩券公司之公文指出：

單純獲取「境外」賽馬活動之賽事資訊作為投注標的之行為，與直接從事「利用動物進行競技」之行為有別，基於行政法之處罰法定原則，不得擴張解釋法律之構成條件：

按，參照司法大法官釋字第402號解釋意旨：「對於人民違反行政法

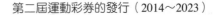
上義務之行為予以裁罰性之行政處分，涉及人民權利之限制，其處罰之構成要件及法律效果，應由法律定之，方符合憲法第23條意旨」此即一般所稱之「處罰法定原則」。前司法院大法官吳庚教授更進一步明確指出，行政罰「尤其禁止擴張解釋」，此乃處罰法定原則之重要內涵。經查，動物保護法第27條第三款規定，倘行為人違反同法第10條第二款規定，有「以直接、間接賭博為目的，利用「動物進行競技」之情形，主管機關即得對之裁處行政罰。自該條規定之文義觀之，除需以直接、間接賭博為目的外，就「客觀構成條件」而言，尚須以行為人客觀上有利用動物進行競技之行為，始足當之。

查，依「運動彩券發行條例」第3條第一款規定，所謂運動彩券，係指「以各種運動競技為標的，並預測賽事過程及其結果為遊戲方式之彩券」。而目前運動彩券之運作模式，僅係向國外電腦技術廠商購買國內外運動競技賽事，例如NBA（美國職業籃球聯賽）、MLB（美國職棒大聯盟球賽）、中華職棒球賽、賽車等比賽過程及結果之「賽事資訊」供作投注標的，而不論係發行機構或受委託機構，實際上無參與或透過投資、合作、分工或協辦等方式舉辦前揭賽事活動之行為。

本件規劃以「境外」賽馬活動作為運動彩券投注標的之運作模式，方式與前開各類型比賽並無不同，亦僅係透過向第三人購買賽事資訊，並將之納入投注標的，應屬「單純獲取賽事資訊」之行為而已，客觀上並未透過投資、合作、分工或協辦等方式參與或主導舉辦「境外」賽馬活動本身，依法應非屬前揭動物保護法第10條第二款所禁止之「利用」動物進行競技之行為。

另查，除文義解釋外，體系解釋亦係法律解釋方法中之基本解釋方法，前司法院大法官王澤鑑教授曾指出，法律之內在體系（Innere Systematik），指法律秩序的內在構造、原則及價值判斷而言，為維護法律用語的同一性，同一之概念用語，應做相同解釋。

基此，觀諸其他亦受動物保護法第10條規定所禁止之「進行動物

之間與人與動物間之搏鬥」、「有虐待動物之情事，進行動物交換或贈與」、「使用暴力、不當電擊等方式驅趕動物，或以刀具等具傷害方式標記」及「未經人道昏厥，予以灌水、灌食、綑綁、拋投、丟擲、切割及放血」等行為態樣可知，本法所欲禁止之情形，應以行為人於物理上得直接對動物本體作成有害行為之情形，是本於「體系解釋」之法律解釋方法，適用動物保護法第10條第二款之情形，亦應以行為人有直接動物本體進行競技之行為為限，例如直接利用馬匹舉行或從事賽馬活動之情形，始足當之。至於本件所涉及者，乃單純獲取「境外」賽馬活動之賽事資訊作為運動彩券投注標的，其行為本身僅係利用「賽事資訊」，與利用「動物」從事競技行為明顯有間，解釋上應可認其非屬動物保護法第10條所禁止之行為類型。

違反動物保護法第10條第二款規定者，除得處以罰鍰、公布姓名及照片、命令限期改善等行政罰外，同法第33條第一項第二款並規定，主管機關尚有逕行「沒入」飼主動物之權限。惟按行政罰第21條規定，沒入之物，原則上「以屬於受處罰者所有為限」，台北高等行政法院97年度訴字第902號判決意旨亦明揭：「『沒入之物，除本法或其他法律另有規定外，以屬於受處罰者所有為限。』，行政罰法第21條定有明文，揆其立法意旨，乃因沒入之物須屬於違反行政法上義務而受處罰者所有，始具有懲罰作用，故明定以屬於受處罰者所有為限。」承上，「沒入」動物既作為違反動物保護法第10條第2款規定之裁罰手段之一，參照行政罰法第21條之規範意旨，未發揮懲罰作用，實應講求行為人對其所利用之動物有「所有權」或具備一定之「支配管領力」，體系解釋上方能一貫。惟誠如前述，本件僅係單純獲取「境外」賽馬活動之賽事資訊作為運動彩券之投注標的，該等賽馬活動所使用之馬匹均非發行機構或受委託機構所有，發行機構或受委託機構對之亦無任何之配管領力，現實上顯不可能以「沒入」作為裁處手段之一。是以，就同條規定法律效果之體系解釋而言，亦可見本件情形應非屬動物保護法第10條第二款所禁止之行為態樣。

　　依行政法第14條規定：「故意共同實施違反行政法上義務之行為者，依其行為情節之輕重，分別處罰之。」其立法理由為：「本條係行政法上共同違法之規定，不採刑法有關教唆犯、幫助犯之概念，此因行政罰之不法內涵及非難評價不若刑罰，且為避免實務不易區分導致行政機關裁罰時徒生困擾之故。所謂『故意共同實施』，係指違反行政法上義務構成要件之事實或結果由二以上行為人故意共同完成者而言。」另參照台北高等行政法院95年度訴字第2900號判決意旨：「此規定所稱之『故意共同實施』，係指違反行政法上義務構成要件之事實或結果由二以上行為人故意共同完成者而言，不採刑法有關教唆犯、幫助犯之概念（見該條規定之立法理由）。」可知，行政罰上之共犯，並未如刑法採取教唆犯、幫助犯之概念，而係限於對違反義務之「構成要件」故意共同實施者而言。惟查，姑且不論他國人士於國外舉辦之賽馬競技賽事尚難直接認定有違反我國動物保護法第10條第二款規定之問題，再者，誠如前述，本件雖係規劃以「境外」賽馬活動作為運動彩券之投注標的，然僅係透過向第三人購買賽事資訊之方式為之，不論係發行機構或受託機構實際上均未有藉由投資、合作、分工或協辦等方式參與或舉辦「境外」之賽馬活動，亦即均無故意共同實施「利用動物進行競技」之行為，因此不應認定構成行政罰法第14條之共犯。

　　此外，「違反行政法上義務之行為或結果，有一在中華民國領域內者，為在中華民國領域內違反行政法上義務。」行政罰法第6條第三項固定有明文。惟本件必須特別釐清之處在於，此處所稱「境外」賽馬活動係指澳洲或紐西蘭等國家之「他國賽馬活動」，乃單純由他國人士舉辦並受他國法令所管轄之「合法」賽馬競技賽事，以他國賽法活動之資訊作為我國運動彩券之投注標的，僅係對他國合法賽事資訊之單純取用，發行機構或受託機構對他國該等賽事之合法舉行根本無從加以干預或影響，此與我國人民跨境舉辦賽馬活動之情形迥然不同，應特別予以辨明。

　　再者，運動彩券所欲採取作為投注標的之澳洲及紐西蘭「境外」

賽馬活動，於當地均屬合法之活動，實則，當地亦有與我國動物保護法相同目的之法令規範，例如「澳洲動物照顧及保護法」（Animal Care and Protection Act 2001）、「紐西蘭動物福利法」（Animal Welfare Act 1999），並訂有相關行政懲罰措施，以確保當地賽馬競技活動等利用動物行為，均可在符合動物保護之精神下進行。此外，澳洲賽馬規則就參賽馬匹訂有嚴格且細緻之保護措施外（Australian Rules of Racing 1st April, 2015），另訂有「澳洲賽馬福利保障準則」（Welfare Guidelines for Australian Thoroughbred Horse Racing），其亦特別強調四個重點：

1.在賽事準備及展演之任何階段，賽馬之福利應為首要考慮之事。（At all stage during the preparation and presentation of horses for racing their welfare should be a primary consideration.）

2.在准予參賽以前，賽馬應受合宜訓練並保持健康狀態。（Horses should be suitably conditioned and healthy before being allowed to compete.）

3.競賽環境不應對賽馬福利帶來不利影響。（Conditions of racing should not prejudice horse welfare.）

4.賽馬於比賽結束後應獲得適當照料，在其競賽生涯結束時亦應給予人道對待。（Racehorses should receive proper attention after they have raced and be treated humanely when their racing careers are over.）

上開準則嚴格要求參賽馬匹之訓練方式、照顧措施及飼養環境，及退役馬匹之管理，以確保澳洲賽馬所受待遇符合動物保護之精神。是以，由前開外國法令規範亦可得知，本次欲採納作為運動彩券投注標的之賽馬活動本身，雖屬利用動物進行競技之行為，惟應不得逕行將之視為有違動物保護之精神，而給予負面之評價。

綜上，運動彩券因係經政府特許並依據「運動彩券發行條例」方於

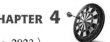
國內發行，自無觸犯刑法第269條發行彩票之賭博罪之虞，而以「境外」賽馬活動資訊作為運動彩券之投注標的，同理當不致有涉及賭博罪之問題。另觀諸動物保護法第10條第二款之規範意指，就本條規定之客觀構成要件以言，應以行為人有直接從事或至少有共同實施「利用動物進行競技」之行為，方得依同法第27條第三款規定予以處罰。惟本件僅屬單純獲取「境外」賽馬活動之賽事資訊作為投注標的之情形，實際上並未透過投資、合作、分工或協辦等方式參與或主導舉辦「境外」之賽馬活動，而屬純粹之資訊利用行為，衡諸其行為本質，與動物保護法第10條第二款之客觀構成要件行為應屬有間，因行為本身並未違反系爭規定，因此自無適用行政罰法第6條規定之餘地，應無疑義。

法律專家郭介恆教授（前文化大學法律系教授）於「境外」賽馬座談會指出：

「境外」賽馬當作是一種運動項目並沒有問題，因為運動彩券的主機關為教育部體育署，教育部體育署認為賽馬為運動，所以才將其導到運動博弈的領域，作為運動博弈的投注標的。

其次，動物保護法第27條規定，若有違反第10條第二款「對動物不得有以直接、間接賭博為目的，利用動物進行競技行為」，主管機關即得對之裁處行政罰。基本上，發行團隊之規劃，僅是從國外購買賽馬相關的資訊作為投注標的，並非直接在現場賽馬投注。若是直接舉辦賽馬比賽作為投注標的，就可能違反本條規定；但是因為發行團隊並未組織比賽，所以並不適用本條規定。

再者，動物保護法第10條第三款所提到虐待動物之議題，但同條第二款卻沒有提供「以直接或間接賭博為目的，利用動物為競技」等文字，若分開來看，賽馬是一件事，投注又是另外一件事，投注本身是一種博弈的行為，但賽馬是運動的競技行為，兩種為完全不同的行為。

因此，若僅是播放運動競技行為和賽馬行為，有無動物保護法第27

條之適用？立法理由提供虐待動物是不被允許陳列或播放，但是在實際條文上並沒有呈現這些文字。另外，條文本身有但書，供「學術研究」或是「公益用途」者，不在此限。然而「公益用途」是不確定的法律概念，發行運動彩券的目的是為體育和運動的發展，在這樣的情況下，提供境外賽馬投注，是否符合所謂的公益用途？應該加以釐清。

最後，從動物保護法之整體作觀察，其立法目的為尊重動物生命與保護動物；澳大利亞賽馬會對馬匹保護的各種措施，對於動物生命的尊重及保護，提供有相當周延的措施。因此如果要開放「境外」賽馬作為投注標的，澳洲、紐西蘭、英國及新加坡都不會有動物保護之虞。

前行政院法規會參事黃英霓於「境外」賽馬座談會中指出：

農委會代表曾經在體育署開會時，認為動物保護法第10條第二款適用對象只是在台灣，而雖然以直接或間接的方式利用馬來競技的行為是不可以的，但今天的賽馬是在「境外」，所以「境外」賽馬的競技行為不能用動物保護法第27條第三款來處罰，至於可不可以用「境外」賽馬作為運動彩券競技的項目，農委會也沒有意見，並當場表示該條文是規範國內和境內的行為。

另外，動物保護法主管機關是在農委會，以主管機關立場看待這件事，先前農委會代表到體育署開會說明法律條文適用對象在國內，就算包括國外，但條文的處罰沒有辦法到達國外，條文就是指國內的，這個條文在體育署前後很慎重地開了很多次會議，後來運動彩券督導小組的成員也在會議當中決定同意「境外」賽馬作為投注標的的決議，就算有人不同意，但這是大家所做的決議。

最後，黃英霓女士於座談會中提出她的見解：(1)動物保護絕對不容置疑，也不能退步，一定要往前走；(2)有關「動物保護法」第10條第二款的適用，農委會並非將該條規定與賽馬牽連在一起，農委會認為以賽馬作為投注標的，並沒有違反動物保護法，理由是因為第10條第二款的

處罰，以我國主權管轄權為限，利用動物進行競技行為，是指在我國境內；(3)既然國內有人質疑，可不可以朝一個方向來作兼顧，亦即在立法院及行政院啟動修法前，限定對賽馬保護很周延的國家，在「境外」賽馬才准作為運動彩券投注的標的。

三、「境外」賽馬成為運動彩券標的之利弊得失分析

(一)優點

　　茲分別整理本次座談會中與會代表之意見，以及國外賽馬發行機構如：香港馬會、日本中央賽馬會、新加坡賽馬公會等之相關具體作為，納入「境外」賽馬為運動彩券投注標的之優點，整理如下：

1. 在本次座談會中，經銷商代表全部對「境外」賽馬納為運動彩券投注標的之規劃，持正面肯定之態度，認同「境外」賽馬並無違法之虞，表示依台灣運動彩券公司之規劃，發行「境外」賽馬無介入投資或經營管理，以訊號轉播既存之事實即「運動賽馬競技」，在無牴觸本國法律限制之範圍內，謹慎評估引進之可能性，且符合運動彩券預測賽事過程及其結果之本質性。另一方面，推動「境外」賽馬之目的，乃是期盼創造更多體育發展基金，讓教育部體育署能有更充沛之基金用於照顧及培育選手。當然，經銷商代表亦極力主張，爭取「境外」賽馬作為投注標的，以增加運動彩券經銷商的收入來源。當然，經銷商代表也肯定動物保護的重要性，但賽馬活動並未影響任何生命，且參與賽馬之馬匹也受到妥適的照顧，同時「境外」賽馬之發行，亦能提高民眾主動認識馬匹的意願。

2. 在我國，台灣運動彩券公司每賣出100元，其中的10元就當作政府運動發展基金的最重要財源。發行團隊推出「境外」賽馬是基於要將運動彩券市場做大、做好的義務。發行團隊需要每天各段時間內

都有不同性質、不同的賽事提供給消費者，才能將市場做大，同時對經銷商才有保障。運動彩券發行的初衷就是以公益為目的，助我國運動選手在奧運奪牌。

3. 日本中央賽馬會（JRA）是為實現賽馬的健康發展，振興馬匹的改良增殖及其畜牧業的發展，JRA 日本賽馬會於1954 年作為公共團體而成立。JRA在農林水產省的嚴格監督下實施對賽馬的運營。JRA將賽馬券銷售收入的10% 與年末結餘金額的50% 上繳國庫。2007年度向國庫繳納的金額約為28.62億美元。相關法律中，對該款項的用途做出明確的規定，其中四分之三用於畜牧業的振興，四分之一用於社會福利事業。除此之外，JRA長期以來努力致力於環境整備事業，於環境整備事業費以扶植資金的形式捐給地方公共團體，通過對道路交通的安全設施、下水道排水道設施以及站前廣場、公園等的整備，對所在地的環境改善作出重大的貢獻。正如日本中央賽馬會（JRA）法規定須將相當於國庫上繳金額的四分之一款項用於振興社會福利事業。

4. 新加坡賽馬公會（Singapore Turf Club）指出，賽馬活動賺來的營利都是作為慈善跟社會發展的進步。除了硬體設施外，也包括文化、文藝方面的建設，例如資助新加坡交響樂團（交響樂團設備、員工經費）。同時也提倡這個負責任博彩行為，落實企業責任計畫。賽馬場也都會開放作為社區活動之用。新加坡博彩局資助許多國內大型活動，例如過年期間的大型綜藝街頭遊行。

5. 香港賽馬會2016/17年的年報指出，該年賽馬的投注金額達到2,165億港幣，占香港博弈總營收的53.5%；其中創造177億港幣盈餘，占香港總盈餘的52.4%。並在是推動香港市民繼續貢獻社區。為回應社會長遠的需要，賽馬會慈善信託基金將在三至五年內，以「青年社會創新」、「長者關懷互愛」及「運動燃點希望」為三大範疇。首青年社會創新目的是加強青少年事務的發展，激發青年運用創意

協助解決社會問題；長者關懷互愛是希望優化安老服務，協助建構香港成為長者友善城市；馬會也將推動體育發展，除支持體育項目外，並以此推廣健康優質生活，帶動正面人生價值觀。香港賽馬會也於2016/17年將79.1%馬會盈餘撥捐慈善信託基金，並創造21,587個相關工作機會。

6. 馬來西亞雪蘭莪賽馬公會指出，該會不僅創辦馬術學校，也擁有完善的馬房設施，包括獸醫診所和蹄鐵匠。不僅如此，雪蘭莪賽馬公會的獸醫院與診斷中心提供多項醫療服務，例如：健康檢查、馬匹保健、馬匹復健、動物救護車服務、留診和轉介服務，確保馬匹獲得細心照料。

(二)缺點

在本次座談會中，部分動物保護團體代表對動物保護及動物保護相關法規提出質疑，整理如下：

1. 「動物保護法」第10條第二款「對動物不得以直接或間接賭博為目的，利用動物為競技」的法令規定，無非是認為利用動物競技賭博，可能造成虐待動物的情事發生，基於這樣的理念，不應該因為賽馬行為發生在國外就允許國人以此投注。

2. 「動物保護法」第10條第二款禁止在國內進行以賭博為目的的運動競技行為，雖然沒有禁止外國的動物競技行為，但這樣的規定其實構成漏洞。如果開放了，其實是違反「動物保護法」的精神。同時，合法的賽馬活動在各國也面臨抗議與批評，這是世界的潮流，我國是否有必要冒風險投入；在訓練與競賽的過程中，對於馬匹的傷害程度與比率，以及馬匹安樂死的比率有多高，是否符合比率原則，需要做更多的說明及統計數據的整理，這樣才是一個比較完善的溝通，讓動物保護團體知道賽馬活動對馬匹影響有多大。

3. 保護動物不分國界，不應該認為只有國內的馬匹該受到人道對待，

國外的馬匹就不需要受到人道對待。開放「境外」賽馬投注，如同教育部一方面推動動物保護教育，一方面又讓國人得以變相的方式來虐待動物。

4.在國內賽馬賭博是非法行為，雖然基於法律效力的地域性，但在國內投注境外賽馬的行為，有其適法性上的爭議，還是要請法務部或是中央主管機關農委會一起來討論。

5.賽馬納為運動彩券投注標的之規劃，於2007年及2014年都曾推出而未獲准發行，何故？代表社會大眾的疑慮是非常高的。

6.近幾年，「動物保護法」修法有十二次，如此頻繁地修法，代表社會大眾對動物保護議題之關切。十二次的修法當中，只有兩次是由主管機關農委會發動修法，其他十次都是由社會運動人士主導，表示從政府的腳步跟不上社會大眾對動物保護之期待。

四、「境外」賽馬之周延性

(一)動物保護無虞

賽馬是一個具有百年歷史的運動項目，以「境外」賽馬資訊作為投注的標的，在周延性上是很完整的。

以澳大利亞對於馬匹照顧為例，澳大利亞馬匹福利照護準則（Australian Horse Welfare Protocol）篇幅多達四十五頁，內容提到馬匹在食、衣、住、行、育、樂等各方面之照護，總計有二十大項的照顧項目，外加有十個附錄。澳大利亞各省都有賽馬的活動，也都有各自賽馬相關的規範，不過澳大利馬匹福利照護準則是各省皆會遵行的規範。在澳大利亞馬匹福利照護準則中，有兩項基本重點，第一點，採取任何合理的措施，包括提供資訊、諮詢與教育等方式，以提升馬匹的福利；第二點，當馬匹出現痛苦的情況時，應該採取任何合理之措施，以最快的速度與最大的效率以減輕其痛苦。

　　澳大利亞馬匹福利照護準則，其內容含括：總覽、行為照護、監管、飲水、食物、運動、居住環境、柵欄與柵門、代養牲畜、圈養與畜牧、馬匹保暖、馬匹保健、足部保養、牙齒保養、治療與手術程序、馬匹身分證明、馬匹血統配種、馬匹訓練、馬匹運送等面向，依該項福利準則，馬匹之基本需求包括：

1.馬匹必須有足夠的食物、飲水和居住環境，以維持牠的活力。
2.馬匹必須確保有行動的自由，不管是站立、伸展、轉彎、前進、躺下或滾動，都是如此。
3.馬匹必須要保持正常運動，嚴禁放牧於封閉空間內。
4.馬與馬之間必須保持相互間接觸的機會。
5.馬匹的居住環境不應該出現任何可能造成傷害或不舒服之情況。
6.馬匹必須加以保護，以避免疾病的發生，並進行包括足部、牙齒等經常性之檢查。
7.如果馬匹受傷或生病，應快速加以治療。
8.對於所有馬匹相關照護的人員，都要接受一定的教育，以確保馬匹福利的落實。

　　澳大利亞各省都有動物保護的立法，凡是造成馬匹生理或精神上痛苦者，都視為犯罪行為，無論是故意或過失，皆是如此。而且，動物保護法也對馬匹主人或管理者等，都賦予相當的責任，以確保馬匹的基本需求獲得滿足。許多省份甚至訂有服務馬匹的行為準則，針對馬匹照護及活動的各個面向，均需具備法律要件。澳大利亞對於馬匹的照顧十分周全，甚至還設置有專門關於馬的熱線電話；對於馬匹在陸上的運輸也都有一套嚴謹的規範。

(二)消費者保護無虞（責任博彩）

　　為避免消費者過度投注，世界各地的發行機構多提倡「責任博

彩券、博彩與公益——運動彩券篇

160

彩」，其具體措施包括：限制投注年齡、建議消費者自行設定可投注的時間、金錢，或是設定投注金額上限，或是提供「責任博彩」測驗，讓消費者能透過測驗瞭解自己是否可能有過度投注的情況。相關規定如下：

◆ 年齡限制

1. 世界彩券協會（World Lottery Association, WLA）：將合法博彩年齡定為18歲，未滿18歲人士不得投注或進入可投注的地方，目前多數國家之彩券發行機構遵行本條規定。
2. 澳大利亞：未滿18歲者不得投注。
3. 日本：自訂更嚴格的年齡規範，需年滿20歲才可參與賽馬投注，兒童需在家長陪同下方可進入馬場。
4. 新加坡：賽馬日只允許18歲或以上的公眾進入馬場。
5. 香港：未滿18歲人士不得投注或進入可投注的地方。

◆ 投注金額限制

1. 美國：賽馬投注網站Bovada，限制特殊賽事每場比賽最高派彩金額50,000美金，每個單場投注之最高投注金額1,000美金，每個特別投注之最高投注金額500美金。
2. 香港：每注最高金額港幣50,000元，投注戶口受每注最高投注金額港幣500,000元。

◆ 相關保護措施規劃

另外，台灣運動彩券公司依據世界彩券協會（WLA）之國際標準所提供之責任博彩架構，規劃相關保護措施，消費者保護無虞。從經銷商、行銷廣宣、消費者教育及產品設計等面向著手，相關規劃列舉如下：

1. 經銷商：
   (1)銷售處所距中小學之大門口中心點直線距離100公尺（含）以上。

(2)「未成年人不得購買或兌領彩券」及其他警語，張貼於銷售處
所出入口及櫃檯。

(3)經銷商不得贈送彩券、現金或以折溢價方式銷售彩券。

(4)定期舉行經銷商教育訓練（含法令宣導及意見交流）。

2.行銷廣宣：

(1)運動彩券文宣、廣告、出版品及網頁之內容、聲音及畫面不得
有下列之情形：

・勸誘未成年人購買或兌領運動彩券。

・傷害兒童身心健康。

・於高級中等以下學校門口半徑距離100公尺內等情形。

(2)「未成年人不得購買或兌領彩券」及其他警語，揭示於文宣廣
告內容之明顯處。

3.消費者教育：運彩網站設置「節制投注相關宣導」專頁，教育消費
者避免過度投注方法。

4.產品設計：

(1)在消費者同意的前提下，修改密集投注的內容或拒絕之（待許
可投注）。

(2)每次投注總價超過一定金額，在交易成立前，投注機螢幕上會
出現提醒訊息。

(3)不提供信用交易方式購買運彩。

　　最後，對於動物保護團體部分代表於座談會中所提的許多意見，本
研究認為，多數意見是與本研究主題完全無關的，例如「利用動物競技可
能會有虐待動物的情事發生、每年安樂死的馬有多少隻？」因為根本沒有
實際境內賽馬的情事發生，上述問題不成立，可見動物保護團體部分代表
一則並不瞭解議題的重點，曲解討論主題；一則把個人的主觀價值觀無限
上綱，企圖混淆視聽。至於提到「賽馬的必要性在哪裡？」更是主觀價值
觀無限上綱的具體表現，其他包括「賽馬這些被拿來比賽的動物，受傷的

比率有多高？影響程度多大？必須安樂死程度多高？」等，對於議題的討論毫無建設性和關聯性。

另外，亦有動物保護團體代表提出「賭博還沒除罪化，這都會讓社會大眾產生疑慮，過去賭場和賭博事業全世界風起雲湧，但現在全世界也開始很多反省了，例如瑞士在今年六月份剛通過一個公投否決透過外國公司來設賭場的公投，可以看到全世界反對聲浪不斷在湧起」，事實上，此種說法根本與本研究討論主題完全無關，我們在討論「境外」賽馬議題，不是在討論賭場，企圖混淆視聽非常明顯。更何況日本剛剛通過博弈推動法案，根據研究將對日本觀光產業和日本經濟帶來可觀的助益。

五、「境外」賽馬之綜合評量

本研究認為，將「境外」賽馬納為運動彩券投注標的，其適法性無虞，消費者保護無虞，無動物保護議題，且有利於增加整體經濟產值，能對整體社會做出貢獻。

(一)適法性無虞

目前全世界以賽馬為投注標的之國家，皆經由政府認可，本座談會之目的係為討論台灣以「境外」賽馬作為運動彩券投注標的可行性。依據中華民國法律，於刑法之規制下，彩券的發行屬基於法律之國家保留事項，如國家基於公益目的之考量，核定預測賽事結果而提供獎金為合法，納入運動彩券投注標的，即不構成刑法上之賭博罪，與「動物保護法」第10條第二款「以直接、間接賭博為目的」之規定有別。單純獲取「境外」賽馬活動之賽事資訊作為投注標的之行為，與直接從事「利用動物進行競技」之行為有別，基於行政法之處罰法定原則，不得擴張解釋法律之構成條件。

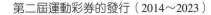
(二)消費者保護無虞

　　為了避免過度投注問題，世界各地如美國、澳大利亞、日本、新加坡、香港等，皆有提供相關消費者保護之措施。在我國，台灣運動彩券公司亦參考國際標準，從經銷商、行銷廣宣、消費者教育、產品設計等面向著手，規劃相關措施，消費者保護無虞。

(三)無動物保護議題

　　本研究認為，動物保護是無庸置疑，每個人都應該接受動物保護，毫無疑問，要做到動物保護，法令歸法令，從「境外」賽馬的角度，其實根本就沒有動物保護的議題。

(四)促社會經濟之正向發展

　　「境外」賽馬除可振興博彩收益，亦對社會經濟有正向發展，以澳大利亞為例，賽馬甚至已變成一項產業，可提供澳洲25萬全職或兼職人口工作機會，包括騎師、策騎員、馬房人員及釘甲匠，馬會亦對有意投入賽馬行業的人提供全面培訓，協助考取專業資格。另外，日本賽馬每年將收入之10%及盈餘之50%繳交國庫，此款項之四分之三用於振興畜牧業，四分之一用於社會福利事業，整備道路交通的安全設施，對環境改善作出重大的貢獻。然而，在賽馬比賽中，可能會有賽馬事故，造成馬匹受傷，對此問題，馬來西亞雪蘭莪賽馬公會提供多項醫療服務，例如：健康檢查、馬匹保健／復健、動物救護車等服務，確保馬匹獲得細心的照料。

六、結論與建議

　　茲分別就「境外」賽馬活動適法性、「境外」賽馬作為運動彩券投注標的之利弊得失分析、「境外」賽馬之周延性，以及「境外」賽馬綜合評量等方面簡單加以彙整如下：

(一)研究結論

　　第一，從理律和論衡律師事務所的觀點，以及主管機關農委會的看法，都認為「境外」賽馬活動之適法性無虞。

　　依據論衡國際法律事務所的專業意見也提到整個運動彩券的發行，在台灣是一個特別法，所以不構成刑法上賭博罪的問題；理律法律事務所的專業意見說明法律處罰的要件是要法律明訂，如果要違反第10條之規定，尚須以行為人客觀上有利用動物來進行競技的行為。事實上，賽馬在台灣根本不會發生，依台灣運動彩券公司之規劃，僅是使用賽馬比賽的訊號，如此而已，就比如像美國職籃、美式棒球的運動等，基本上都是透過賽事的轉播資訊作為投注標的。

　　農委會則認為「動物保護法」第10條第二款適用對象只是在台灣，而雖然以直接或間接的方式利用馬來競技的行為非屬合法，但賽馬活動發生地是在「境外」，而「境外」賽馬的競技行為不適用「動物保護法」第27條第三款來處罰。至於是否可用「境外」賽馬作為運動彩券之投注標的，農委會沒有意見。

　　第二，「境外」賽馬納為運動彩券投注標的，能帶來正面經濟效益，且具公益性，並獲所有經銷商團體代表之肯定意見，是利大於弊。

　　「境外」賽馬納為運動彩券投注標的，能帶來正面的經濟效益。以日本、新加坡、香港、馬來西亞等國家或地區為例，皆能為政府創造盈餘，用於公益事業。除此之外，在本次座談會中，經銷商代表全部對「境外」賽馬納為運動彩券投注標的之規劃，持正面肯定之態度。推動「境外」賽馬之目的，乃是期盼創造更多體育發展基金，讓教育部體育署能有更充沛之基金用於照顧及培育選手。

　　當然，經銷商代表亦極力主張，爭取「境外」賽馬作為投注標的，以增加運動彩券經銷商的收入來源。當然，經銷商代表也肯定動物保護的重要性，但賽馬活動並未影響任何生命，且參與賽馬之馬匹也受到妥適的照顧，同時「境外」賽馬之發行，亦能提高民眾主動認識馬匹的意願。

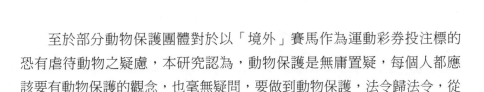

　　至於部分動物保護團體對於以「境外」賽馬作為運動彩券投注標的恐有虐待動物之疑慮，本研究認為，動物保護是無庸置疑，每個人都應該要有動物保護的觀念，也毫無疑問，要做到動物保護，法令歸法令，從「境外」賽馬的角度，其實根本就沒有動物保護的議題。

　　因此，從各國發行之經驗、台灣運動彩券公司之規劃，以及本次座談會中各界代表之意見，都可以看出是利大於弊。

　　第三，「境外」賽馬納為運動彩券投注標的之周延性無虞。在消費者保護方面，台灣運動彩券公司依世界彩券協會之國際標準，規劃「境外」賽馬發行之消費者保護措施，消費者保護無虞。在動物保護方面，綜觀世界各國如澳大利亞、新加坡，提供馬匹保護之完善措施，動物保護無虞。

　　在消費者保護方面，為避免消費者過度投注，世界各地的發行機構多提倡「責任博彩」，實行相關消費者保護之配套措施，例如：最低年齡投注限制、投注金額限制等。台灣運動彩券公司在「責任博彩」方面與國際接軌，依據世界彩券協會所提供之國際標準，規劃消費者保護之相關措施，從經銷商、行銷廣宣、消費者教育及產品設計等面向著手，消費者保護無虞。

　　在動物保護方面，以澳大利亞為例，澳大利亞各省「澳大利亞馬匹福利照護準則」所規定之範圍完整，內容含括：行為照護、監管、飲水、食物、運動、居住環境、柵欄與柵門、代養牲畜、圈養與畜牧、馬匹保暖、馬匹保健、足部保養、牙齒保養、治療與手術程序、馬匹身分證明、馬匹血統配種、馬匹訓練、馬匹運送等面向，確保馬匹能得到完善之照顧，動物保護無虞。然而，本研究認為，動物保護是無庸置疑，每個人都應該接受動物保護的觀念，毫無疑問，但從「境外」賽馬的角度來看，其實根本就沒有動物保護的議題。

(二)研究建議

　　優先以重視馬匹保護之賽馬先進國家，如澳大利亞、新加坡、英國

等之賽馬活動,納入運動彩券投注標的。

　　為兼顧運動彩券經銷商權益及動物保護團體之疑慮,本研究建議,可以重視馬匹保護之賽馬先進國家,如澳大利亞、新加坡,或是具賽馬娛樂文化且馬匹保護措施完善之英國,優先納入運動彩券投注標的,其優點有三:

1. 為政府創造出更多體育發展基金用於照顧及培育運動選手,各級學校之出國比賽之經費、相關體育設施興建之財源,也會更加完善,如此,在國際大型比賽上,將使我國運動選手更具競爭力。
2. 為運動彩券經銷商增加收入來源,落實政府照顧運動彩券經銷商之政策。
3. 為部分動物保護團體減少對動物保護之疑慮。然而,本研究認為,動物保護是無庸置疑,但從「境外」賽馬的角度,其實根本就沒有動物保護的議題。

貳、培養(訓)運動彩券經銷商專業知能及人才[2]

　　根據我們多年來與運動彩券經銷商接觸、訪談和座談的經驗來看,現階段運動彩券經銷商普遍存有下列問題:

1. 目前多數運動彩券經銷商為公益彩券經銷商延續而來,年齡普遍偏高,容易造成世代落差及經驗銜接的問題,似乎不利於未來運動彩券的銷售。
2. 目前運動彩券經銷商具有運動專業知識的比例偏低,運動彩券銷售人員如果能夠具備運動專業知識或是對運動具有興趣者,較有利於運動彩券的銷售,因此應鼓勵更多具有運動專業之運動員投入此行

2　本文係劉代洋(2018)接受教育部體育署委託研究「運動彩券經銷商專業知能及人才培訓計畫」報告摘錄而成。

業。

3.目前之運動彩券經銷商基本條件普遍並不理想，應每年持續進行教育訓練，提升其專業知能，培養包括具備銷售技巧、客戶關係管理和責任博彩等能力。

4.運動彩券經銷商對於責任博彩的認知普遍不足，對沉溺投注運動彩券之消費者往往無法發揮經銷商關心顧客的基本態度。

　　運動彩券為運動服務業，運動彩券經銷商需倚賴具備專業知識與能力的人力資源方能有效支持運作，而其勞動力發展主要係透過教育訓練來養成及提升，範疇理應與職場系統相呼應，其內涵理應與工作內容相吻合，方能充分支持產業發展及勞工就業所需，因此實有必要針對運動彩券經銷商專業知能與相關人才培訓課程進行研究，藉由運動彩券經銷商專業知能之訂定，包含其資格、工作內容、要求或人格特質、專業知能內涵及培訓課程等，以符合運動彩券產業發展動態。

　　本研究將以所整理出相關文獻的觀點為基礎，建構台灣運動彩券經銷商所需人才專業知能及培訓課程。藉由文獻蒐集匯集有關因素，並透過領域專家評估及判斷，以找出各人才所需特質，作為提升運動彩券經銷商人才專業知能的基礎（如**圖4-2**）。

圖4-2　召開經銷商專業知能及人才培養（訓）座談會（2017年12月15日、2018年1月19日）

一、運動彩券經銷商專業知能

　　本研究根據文獻歸納專業知能又稱「專業能力」、「能力」或「職能」，職能基準係指為完成特定職業或職類工作任務，所應具備之能力組合，包括該特定職業或職類之職能級別、各主要工作任務、對應行為指標、工作產出、知識、技能、態度等職能內涵。建置職能基準涉及各中央目的事業主管機關眾多，各產業領域有其特殊性，對於基準建置需求相對有其考量，為提供各界單一資源管道，勞動部每年將彙收各部會建置職能基準之成果，並公告於「職能發展與應用平台」（Integrated Competency and Application Platform，簡稱 iCAP平台）

　　運動彩券經銷商專營運動彩券銷售，根據「運動彩券經銷商遴選及管理要點」運動彩券之銷售可由經銷商、代理人及僱員為之，三者職務雖實務上工作內容大部分相同，根據承擔之營業責任不同，知能需求亦有部分差異。為適切本研究目的需要，本研究根據文獻專業知能的定義，參考勞動部零售業相關職能基準、就業指南，並透過學者專家座談會討論內容，分項探討運動彩券經銷商及相關人員在其工作中所必須具備的專業知能，並將專業知能歸納為「工作內容」、「人格特質」及「知能內涵」三個面向進行描述，再根據職務將專業知能需求區分經銷商、代理人及僱員，其中人格特質即包含專業態度的概念，知能內涵則包含專業知識與專業技能。本研究之研究架構如圖4-3所示。

(一)工作內容

　　工作內容指勞動者具體從事勞動的內容或種類，是勞動者應當履行工作義務的主要內容，包括從事勞動的工種、崗位、工作範圍、工作任務、工作職責、勞動定額、質量標準等。關於運動彩券經銷商的工作內容，根據勞動部相關職能基準，有零售經理、零售管理人員及零售服務人員等與運動彩券經銷商工作內容相似，本研究將分別參考勞動部零售業相

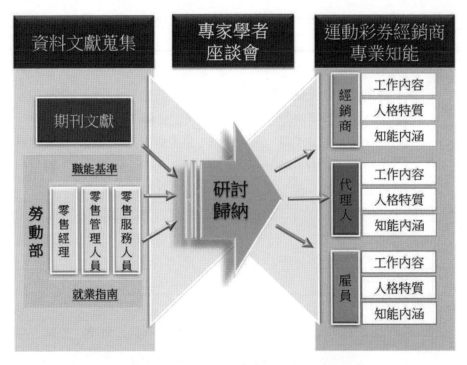

圖4-3 運動彩券經銷商專業知能研究架構圖

資料來源：本研究整理。

關職能基準、學者專家座談會討論內容等，探討並歸納運動彩券經銷商及相關人員之工作內容。

摘錄學者專家座談會討論工作內容之要點：

1. 從三場專家學者座談會的討論過程中發現，經銷商扮演很重要的角色，若能在職場上，加強個人本身的運動彩券專業知識，並且瞭解賽事，予以提供給顧客資訊，適時瞭解顧客心態，會是提高銷售的原因之一。

2. 擁有專業知識以外，在日常工作時，面對客人應以親切、和善的態度，與客人多加互動，適時提供客人所需，不論是專業或日常的資

訊。擁有誠摯與熱忱的態度，經銷商會更願意深耕在此行業，對於客訴更能懂得如何處理。

3. 店面的擺設配置，也是吸引客人的關鍵。若店面的設計讓人感到舒服，客人會常常光顧。營業時間也是客人決定是否要前往購買的原因之一，倘若營業時間不固定，客人可能會轉往其他家消費。

4. 經銷商在聘請新員工時，應注意員工是否對商品有興趣，或者透過讓員工也參與其中，進而引發興趣，能夠與客人產生共鳴。員工與顧客頻繁的互動，透過資訊交流，能夠建立情感的連結。

5. 除了經銷商必須具備運動專業知識以外，台灣運動彩券公司與相關媒體電子報有提供相關分析，可以加強專業知識。另外，社群媒體的發布亦會影響銷售量，可用來客戶管理、經營。

(二)人格特質

人格特質（personality trait），又稱為性情、脾氣、氣質、性格、品格或屬性等。人格特質理論（theory of personality trait）將特質定義為個體所具有的神經特性，可以支配個人行為的能力，使個人在環境的變化中仍給予一致的反應。人格特質會在個人行事風格以及人際關係上面，有一定的表現方式，也就是俗稱的「個性」或「性格特點」等。根據文獻定義，知能是個人所具備的深層和持久的特性，而這些特性即包括人格特質。本研究將分別參考勞動部零售業相關職能基準、學者專家座談會討論內容等，探討並歸納運動彩券經銷商及相關人員之人格特質要求。

摘錄學者專家座談會討論人格特質之要點：

1. 三場座談會與會學者專家均認為，從經銷商的家庭背景及個人特性，像是親切與否，都會吸引客人前往多寡。經銷商的個人特質，可能會受本身家庭影響，若家中以買賣業、服務業等，需接觸人群、服務大眾為主，會喜歡與客人多互動、做朋友。再加上對運動產業相關知識有所瞭解，可以與客人討論。舒適的環境，加上親切

的銷售者，會讓客人一來再來。

2.除此之外，社會經驗、男女性別之性格特質差異，也會有所影響。稍微年長，有經過社會歷練者，面對臨時情況的發生，較有能力去處理，且會以較完整的思維去瞭解。另外，女性較男性更善於傾聽，在傾聽的過程中，更能夠瞭解客戶的想法，然而，若過於年輕貌美，可能會引來爭風吃醋。因此，顧主可能會加以考量，以避免未來不必要的問題產生。

3.而且，若員工對於運動彩券有熱忱，不論是在販賣不同種類運動之彩券，或者向顧客說明當前運動賽事資訊，都會將自身本身的熱忱感染於客戶，甚至於員工。透過對運動賽事之真摯熱情，凝聚員工之間的向心力，亦讓顧客有所感覺，讓客戶來此有如參加派對。不僅能增加團隊能力，也能夠讓整個環境和樂融融。

(三)知能內涵

　　根據勞動部職能基準定義，知能內涵包括知識與技能。知識指執行某項任務所需瞭解可應用於該領域的原則與事實；技能則是指執行某項任務所需具備可幫助任務進行的認知層面能力或技術性操作層面的能力。

　　本研究將分別參考勞動部零售業相關職能基準、學者專家座談會討論內容等，探討並歸納運動彩券經銷商及相關人員之工作內容、人格特質、知能內涵要求。

　　摘錄學者專家座談會討論知能內涵之要點：

1.透過三次會議，學者及專家都有提及經銷商所應具備專業知能，以及對運動產業相關知識有所瞭解甚為重要。在推廣及行銷方面，擁有專業知識，可以對特定目標族群進行相對應的策略，更能永續發展此產業，形塑此文化。

2.學者及專家建議成立一個證照制度，透過政府或公信機構，經由公開的標準程序，予以檢定經銷商是否具備專業知識或技能，合格者

可頒發證照,以作為其職業能力的證明。會議中提及,若經銷商上課無法予以補助時,則期望能持續補助經銷商考照。然而,有些無法透過證照而測驗出之實力,可能透過面談,面對面接觸來教學或指導。證照獎金補助可以達到外溢效果,政府收入也可以更好。希望能夠修改運動發展基金收支保管及運用辦法,上課補助並增加銷售實務相關課程。

3.運動彩券公司等相關媒體期刊,有提供相關資訊,以加強經銷商之專業知能。透過專家學者撰寫的知識來源,以取得自身所需的專業。亦建議發行特定為了經銷商運動彩券月刊,促成經銷商自主學習。

4.此外也需具備財務知識,基本的財務知識,可能瞭解管帳、報表等基礎,對於營運有幫助。有了較系統化的專業財務知識,工作起來會較得心應手,制定工作方案時,亦可勝任。

5.另外,銷售技巧和客訴處理也是重要的一環,是經銷商所需具備之專業技能。只要是與消費族群有所接觸的工作,不免需要處理客訴,而且亦需要懂得銷售技巧。本身面對客戶的態度要學習不陷入惶恐,並能瞭解如何解決。

6.以上授課內容,皆須與實際狀況符合,不可以實務偏離。希望能瞭解客戶狀況及態度後,制定一個目標明確、符合實際的課程,以幫助設立經銷商銷售績效之長程目標。

運動彩券本身的玩法與機率性的公益彩券不同,必須經過對於賽事的瞭解才能下注,運動彩券經銷商具備專業知能,除了能協助玩家判斷比賽隊伍的競賽實力、近期戰況以及下注賠率,在銷售過程中經由經銷商專業性的說明與服務,更有助於提升運動彩券銷售量,使盈餘能最大化。

根據「運動彩券經銷商遴選及管理要點」運動彩券之銷售可由經銷商、代理人及僱員為之,經銷商負責人應親自在場銷售,但有正當理由不能在場者,得申請最多二人為其代理人,而代理人僅得代理經銷商之部分

彩券業務行為，例如銷售、兌獎及彩券相關查核報表簽認，經銷商是負責人，代理人及僱員則是由經銷商是聘請而來的，所以真正在承擔責任為經銷商，三者職務雖實務上工作內容大部分相同，因此根據承擔之營業責任不同，知能需求亦有部分差異。綜合本章關於運動彩券經銷商專業知能的討論，本研究根據文獻上專業知能的定義，參考勞動部零售業相關職能基準、就業指南、學者專家座談會討論等，先將專業知能歸納為「工作內容」、「人格特質」及「知能內涵」三個面向進行描述，再根據職務將專業知能需求區分經銷商、代理人及僱員呈現於**表4-2**「台灣運動彩券經銷商專業知能需求表」。

表4-2　台灣運動彩券經銷商專業知能需求表

職稱	工作內容	人格特質	知能內涵
經銷商	・負責服務諮詢 ・推銷彩券 ・處理顧客投訴 ・營運決策相關事宜 ・開發並維持網路顧客 ・管理財務資源與預算 ・店面陳設 ・領導與管理人員 ・提供安全的工作環境 ・管理投注設備 ・與客戶互動	・應變能力快 ・溝通能力佳 ・EQ好 ・對運動產業熱忱 ・有團隊合作的精神 ・有領導能力	・具備運動彩券專業知識 ・賽事分析 ・投注技巧 ・銷售技巧 ・投注站日常管理能力 ・投注設備操作能力 ・客戶開發及維繫能力 ・法令遵循 ・責任博彩 ・溝通技巧 ・基本財務會計概念 ・善用社群與通訊軟體 ・危機應變處理
代理人	・負責服務諮詢 ・推銷彩券 ・處理顧客投訴 ・開發並維持網路顧客 ・管理投注設備 ・與客戶互動	・應變能力快 ・溝通能力佳 ・EQ好 ・對運動產業熱忱 ・有團隊合作的精神	・具備運動彩券專業知識 ・賽事分析 ・投注技巧 ・銷售技巧 ・投注設備操作能力 ・法令遵循 ・責任博彩 ・溝通技巧 ・善用社群與通訊軟體 ・危機應變處理

（續）表4-2　台灣運動彩券經銷商專業知能需求表

職稱	工作內容	人格特質	知能內涵
僱員	・負責服務諮詢 ・推銷彩券 ・管理投注設備 ・與客戶互動	・應變能力快 ・溝通能力佳 ・EQ好 ・有團隊合作的精神	・具備運動彩券專業知識 ・賽事分析 ・投注技巧 ・銷售技巧 ・投注設備操作能力 ・法令遵循 ・責任博彩 ・溝通技巧 ・善用社群與通訊軟體

資料來源：本研究整理。

二、運動彩券經銷商人才培訓

(一)運動彩券公司經銷商教育訓練現況

　　運動彩券公司每年均會對經銷商辦理教育訓練，以106年課程為例，課程包含業績輔導、賽事分析與投注技巧、負責任博彩及法令宣導、客戶開發及維繫、投注站日常管理等（如表4-3），然而每項課程上課時數較短，課程無法專精深入，對於提升經銷商專業知能效果有限，辦理場數少也限制了上課人數，此外也缺少提升「人格特質」知能的課程，課程亦未區分經銷商、代理人、僱員等三個職類，較難針對其知能差異給予適合的教育訓練，因此有必要對其相關培訓課程重新探討、設計，以有效提升其專業知能。

(二)專家學者意見

　　公司企業教育訓練的意義與功能是訓練以學習理論或個人的角度來看，由有經驗的人，以某種方式將課程內涵傳授或讓學習者習得，而產生預期目標所達成的某種改變。而從企業策略或組織的角度來看，訓練乃是一種系統化的安排，透過教學活動，使成員習得知識。會議中專家與學者

表4-3　運動彩券公司106年經銷商教育訓練課程統計

項次	課程名稱	內容大綱	執行期間	辦理場數	每場上課時數
1	體育運動專業人士業績輔導教育訓練	・熱門賽事專業知識及經營銷售技巧 ・績優經銷商成功案例分享 ・政策法規與發行管理知識宣導 ・心得回饋與討論	6/6~6/13	4場	140分鐘
2	賽事分析與投注技巧教育訓練	・賽事分析與投注技巧 ・政策法規與發行管理知識宣導 ・心得回饋及滿意度調查	6/15~6/22	4場	110分鐘
3	負責任博彩及法令宣導教育訓練	・負責任博彩 ・法令宣導及案例分享 ・心得回饋及滿意度調查	8/23~9/8	9場	140分鐘
4	客戶開發及維繫教育訓練	・潛力客戶開發技巧 ・運用客戶資料做好行銷管理 ・客戶價值判斷 ・客戶開發與關係維繫手法 ・心得回饋及滿意度調查	10/5~10/27	5場	130分鐘
5	投注站日常管理教育訓練	・台灣運彩發行管理概況 ・運彩產品 ・運動彩券玩法介紹 ・投注站銷售服務 ・如何成為績優經銷商 ・虛擬投注 ・投注機設備及操作維護 ・運彩法規	9~10月	業專到店輔導	不定
6	新產品教育訓練	・新賽事及新玩法規劃 ・法令宣導 ・心得回饋及滿意度調查	12/18~12/29	5場	150分鐘
總計				27場	670分鐘

資料來源：運動彩券公司。

皆建議對經銷商開發教育訓練的課程，幫助經銷商習得專業知識。

除了經銷商必須具備專業知識以外，專家與學者亦建議可發行運動月刊、運動雜誌，以提供經銷商自我學習、共同成長之機會。不僅能夠加強相關知識，也能夠與客戶相互分享訊息。

專家學者建議經銷商教育訓練需配合證照制度，以符合產業脈動及社會需求，來調整人才培育的方向。並且以公正第三方，更能落實更具效益之證照制度。

(三)培訓課程說明

經由專家學者及運動彩券公司的意見，本研究進一步歸納出人才培訓課程包含運動彩券主要運動賽事之基本知識講座、運動彩券產業概論、運動彩券銷售技巧、顧客關係管理、運動彩券相關法令介紹、責任博彩、投注機操作說明、EQ及溝通技巧、危機處理、運動彩券銷售績優個案、零售業管理、美學與商業空間設計等十二項課程，分別說明如下：

◆運動彩券主要運動賽事之基本知識講座

運動彩券運動賽事包含棒球、籃球、冰球、美式足球、足球、網球、羽球、高爾夫、撞球、賽車等，亦有世界重大賽事如奧運、世界盃球賽等，銷售人員必須對運動賽事規則、球員或球隊戰績甚至選手各項數據資料都能瞭解，才能進一步分析賽事進而與顧客互動、銷售彩券。訓練課程內容如**表4-4**。

◆運動彩券產業概論

近年來在大家愈來愈重視健康及運動下，運動經濟蓬勃發展，運動產業成為全球各產業中發展最為亮麗、成長最迅速的產業之一，「運動博弈業」是運動產業的一環，而「運動彩券」則是我國唯一合法的運動博弈業。運動彩券產業概論的課程，可以幫助經銷商瞭解運動彩券產業運作的全貌藍圖、影響產業發展的諸多人文、社會、美學、科技等因素與機

制、產業多元樣態的多元特質等，以使經銷商從單一技能邁向跨域產業思考並瞭解全球運動彩券產業發展趨勢。訓練課程內容如**表4-4**。

◆ 運動彩券銷售技巧

　　銷售技巧關係運動彩券市場發展，透過學習銷售技巧讓經銷商掌握成功銷售關鍵因子，瞭解銷售的基本技能技巧，藉由銷售流程的演練與互動，讓經銷商所學的知識能成為個別的技能，實質提升業務業績能力。訓練課程內容如**表4-4**。

◆ 顧客關係管理

　　「顧客」，是企業維持生存的主要競爭優勢，同時，「長期往來的顧客關係」也是最不容易被對手掠奪的公司資產。顧客關係管理（Customer Relationship Management, CRM）是彙整顧客與企業聯繫的所有資訊，並整合銷售、行銷、服務等流程，讓企業從中萃取顧客需求，以便滿足顧客需求並與顧客進一步建立關係，進而達成提升企業營收與客戶滿意度等多重目標。藉由訓練課程講述顧客關係管理議題的基本概念面、經營管理面、核心功能面、顧客生命週期面與技術面，使經銷商學會管理、剖析各類型顧客群，針對不同顧客群採取不同顧客關係管理策略，有效掌握顧客需求、提高顧客忠誠度，並降低成本，達到經銷商、顧客雙贏局面。訓練課程內容如**表4-4**。

◆ 運動彩券相關法令介紹

　　為賦予運動彩券發行之法源，有效管理發行運作相關事務，我國法制上已制定相關管制規範，透過運動彩券相關法令介紹使經銷商瞭解包括法律制度、主管機關權責、運作風險控管、發行機構監督及管理等方面相關法令之規範架構及內容，除了使經銷商能於相關規範下販售運動彩券，未來可藉由經銷商實務運作之回饋瞭解我國現行法制能否有效防範及解決，提供政府法規未來應有之修正方向。訓練課程內容如**表4-4**。

◆責任博彩

「責任博彩」是指在一個適度監管的環境下，投注者在參與博彩時不會令本人、家人、親友、其他投注者、娛樂場員工的安康構成威脅。換句話說，「責任博彩」是把博彩行為可引致的危害減至社會可接受的水準。為達到這個目標，「負責任博彩」需要政府、投注者及其親友、運彩發行機構、運彩經銷商、問題賭博防治機構、教育及其他社區團體共同承擔責任，以確保投注者在知情下決定博彩，其博彩行為對個人、親友以至社會都是負責任的，而經銷商在責任博彩中即扮演第一線的重要角色。國內負責任博彩還未臻成熟，參考澳門負責任博彩指導員證書課程，責任博彩多講述賭博導論、賭博盛行率、認識賭博成癮行為、賭徒特性、賭博迷思、負責任博彩、危機個案處理及社會服務資源認識等。訓練課程內容如**表4-4**。

◆投注機操作說明

投注機是彩券行的重要設備，依據「運動彩券經銷商遴選及管理要點」第二十二點「經銷商對本公司或受委託機構提供之投注設備應負善良管理人責任，妥適保管及合理使用相關投注設備，如因故意或過失導致投注設備毀損、滅失，經銷商應負損害賠償責任。」經銷商需依規定之方式進行投注設備之清潔或保養，因此應學會如何操作、保養及簡易故障排除。訓練課程內容如**表4-4**。

◆EQ及溝通技巧

EQ 即情緒智商，能夠有效管理情緒的人，必然能以健康成熟的心態面對人生，當遭遇困難或者問題的挑戰時，能夠輕鬆釋放壓力，面對難題。同樣的，能夠做好壓力抒解的人，常常能夠擁有正向的情緒，將之運用於工作或者生活上，自然容易獲致滿意的結果。此外，聰明才智、專業技術和經驗只占人們事業成功因素的25%，其餘75%取決於良好的人際溝通。而在職場上的成功，有75%來自溝通技巧。如何增進溝通能力、如何

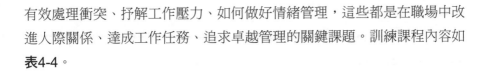
有效處理衝突、抒解工作壓力、如何做好情緒管理，這些都是在職場中改進人際關係、達成工作任務、追求卓越管理的關鍵課題。訓練課程內容如**表4-4**。

◆ 危機處理

「危機處理」課程是訓練在危機發生之際，能夠即時掌握問題核心，快速下定決心，做出正確應變，終能化危機為轉機。不僅能減少危機造成的損害，進一步能透過危機的處理而反敗為勝！危機處理技術可使危機能在最短的時間內得以控制，對後續之發展及復原工作亦占有決定性之影響。運動彩券販售時，可能會遭遇到搶劫、偷竊、詐騙、下注糾紛或問題賭博等情形，危機處理的訓練即是幫助運動彩券經銷商能妥善處理危機，擬訂危機應變計畫，當危機爆發時，理性的面對，維持與員工、客戶、新聞媒體及群眾之間的溝通，建立有效的危機管理機制。訓練課程內容如**表4-4**。

◆ 運動彩券銷售績優個案

個案討論法由美國哈佛大學最早提出，當前管理學界、政府部門乃至於企業大學所經常使用的教學方法。個案討論法是以學員為學習主體，發掘問題，提出問題，一起參與課堂上的討論，發表意見，並分析問題，尋找可能的方案。個案討論法對學員提供經典實例，使學員得以處於決策者般的情境審視、分析並擬定個案的處理方針。達致最佳成效的方式為：富有工作經驗的學員與能居中串起並能扮演輔導角色的教授，共同在課堂上討論。宗旨為「搭建起實務與理論的好橋樑」。透過對績優經銷商成功銷售策略，運動彩券銷售績優個案的觀摩、研討，可使經銷商學習績優個案的經營管理方式，以提升整體經銷商的專業能力與績效。本項課程建議時數四小時，本課程可提升銷售技巧、投注站日常管理能力、客戶開發及維繫能力等知能內涵。訓練課程內容如**表4-4**。

◆零售業管理

　　零售（retailing）係指足以增加產品及服務附加價值的商業活動，並引導產品或服務售予消費者，以供其個人、家庭或組織消費之用。亦即不論由生產者、批發商、零售商以何種方式，並從何處銷售產品或服務給最終消費者，均屬零售的範圍。運動彩券的銷售活動本質上即為零售業活動，零售業管理包括業績管理、門市人員管理、商品管理、日常營運管理、商圈資料蒐集與分析、顧客關係維護等，透過門市經營管理，維持門市正常運作，創造商店最佳形象及利潤。藉由訓練課程增進經銷商對於零售管理之本質、發展、消費者行為、策略、規劃與管理等概念的瞭解，讓經銷商從中學習零售商圈規劃、地點選擇、企業管理與行銷策略之應用。訓練課程內容如**表4-4**。

◆美學與商業空間設計

　　商業空間設計是指用於商業用途的建築內部空間的設計，除了包含室內設計的基本原理和基本的功能要求外，商業空間設計還包含了更多的功能要求和市場特色。經由對建築、室內等各種空間的型態、材質、配色整體瞭解，提升周遭空間環境應用的美感。運動彩券銷售店面雖然由運動彩券公司協助規劃設計，並規定形象牆面，但經銷商仍須裝潢店面的天花板、地板及牆壁等，並做好店內的擺設及動線規劃，以吸引客人並提供舒適的投注空間。

　　美學與商業空間設計講究商業空間主題概念及氛圍呈現所需的空間組織與整合，服務、產品本身及空間氣氛是一個成功的商業空間不可或缺的條件，而材質及燈光則是決定空間氛圍的要素，室內空間在機能上也必須滿足服務的需求，營造優質商業空間的設計要點包含業主的營業構想、材質構想、燈光構想。訓練課程內容如**表4-4**。

　　綜合本章關於運動彩券經銷商人才培訓課程的討論，本研究根據專家學者及運動彩券公司的意見，歸納出人才培訓課程包含運動賽事基本知

識、運動彩券產業概論等十二項課程及建議授課時數，再區分經銷商、代理人及僱員三個職務所需接受之課程呈現於**表4-4**。

表4-4　本研究建議台灣運動彩券經銷商人才培訓課程表

項次	培訓課程	課程內容與目標	建議時數	參加培訓職稱
1	運動彩券主要運動賽事之基本知識講座	1.運動彩券的特質 2.熱門運動賽季排程 3.重要標的賽事介紹 4.運動彩券玩法介紹 5.提升運動彩券專業知識、賽事分析等知能內涵	8小時	・經銷商 ・代理人 ・僱員
2	運動彩券產業概論	1.運動產業發展的基本要素與市場規模 2.運動產業市場發展潛力與趨勢 3.體育運動政策與運動產業、政策對產業發展的影響 4.運動彩券的緣起與背景 5.台灣運動彩券的沿革與發展概況 6.世界各國運動彩券的發展趨勢 7.運動彩券專業人力資源的供需與培育 8.提升運動彩券專業知識、投注技巧、投注站日常管理能力等知能內涵	2小時	・經銷商 ・代理人 ・僱員
3	運動彩券銷售技巧	1.態度與顧客關係 2.激發需求技巧 3.提升運動彩券價值與特色 4.提升成交率的技巧與運用 5.提升銷售技巧、客戶開發及維繫能力等知能內涵	8小時	・經銷商 ・代理人 ・僱員
4	顧客關係管理	1.開發新客戶 2.銷售前、中、後之顧客關係管理技巧 3.顧客投訴處理技巧 4.提升售後服務、強化人脈經營 5.提升客戶開發及維繫能力、溝通技巧、善用社群與通訊軟體等知能內涵	4小時	・經銷商 ・代理人 ・僱員
5	運動彩券相關法令介紹	1.運動彩券發行條例 2.運動彩券管理辦法 3.運動彩券經銷商遴選及管理要點 4.法令宣導及案例分享 5.提升運動彩券專業知識、法令遵循等知能內涵	3小時	・經銷商 ・代理人 ・僱員

彩券、博彩與公益──運動彩券篇

（續）表4-4　本研究建議台灣運動彩券經銷商人才培訓課程表

項次	培訓課程	課程內容與目標	建議時數	參加培訓職稱
6	責任博彩	1.世界各國負責任博彩具體措施 2.台灣運動彩券現行負責任博彩措施 3.經銷商負責任博彩措施 4.責任博彩案例分析與討論 上述負責任博彩包含賭博導論、賭博盛行率、認識賭博成癮行為、賭徒特性、賭博迷思、負責任博彩、危機個案處理及社會服務資源認識等	4小時	·經銷商 ·代理人 ·僱員
7	投注機操作說明	1.投注機設備介紹 2.投注機及印表機開關操作 3.選號單正確劃記及擺放方式 4.投注機觸控螢幕及印表機清潔 5.印表機卡紙或錯誤等簡易故障排除 6.螢幕訊號或畫面錯誤等簡易故障排除 7.提升投注設備操作能力等知能內涵	2小時	·經銷商 ·代理人 ·僱員
8	EQ及溝通技巧	1.認識自我情緒與EQ管理 2.職場壓力管理與抒解調適 3.溝通觀念的探討 4.語言與非語言的觀察 5.積極傾聽的技巧 6.提升溝通技巧等知能內涵，並加強溝通能力、EQ、口才、同理心等人格特質	3小時	·經銷商 ·代理人 ·僱員
9	危機處理	1.發現危機 2.隔離危機 3.處理危機 4.提升危機應變處理等知能內涵	2小時	·經銷商 ·代理人 ·僱員
10	運動彩券銷售績優個案	1.績優運動彩券經銷商成功銷售策略 2.運動彩券銷售績優個案 3.提升投注站日常管理能力、銷售技巧、客戶開發及維繫能力等知能內涵	4小時	·經銷商 ·代理人
11	零售業管理	1.銷售處所選址策略 2.門市人員選、訓、用、留的運作技巧 3.門市經營績效與業績管理 4.門市人員日常管理 5.門市的整理整頓與門市的商圈管理 6.日常營運與帳務管理 7.提升投注站日常管理能力、基本財務會計概念等知能內涵	4小時	·經銷商

（續）表4-4　本研究建議台灣運動彩券經銷商人才培訓課程表

項次	培訓課程	課程內容與目標	建議時數	參加培訓職稱
12	美學與空間設計	1.空間機能與動線運用 2.視覺傳達與企（商）業整合設計 3.投注站櫃檯形象設置 4.賽事資訊觀看區空間設計 5.投注站門面以及招牌設計 6.提升投注站日常管理能力等知能內涵	2小時	・經銷商
總計			46小時	

資料來源：本研究整理。

(四)小結

　　運動彩券公司每年對經銷商辦理教育訓練，每項課程上課時數較短、課程無法專精深入、辦理場數少、缺少提升「人格特質」知能的課程，亦未區分經銷商、代理人、僱員等三個職類。本研究根據專家學者及運動彩券公司的意見，歸納出人才培訓課程包含運動賽事基本知識、運動彩券產業概論等十二項課程及建議授課時數，再區分經銷商、代理人及僱員三個職務所需接受之課程，課程差異說明如後：

◆課程應更多元設計

　　運動彩券公司現行課程僅有六門，難以完整涵蓋經銷商所需之知能內涵與人格特質。因此本研究建議課程應更多元設計，現行課程可重新區分增加廣度，以分別提升相關知能內涵，例如：

1.現行「體育運動專業人士業績輔導」、「賽事分析與投注技巧」、「新產品」可重新設計為：「運動彩券主要運動賽事之基本知識講座」、「運動彩券銷售績優個案」、「運動彩券相關法令介紹」、「運動彩券產業概論」及「運動彩券銷售技巧」。

2.現行「客戶開發及維繫」可重新設計為：「顧客關係管理」、

「EQ及溝通技巧」。

3.現行「投注站日常管理」採業專到店輔導，本研究建議正式設立課程，並可重新設計為：「零售業管理」、「投注機操作說明」、「美學與空間設計」、「危機處理」。

4.現行「負責任博彩及法令宣導」可重新設計為：「責任博彩」。

◆ 時數應更增加

現行課程上課時數較短、課程內容僅能淺談無法專精深入，而本研究建議之課程內容較具深度，需增加上課時數以滿足授課需要。統計現行課程總計約需十一小時的上課時數，本研究建議之課程約需四十六小時的上課時數。

◆ 應加入人格特質課程

許多研究均指出人格特質影響工作表現與績效，然而現行課程著重在提升經銷商的知識與技能，但是缺乏提升人格特質的課程，因此本研究建議應增加「EQ及溝通技巧」的課程。

綜合上述，本研究建議課程與運彩公司現行教育訓練課程比較如**表4-5**所示。

三、結論與建議

運動彩券為運動服務業，運動彩券經銷商需倚賴具備專業知識與能力的人力資源方能有效支持運作，透過本計畫之研究，提出對運動彩券經銷商專業知能及人才培訓相關結論與建議，本研究成果可提供運動彩券發行機構制定經銷商遴選標準及規劃相關訓練課程，以有效提升經銷商之專業知能，促進運動彩券產業永續發展。

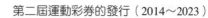
表4-5　本研究建議課程與運動彩券公司現行教育訓練課程比較

項次	本研究建議培訓課程	課程內容	時數	運動彩券公司現行課程	課程內容	時數
1	運動彩券主要運動賽事之基本知識講座	·運動彩券的特質 ·熱門運動賽季排程 ·重要標的賽事介紹 ·運動彩券玩法介紹 ·提升運動彩券專業知識、賽事分析等知能內涵	480分鐘	體育運動專業人士業績輔導教育訓練	·熱門賽事專業知識及經營銷售技巧 ·績優經銷商成功案例分享 ·政策法規與發行管理知識宣導 ·心得回饋與討論	140分鐘
2	運動彩券銷售績優個案	·績優運動彩券經銷商成功銷售策略 ·運動彩券銷售績優個案 ·提升投注站日常管理能力、銷售技巧、客戶開發及維繫能力等知能內涵	240分鐘	賽事分析與投注技巧教育訓練	·賽事分析與投注技巧 ·政策法規與發行管理知識宣導 ·心得回饋及滿意度調查	110分鐘
3	運動彩券相關法令介紹	·運動彩券發行條例 ·運動彩券管理辦法 ·運動彩券經銷商遴選及管理要點 ·法令宣導及案例分享 ·提升運動彩券專業知識、法令遵循等知能內涵	180分鐘	新產品教育訓練	·新賽事及新玩法規劃 ·法令宣導 ·心得回饋及滿意度調查	150分鐘
4	運動彩券產業概論	·運動產業發展的基本要素與市場規模 ·運動產業市場發展潛力與趨勢 ·體育運動政策與運動產業、政策對產業發展的影響 ·運動彩券的緣起與背景 ·台灣運動彩券的沿革與發展概況 ·世界各國運動彩券的發展趨勢 ·運動彩券專業人力資源的供需與培育 ·提升運動彩券專業知識、投注技巧、投注站日常管理能力等知能內涵	120分鐘			

（續）表4-5　本研究建議課程與運動彩券公司現行教育訓練課程比較

項次	本研究建議培訓課程	課程內容	時數	運動彩券公司現行課程	課程內容	時數
5	運動彩券銷售技巧	・態度與顧客關係 ・激發需求技巧 ・提升運動彩券價值與特色 ・提升成交率的技巧與運用 ・提升銷售技巧、客戶開發及維繫能力等知能內涵	480分鐘			
6	顧客關係管理	・開發新客戶 ・銷售前、中、後之顧客關係管理技巧 ・顧客投訴處理技巧 ・提升售後服務、強化人脈經營 ・提升客戶開發及維繫能力、溝通技巧、善用社群與通訊軟體等知能內涵	240分鐘	客戶開發及維繫教育訓練	・潛力客戶開發技巧 ・運用客戶資料做好行銷管理 ・客戶價值判斷 ・客戶開發與關係維繫手法 ・心得回饋及滿意度調查	130分鐘
7	EQ及溝通技巧	・認識自我情緒與EQ管理 ・職場壓力管理與抒解調適 ・溝通觀念的探討 ・語言與非語言的觀察 ・積極傾聽的技巧 ・提升溝通技巧等知能內涵，並加強溝通能力、EQ、口才、同理心等人格特質	180分鐘			
8	零售業管理	・銷售處所選址策略 ・門市人員選、訓、用、留的運作技巧 ・門市經營績效與業績管理 ・門市人員日常管理 ・門市的整理整頓與門市的商圈管理 ・日常營運與帳務管理 ・提升投注站日常管理能力、基本財務會計概念等知能內涵	240分鐘	投注站日常管理教育訓練	・台灣運彩發行管理概況 ・運彩產品 ・運動彩券玩法介紹 ・投注站銷售服務 ・如何成為績優經銷商 ・虛擬投注 ・投注機設備及操作維護 ・運彩法規	到店輔導，時數不定

（續）表4-5　本研究建議課程與運動彩券公司現行教育訓練課程比較

項次	本研究建議培訓課程	課程內容	時數	運動彩券公司現行課程	課程內容	時數
9	投注機操作說明	・投注機設備介紹 ・投注機及印表機開關操作 ・選號單正確劃記及擺放方式 ・投注機觸控螢幕及印表機清潔 ・印表機卡紙或錯誤等簡易故障排除 ・螢幕訊號或畫面錯誤等簡易故障排除 ・提升投注設備操作能力等知能內涵	120分鐘			
10	美學與空間設計	・空間機能與動線運用 ・視覺傳達與企（商）業整合設計 ・投注站櫃檯形象設置 ・賽事資訊觀看區空間設計 ・投注站門面以及招牌設計 ・提升投注站日常管理能力等知能內涵	120分鐘			
11	危機處理	・發現危機 ・隔離危機 ・處理危機 ・提升危機應變處理等知能內涵	120分鐘			
12	責任博彩	・世界各國負責任博彩具體措施 ・台灣運動彩券現行負責任博彩措施 ・經銷商負責任博彩措施 ・責任博彩案例分析與討論 ・提升責任博彩知能內涵	240分鐘	負責任博彩及法令宣導教育訓練	・負責任博彩 ・法令宣導及案例分享 ・心得回饋及滿意度調查	140分鐘
合計	十二項課程		約46小時	六項課程		約11小時

資料來源：本研究整理。

(一)結論

◆ 專業知能與教育訓練

　　根據運彩公司表示，運動彩券經銷商具有運動專業知識的比例偏低，運動彩券銷售人員如果能夠具備運動專業知識，且能掌握實體通路跟網路社群的行銷技巧，並具熱誠願意與顧客互動，較有利於運動彩券的銷售，而相關專業知識與技巧均需透過蘊含「專業知能」內涵的教育訓練來養成及提升，將職場上所需應用到的能力加以解構，讓從業人員真正可以「學到、用到、做到、達到」，維持個人永續就業能力，進而提升整體運動彩券產業之成長。

◆ 專業知能的描述面向

　　本研究參考勞動部零售業相關職能基準、就業指南及學者專家座談會討論內容等，歸納運動彩券經銷商及相關人員在其工作中所必須具備的專業知能，其概念包括專業態度、專業知識與專業技能，然而三者由於關係相互作用較難完全區別辨識，因此將專業知能以「工作內容」、「人格特質」及「知能內涵」三個面向進行描述。

　　1.工作內容：負責服務諮詢、推銷彩券、處理顧客投訴、營運決策相關事宜、管理營運預算、開發並維持網路顧客、管理財務資源、店面陳設、領導與管理人員、提供安全的工作環境、管理投注設備、與客戶互動。

　　2.人格特質：應變能力快、溝通能力佳、高EQ、口才好、符合性向測驗、對運動產業熱忱、喜歡與客人互動、態度和藹親切、具有同理心、有團隊合作的精神、有領導能力。

　　3.知能內涵：具備運動彩券專業知識、賽事分析、投注技巧、銷售技巧、投注站日常管理能力、投注設備操作能力、客戶開發及維繫能力、法令遵循、責任博彩、溝通技巧、基本財務會計概念、善用社

群與通訊軟體、危機應變處理。

◆現有教育訓練課程不足

運動彩券公司每年均會對經銷商辦理教育訓練，課程包含業績輔導、賽事分析與投注技巧、負責任博彩及法令宣導、客戶開發及維繫、投注站日常管理等，然而分析其課程發現，每項課程上課時數較短，課程無法專精深入，對於提升經銷商專業知能效果有限，辦理場數少也限制了上課人數，此外也缺少提升「人格特質」知能的課程，課程亦未區分經銷商、代理人、僱員等三個職類，較難針對其知能差異給予適合的教育訓練，因此課程應更多元設計、時數應更增加、應加入人格特質課程，以有效提升其專業知能。

◆區分職務進行人才培訓

人才是企業重要的資源並決定企業經營的水準，人才培訓是企業得以永續經營及發展的重要關鍵，必須依照不同職業級別進行規劃與訓練，各階層人員應強調之教育訓練重點需有不同，管理階層應著重決策、企劃、協調、分配的能力，基本職層則著重計數與執行能力。本研究根據專家學者及運動彩券公司的意見，歸納出人才培訓課程包含運動彩券主要運動賽事之基本知識講座、運動彩券產業概論、運動彩券銷售技巧、顧客關係管理、運動彩券相關法令介紹、責任博彩、投注機操作說明、EQ及溝通技巧、危機處理、運動彩券銷售績優個案、零售業管理、美學與商業空間設計等十二項課程及建議授課時數，再區分經銷商、代理人及僱員三個職務所需接受之課程，以符合不同職務的需求。

◆經銷商責任博彩認知普遍不足

「責任博彩」可以把博彩行為可引致的危害減至社會可接受的水準，運動彩券經銷商對於責任博彩的認知有待加強，對沉溺運動彩券投注之消費者往往無法發揮經銷商關心顧客的基本態度。

(二)建議

◆建議發行運動彩券專業雜誌

運動知識、賽事分析對運動彩券銷售確實重要,根據部分運動彩券經銷商建議可發行運動月刊,刊載專家學者撰寫的知識來源、相關賽事分析、評論、行銷專業知識、銷售心得分享等,提供經銷商自主閱讀學習、加強並交流專業知識,以促進產業共同成長。發行單位可以是運動彩券公司、台灣科技大學台灣彩券與博彩研究中心,或專業的體育大學等。

◆建議設立運動彩券經銷證照制度

運動彩券從業人員必須要有一定的專業能力,但這樣的專業能力該如何鑑定卻一直沒有標準,讓從業人員的專業能力標準也無法達成一個均標。建議設立運動彩券經銷證照制度,透過獨立公正的單位,經由公開的標準程序,予以檢定經銷商是否具備專業知識或技能,合格者可頒發證照,以作為其職業能力的證明,並可考量由運動彩券基金補助其訓練及考照費用,藉由教育訓練的外溢效果提高彩券銷售量。

◆人才培訓的規劃原則

本研究建議運動彩券經銷商每年之教育訓練均能完成本研究建議之十二項課程,透過滿足一定時數之教育訓練,以提升經銷商所需之知能內涵與人格特質。而本研究建議之十二項課程總計約需四十六小時的上課時數,課程可分階段實施或規劃為必修和選修課程,最後並施以測驗,以提升上課成效,並發予研習證明。

◆建議委託專業機構進行職外訓練

職外訓練是指派遣受訓者至外部訓練機構接受訓練,這些外部訓練機構包括政府機關、學校機構、民間顧問公司等,職外訓練的優點為能同時訓練較多人數,且參加者具有互相競爭心理,可提高訓練效果,因運動

彩券經銷商及相關從業人員人數較多，專業技能課程因涵蓋領域較廣，然而目前各學校均未能有適合運動彩券經銷商的整合性學程，因此關於人才培訓建議採用職外訓練方式委託專業機構進行較為適合。綜觀目前國內有關機構，台灣科技大學之台灣彩券與博彩研究中心對於台灣公益彩券與運動彩券之研究有深厚基礎，或透過公開遴選方式評選適合機構，協助規劃辦理運彩經銷商之職外訓練。

◆ 建議增加責任博彩訓練課程

「負責任博彩」需要政府、投注者及其親友、運彩發行機構、運彩經銷商、問題賭博防治機構、教育及其他社區團體共同承擔責任，以確保投注者在知情下決定博彩，其博彩行為對個人、親友以至社會都是負責任的，而經銷商在責任博彩中即扮演第一線的重要角色，因此責任博彩的訓練課程內容較為迫切需要，建議應重視並予以增加。

◆ 後續研究建議

目前的「運動彩券經銷商遴選及管理要點」中所規定的資格大部分還是注重於經銷商過去的學經歷，如何透過培訓計畫或證照制度讓申請遴選經銷商資格者具備相當能力，或讓累積多年專業知識及銷售經驗的代理人及僱員，有機會透過上培訓課程及考試取得證照，以具備經銷商的遴選資格，可作為後續研究方向，亦可進一步探討，證照報考資格、級別、持續訓練的要求與人才資料庫的建構方式。

參、運動彩券發行政策檢討、分析[3]

台灣運動彩券的發行從97年5月2日起，迄今已達十一年。財政部依「運動特種公益彩券管理辦法」（98年12月31日廢止）於96年10月2日正

---

[3] 本文係劉代洋等（2019）年接受教育部體育署委託研究「第三屆運動彩券發行規劃」報告摘錄而成。

式公告由台北富邦銀行為第一屆發行機構,法定發行期自97年5月2日至102年12月31日止,計五年八個月。第一屆運動彩券發行期間,運動彩券年平均銷售金額約129億元,整體表現未達預期。主因係首次發行運動彩券,發行機構準備時間不足,民眾對運動彩券瞭解有限,且後來發生發行機構舞弊事件,因此表現欠佳。第二屆運動彩券發行,由前行政院體委會(主管機關)依「運動彩券發行條例」公告、遴選威剛科技股份有限公司擔任第二屆發行機構,發行期自103年1月1日至112年12月31日止,計十年。第二屆運動彩券從103年發行到109年,年銷售金額分別為240億元、282億元、312億元、331億元、434億元、416億元及405億元,平均年銷售金額達346億元,約為第一屆發行期間年平均銷售金額129億元的1.7倍以上,整體表現非常亮眼。

現階段運動彩券發行成功的兩大關鍵因素,一方面是因為場中投注的吸引力,另一方面是因為虛擬通路的便利性,及虛擬投注金額的銷售佣金也回饋到實體經銷商的緣故。目前運動彩券市場滲透率仍然偏低,未來運動彩券銷售的金額要再逐年增加,將面臨更嚴峻的挑戰。

作者長期協助政府規劃發行運動彩券,及研究運動彩券發行管理和盈餘分配與運用,本次除親赴英國、新加坡、日本及澳大利亞等國參訪、蒐集各國相關文獻,並邀集運彩專家學者(2場)、運彩經銷商召開座談會(2場)及拜會運彩發行機構研討,以下將針對現行運動彩券發行政策逐項提出檢討與分析,並於文末附上第二屆發行機構之受委託機構台灣運動彩券公司發行運動彩券實況相片集錦(如圖4-4)。

一、運彩獎金支出率

(一)現行政策

依據「運動彩券發行條例」第6條:「運動彩券獎金支出不得超過售出彩券總金額之百分之七十八。但發行機構提出營運維持計畫或配套措

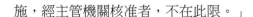

施，經主管機關核准者，不在此限。」

(二)檢討與分析

目前運動彩券發行制度，主要為97年行政院財政部辦理運動特種公益彩券發行之延續。我國「運動彩券發行條例」訂定獎金支出率上限之做法，為參酌「公益彩券發行條例」訂定獎金支出率上限之做法；然而，運動彩券與公益彩券之操作，兩者於本質上截然不同。運動彩券涉及發行機構與玩家對賭，本身需承擔結果預測錯誤所產生之財務風險；公益彩券僅就多數玩家支付彩金後之彩池，依一定比例作為獎金支出率，退還給玩家，發行機構並不涉及與玩家對賭。故現行法規對於獎金支出率之規定顯有不當。

第一屆運動彩券發行獎金支出率為75%，第二屆運動彩券發行獎金支出率則提高到78%，乃經過許多的模擬和分析所得出比較可行的結果，惟78%的獎金支出率仍難以對抗地下運動彩券高達95%獎金支出率的挑戰。且綜觀全球運動彩券營業收入超過1億元美金之發行國家的固定賠率，皆未低於90%。

因此，在歷次座談會議中許多運彩經銷商經常呼籲改善賠率，專家學者也籲修法提高獎金支出率，除增加銷售金額，亦能打擊地下投注。

二、運彩盈餘比例

(一)現行政策

依據「運動彩券發行條例」第6條獎金支出比例，運動彩券獎金支出不得超過售出彩券總金額之78%。第7條銷管費用比例，運動彩券銷管費用不得超過售出運動彩券總金額12%。第8條盈餘使用與管理方式，運動彩券發行之盈餘，應全數專供主管機關發展體育運動之用，不得充抵政府預算所編列之體育經費，其使用範圍，由主管機關公告之，並刊登政府公

報。前項專供主管機關發展體育運動之用盈餘，應以基金或收支並列方式管理運用。即運彩發行盈餘為售出運動彩券總金額扣除獎金支出金額及銷管費用金額，現行運彩發行盈餘為售出運動彩券總金額10%。

(二)檢討與分析

目前發行機構須將運動彩券銷售金額之10%繳回國庫作為運動發展基金，運彩發行盈餘的比例固定10%，不利於提高運動彩券賠率之設定，使運動彩券銷售業績難以有所突破。

歐洲地區的希臘、義大利、英國、丹麥、匈牙利、奧地利、拉脫維亞，以及亞洲地區的新加坡、香港等國家，均不設獎金支出率之上限，政府盈餘改採最低保證盈餘以及收入分成。香港馬會的做法是，主管機關和發行機構共同承擔和分享運動彩券的發行，在政府發行盈餘與發行機構報酬部分，採收入分成制度或採最低保證盈餘加收入分成制度，前述做法值得再進一步討論。

運彩專家學者及經銷商代表均提出：在調高獎金支出率後，可能影響運彩發行盈餘比例，除維持現行分成模式分配政府盈餘與銷管費用外，也可考量保底加分成制。即達銷售金額門檻後的分成，在政府盈餘不低於原比例分配金額下，應調高銷管費用比例，以實質鼓勵發行機構及經銷商，創造政府、發行機構與經銷商三贏。

三、運彩盈餘分配與運用

(一)現行政策

依據「運動彩券發行條例」第8條：「運動彩券發行之盈餘，應全數專供主管機關發展體育運動之用，不得充抵政府預算所編列之體育經費，其使用範圍，由主管機關公告之，並刊登政府公報。前項專供主管

圖4-4 第二屆運動彩券發行上市記者會暨2018年亞運中華健兒加油記者會

資料來源：台灣運動彩券公司。

機關發展體育運動之用盈餘（如**圖4-4**），應以基金或收支並列方式管理運用。主管機關為辦理前項作業，得循年度預算程序設置運動發展基金。」

(二)檢討與分析

運動彩券銷售金額，在97～102年（第一屆）共銷售771億元，平均每年銷售金額為128.5億元。而103年起（第二屆），發行第一年銷售金額即達240億元，104年為282億元、105年為312億元、106年為331億元、107年為434億元，五年合計銷售額為1,599億元，第二屆運彩歷年發行盈餘如**表4-6**。至今挹注國家運動發展基金200餘億元（第一、二屆），專供政府發展體育運動之用，包括：培訓體育運動人才及運動訓練環境改善、健全體育運動人才培育之運動產業環境改善、辦理大型國際體育運動交流活動、非亞奧運及基層運動人才培育、輔助國民小學及國民中學運動代表隊及一般行政管理等。惟年度執行教育訓練、責任博彩等項不足5%，另對於受惠運彩盈餘的事項，未能充分揭露達宣傳運彩正面形象效果。

表4-6 第二屆運彩歷年發行盈餘

年度	103年	104年	105年	106年	107年
銷售金額	240億元	282億元	312億元	331億元	434億元
發行盈餘	24億元	28億元	31億元	33億元	43億元

資料來源：教育部體育署網站。

　　運動彩券透過發行與管理，使彩券發行的銷售收入和盈餘極大化；另一方面，針對運動彩券發行盈餘分配與運用，必須妥善加以處理，以發揮運動彩券盈餘運用的公益性和對運動產業發展帶來較大助益的功能，以利於運動彩券發行的形象、提升運動彩券的銷售。因此，除增加運動彩券發行的銷售收入外，後續運動彩券發行盈餘如何善加分配與運用，使運彩發行盈餘效益極大化至關重要。

　　主管機關可以仿造公益彩券現行的做法，針對凡是接受運動彩券發行盈餘所補助的運動項目或軟硬體設施等，均須明白揭露該項運動項目或軟硬體設施等乃受惠於運動彩券發行的盈餘，以凸顯運動彩券發行的公益性和有利於運動產業的發展。

四、經銷商資格與遴選

(一)現行政策

　　依「運動彩券發行條例」第3條：「發行機構：指經主管機關指定辦理運動彩券之發行、銷售、促銷、賽事過程與其結果之公布、兌獎、管理及其他相關事項之機構。經銷商：指與發行機構或受委託機構簽訂契約並發給經銷證，銷售運動彩券者。」（如圖4-5）第10條：「發行機構或受委託機構辦理運動彩券經銷商之遴選，應以具體育運動專業知識且通過發行機構舉辦之測驗取得證照者或曾為運動特種公益彩券經銷商者為限；有

圖4-5 運動彩券經銷商投注站

資料來源：台灣運動彩券公司。

關體育運動專業知識認定標準，由主管機關定之；發行機構辦理測驗及核發證照應擬具施行要點，報經主管機關備查後實施。」

依據威剛科技股份有限公司「第二屆運動彩券經銷商遴選及管理要點」第4條：「參與經銷商申請者，須符合下列條件：(一)具中華民國國籍。(二)不具公務員身分。(三)未曾犯組織犯罪防制條例規定之罪，經有罪判決確定者。(四)如曾犯偽造文書、偽造貨幣、偽造有價證券、侵占、詐欺、背信、賭博或妨害電腦使用罪，經有期徒刑以上之刑判決確定者，須已執行完畢、緩刑期滿或赦免後逾十年者。(五)成年、有行為能力、無受監護或輔助宣告尚未撤銷者。(六)未曾從事或涉及違反誠實信用或其他不正當之活動，顯示其不適合擔任經銷商者。(七)依「運動彩券發行條例」第10條第一項規定，符合下列條件之一：1.具體育運動專業知識且通過發行機構舉辦之測驗取得證照者。2.曾為第一屆運動特種公益彩券經銷商者。(八)其他由本公司或受委託機構報經主管機關同意後公告之事實或行為。」

(二)檢討與分析

上述說明「運動彩券發行條例」對運動彩券經銷商應具有體育運動

專業知識的要求，因為民眾購買公益彩券，只要送上自選號碼或任由電腦選號，就完成交易，但購買運動彩券則需要經銷商說明賽事、玩法乃至各種代號，銷售過程中確實需要經銷商專業性的說明與服務。「運動彩券發行條例」不以「身分」而以「能力」（具備體育運動專業知識）作為遴選經銷商條件，無非是希望運動彩券的銷售體系能回歸商業機制架構，運彩經銷商具備專業知能，除能協助玩家判斷比賽隊伍的競賽實力、近期戰況及下注賠率外，在銷售過程中經由經銷商專業性的說明與服務，更有助於提升運動彩券銷售量，使運彩發行盈餘能最大化。

現行運動彩券經銷商的遴選比較著重在追求公平性，大體上只要符合運動彩券經銷商的資格，透過公開抽籤的方式，即有機會取得擔任運動彩券經銷商資格，似乎反應擔任運動彩券經銷商的進入門檻不高，不利於運動彩券的銷售；目前運彩經銷商1,500餘家，具運動專業人員擔任運動彩券經銷商的比例約有三成（明顯偏低），包括：(1)教育部核准立案或符合教育部採認規定之國內外體育大專校院或大專校院所設體育運動相關科、系、所畢業;(2)取得全國性體育團體B級以上教練證或裁判證;(3)取得全國性體育團體、中華民國殘障體育運動總會或中華民國聽障者體育運動協會核發之帕拉林匹克運動會、達福林匹克運動會或亞洲帕拉運動會競賽種類C級以上教練證或裁判證之身心障礙者;(4)曾獲頒國光體育獎章；(5)曾獲績優身心障礙運動選手及其有功教練獎勵辦法之獎勵;(6)曾擔任前二款獎勵賽會之國家代表隊選手或教練等（未包括經運動彩券發行機構登錄為運動彩券經銷商之代理人連續三年以上者）。

五、經銷商教育訓練

(一)現行政策

依據「運動彩券發行條例」第10條經銷商資格與遴選方式，第一項，「發行機構或受委託機構辦理運動彩券經銷商之遴選，應以具體育運

動專業知識且通過發行機構舉辦之測驗取得證照者或曾為運動特種公益彩券經銷商者為限；有關體育運動專業知識認定標準，由主管機關定之；發行機構辦理測驗及核發證照應擬具施行要點，報經主管機關備查後實施。」第四項，「發行機構應負責經銷商關於運動彩券銷售及其他教育訓練；其相關計畫，由發行機構訂定，報經主管機關備查後實施。」

依據威剛科技股份有限公司「第二屆運動彩券經銷商遴選及管理要點」第28條：「經銷商及其代理人，應接受本公司或受委託機構所指定之教育訓練課程。本公司或受委託機構針對訓練師資、教材及場所得酌收費用。」

(二)檢討與分析

根據多年來與運動彩券經銷商接觸、訪談和座談的經驗來看，現階段運動彩券經銷商普遍存有下列問題，而不利於未來運動彩券的銷售：

1. 多數運動彩券經銷商為公益彩券經銷商延續而來，年齡普遍偏高，容易造成世代落差及經驗銜接的問題。
2. 運動彩券經銷商具有運動專業知識的比例明顯偏低，不利於運動賽事分析、運動彩券推銷及與客戶互動。
3. 運動彩券經銷商基本條件普遍不理想，未具備銷售技巧、客戶關係管理和責任博彩等知識與技能。
4. 運動彩券經銷商對於責任博彩的認知普遍不足，對沉溺運彩之消費者往往無法發揮經銷商關心顧客的基本態度。

另外，經由參訪英國可以瞭解有關運動投注經銷商的關鍵因素，主要是反應在員工的工作態度和對客戶的服務態度方面。由於倫敦治安不佳，員工往往不願意離開圍欄內的空間，造成員工和客人互動的關係沒有顯現出來。Ladbrokes Coral Group有14,000名直營店員工，每年平均新進員工有1,000人，離職員工有600名。運動投注公司員工待遇比一般咖啡廳

員工待遇高一些;新進員工均會施以完整的教育訓練,為期八週,才能獨立運作,員工每年都有定期的教育訓練。

　　運彩經銷商的銷售業績好壞固然因素很多,有些跟本身的本職學能和人格特質有關;有些可能和外部銷售環境有關,然而對於原本缺乏運動專業的一般經銷商,實在有必要訂定最低一定時數的教育訓練要求;同時經銷商教育訓練的課程應該包括銷售和溝通技巧、責任博彩、相關法令規定、投注玩法、各種投注運動項目、顧客關係管理等項目。

　　針對運彩經銷商教育訓練議題,專家學者建議培養專業知能、培訓人才,經銷商也認為應加強銷售技巧,且委由經銷商或公會、協會團體分區、小班制自行實施教育訓練及經驗分享。

　　雖然運動彩券公司每年均會對經銷商辦理教育訓練,以107年課程為例,課程包含業績輔導、網路行銷及拓展客戶、負責任博彩及法令宣導、新產品教育訓練等,然而每項課程上課時數較短,課程無法專精深入,對於提升經銷商專業知能效果有限,辦理場數少也限制了上課人數,此外也缺少提升「人格特質」知能的課程,課程亦未區分經銷商、代理人、僱員等三個職類,較難針對其知能差異給予適合的教育訓練。因此,有必要對其相關培訓課程重新探討、設計,以有效提升經銷商專業知能。

六、經銷商管理及銷售

(一)現行政策

　　依據威剛科技股份有限公司「第二屆運動彩券經銷商遴選及管理要點」第31條:「經銷商之月銷售額標準,依本公司或受委託機構公告為新台幣六十萬元。惟若依本要點第八點第二項,經營與運動相關之餐飲及娛樂等產業,且經本公司或受委託機構核准者,其月銷售額標準,須為新台幣一百五十萬元。前開所稱月銷售額標準,本公司或受委託機構得視市場狀況調整之。經銷商於十二個月內,累計三個月之月銷售額未達本公司或

受委託機構規定標準且居於該銷售處所所屬分區後百分之十者，本公司或
受委託機構將予以輔導。若於十二個月內，累計六個月之月銷售額未達本
公司或受委託機構規定標準且居於該銷售處所所屬分區後百分之十者，本
公司或受委託機構得取消其經銷商資格。因天災等不可抗力因素致影響經
銷商營業時，得依影響天數比例酌降前述彩券銷售額標準。本公司或受委
託機構所定之銷售處所所屬分區，單一會計年度內無經銷商因業績未達被
取消，且該區單機月平均業績達該區彩券月銷售額標準200%以上，則該
分區自動遞補一名經銷商為正取。」發行機構每年均舉辦績優經銷商表揚
大會，如**圖4-6**。

(二)檢討與分析

經過多次實地參訪各地的運動彩券經銷商，以及在許多運動彩券相
關會議場合所獲得的訊息，得知部分運動彩券經銷商銷售成績欠佳，不利
於整體運動彩券銷售的業績，甚至走入地下，或是淪為人頭戶，此種做法
並不健康。因此，對於部分運動彩券經銷商銷售成績欠佳者，發行機構必
須擬具一套完整的培訓和輔導機制，甚至訂定一定比例的淘汰機制。

圖4-6 運動彩券經銷商（2018年）

資料來源：台灣運動彩券公司。

七、虛擬通路

(一)現行政策

第二屆運動彩券虛擬通路投注服務自103年4月1日起正式上路，民眾除了到實體經銷商店面進行投注外，也可透過電腦、手機、平板或其他行動設備連線至運動彩券官方網站進行投注，讓民眾以投注運動彩券來支持台灣體育事業發展的心意，不再受到時間與空間的限制。

對於實體經銷商銷售佣金保障部分，在虛擬通路銷售佣金比率上，採績效管理精神分兩部分提供銷售佣金。實體經銷商招募之會員，其投注金額之5.25%直接回饋該經銷商，而發行機構招募會員所得銷售收入，將提撥4.25%為經銷商回饋佣金，依經銷商招募會員虛擬投注金額占總金額比例分配給各經銷商，以保障經銷商銷售權利。

台灣運彩總經理林博泰於106年4月5日即表示，為鼓勵1,500位經銷商推虛擬會員，運彩訂定一個獎勵辦法，讓推廣網路會員的經銷商可以在晚上睡覺時還是可以有收入，只要是經銷商自行推廣的網路會員，該會員每筆投注經銷商可以收到回饋金。至於自行申請網路投注的會員，這部分銷售額會先進入「公共池」，運彩再從公共池提撥回饋金，照經銷商推廣所得會員的網路下單金額占比分配，結算下來，推廣網路投注「有功」的經銷商，所收到的回饋金甚至可能比在實體銷售還高，如此不但可降低發展虛擬投注的阻力，甚至還可以鼓勵投注站支持發展虛擬投注，因為投注站開發愈多虛擬的客戶就有可能賺愈多。發行機構即運用「虛實並進」及「讓利共享」的推廣策略，排除齊頭式的利潤分享制度（如**圖4-7**）。

目前運動彩券經銷商每增加一位虛擬會員可以獲得5.25%的銷售佣金，外加非透過經銷商所進行的虛擬投注金額，再按各家經銷商虛擬投注的銷售實績之比例加以分配。

圖4-7　發行機構推展虛擬通路業務

資料來源：台灣運動彩券公司。

(二)檢討與分析

運彩公司統計迄107年度虛擬會員人數達76,753人，107年度虛擬投注銷售額（網路投注）92億餘元，占整體銷售21%。歷年加入虛擬會員數及虛擬投注銷售額如**表4-7**所示。

近年虛擬投注銷售額均為成長，對照實體銷售亦是逐年成長趨勢，兩者同步成長，尚無出現虛擬投注與實體銷售互相排擠現象，各經銷商分區亦同，如**表4-8**所示。

近年自行申請網路投注的會員其投注額先進入公共池，發行機構再提撥4.25%佣金回饋給經銷商，近年虛擬投注金額及回饋佣金如**表4-9**所

表4-7　台灣運彩公司歷年虛擬會員數及銷售額比例

年度	103年	104年	105年	106年	107年
虛擬會員加入人數	17,801	5,963	6,210	11,776	35,003
虛擬銷售額	18億元	38億元	48億元	61億元	93億元
虛擬銷售額占比	7.4%	13.4%	15.4%	18.5%	21.4%

資料來源：台灣運動彩券公司。

表4-8 近年虛擬投注銷售額在各分區的占比

年度		105年		106年		107年	
項目		虛擬銷售額	占比	虛擬銷售額	占比	虛擬銷售額	占比
經銷商分區	北一區	13億	16%	18億	20%	22億	20%
	北二區	12億	13%	14億	16%	27億	22%
	中區	9億	11%	11億	14%	18億	17%
	南區	7億	14%	10億	17%	15億	19%
	公共池	6億	100%	8億	100%	11億	100%
小計		48億	15%	61億	19%	93億	21%

資料來源：台灣運彩公司。

表4-9 近年公共池投注及回饋金額

年度	105年下半年	106年上半年	106年下半年	107年上半年	107年下半年	108年上半年
投注金額	2億3,296萬	4億2,344萬	3億8,165萬	5億973萬	5億3,246萬	6億3,282萬
回饋金額	990萬	1,800萬	1,622萬	2,166萬	2,263萬	2,689萬

資料來源：台灣運彩公司。

示。

　　運動彩券的銷售包含實體投注和虛擬投注兩種方式，以香港馬會為例，虛擬投注所占營收的比重超過實體投注，可是台灣的情況反而是虛擬投注所占營收的比重落後實體投注，兩者大概是21%：79%（107年12月）。

　　透過英國參訪，Ladbrokes運動投注公司和Coral運動投注公司在2008年合併，2018年4月美國線上博弈GVC公司買下Ladbrokes Coral Group，展現過去實體商店為主的運動投注公司，往後形成GVC線上投注Ladbrokes Coral Group實體商店投注兩者互補的現象。同時以線上投注的直布羅陀總部和以實體投注的英國本土兩者也呈現互補的現象。

　　根據運動彩券經銷商座談會，虛擬通路會員一直有流通的訊息提供

分享。運彩公司也與中時電子報有配合每期運動做相關分析，建議經銷商可以閱讀參考，以利加強銷售專業知識，另外也可以利用社群媒體（例如：Facebok、Line）發布訊息，加強虛擬通路的經營，達實體銷售與虛擬通路並進之績效。

八、非法運動彩券和人頭戶

(一)現行政策

依「運動彩券發行條例」第5條規定：「運動彩券之發行、銷售、促銷、賽事過程與其結果之公布、兌獎、管理及其他相關事項之辦法，由主管機關定之。」99年1月1日訂定「運動彩券管理辦法」施行。

依「運動彩券發行條例」第13條第五項規定：「發行機構、受委託機構應建立內部控制及稽核制度，並確實執行；其辦法由主管機關定之。」為確保運動彩券發行業務在完善之內部控制與稽核作業運作下達到前開目的，參考國內現行相關內部控制與稽核制度法規內容，並審酌運動彩券發行實務，於104年9月30日訂定「運動彩券內部控制及稽核制度實施辦法」施行。

(二)檢討與分析

地下運動彩券存在的事實不可否認，或許無法正確掌握地下運動彩券的規模有多大？但是一般預期台灣如其他各國一樣始終存在龐大規模的地下運動彩券交易。地下運動彩券由於經營成本明顯較低，往往利用高報酬、高風險的操作模式打擊政府發行的運動彩券，因此長期以來設法提高運動彩券賠率的呼聲從未間斷，惟政府發行的運動彩券受制於政府、發行機構和經銷商三方的利益分配，實在無法提出如地下運動彩券賠率可能高達95%的水準。因此，地下運動彩券的存在，自然明顯衝擊政府發行運動彩券的績效。除了透過政府部門持續的宣導民眾正確的投注觀念，有效取

締地下運動彩券的交易，設法提高運動彩券投注的賠率等，都是必須考慮多管齊下的必要做法。

另外，部分運動彩券經銷商由於銷售業績不佳，可能鋌而走險淪為人頭戶，甚至協助地下運動彩券的交易，此種違法的行為，政府主管機關和發行機構有共同的責任和義務多加宣導，並採取必要的嚴厲取締和懲罰措施，以維護運動彩券發行的誠信原則和公平性。

九、運彩發行市場滲透率

(一)現行政策

體育署及台灣運彩公司藉由海報文宣、網頁資訊及標語以提高運彩的銷售（如圖4-8）。海報文宣如：杜絕非法運彩、好運隨你而來。支持合法運彩、培植體育人才。網頁資訊如：台灣運彩公司與中時電子報合作，成立「時來運轉」專區，每日提供焦點賽事觀戰重點，每週提供「運彩眉角」與「運彩報報」專題等（如圖4-9）。

圖4-8　發行機構藉由新玩法、新產品、延長營業時間增加運彩發行市場滲透率

資料來源：台灣運動彩券公司。

圖4-9　發行機構提供焦點賽事觀戰重點

資料來源：台灣運動彩券公司。

(二)檢討與分析

運彩虛擬會員實際上登錄的有7萬餘人，但實際經常購買的只有3萬多人，差不多50%而已，而虛擬投注的銷售金額約占兩成多，因此回推正在玩運彩的不會超過20萬人，等於現在玩運彩的約占總人口數1%，市場滲透率明顯偏低。因此擴大虛擬投注的比例至關重要，目前虛擬投注會員，申請時採實名制（同時必須提出身分證明及金融機構存摺）以及支付方式過於複雜等，均不利虛擬投注銷售的成長。設法簡化虛擬投注的申請手續，以及讓虛擬投注會員使用支付手段更加便利，另外，增加宣傳運彩正面公益形象及投注標的等，應能提升運彩發行市場滲透率。

十、責任博彩

(一)現行政策

政府在「運動彩券發行條例」及「運動彩券管理辦法」均有責任博彩相關規範，發行機構運彩公司也採用世界彩券協會（WLA）所提出的責任博彩七大原則（如**圖4-10**）和十大要素（如**圖4-11**），執行責任博彩相關措施。

責任博彩七原則	
原則	**說明**
1	採取適當措施以保護消費者與易成癮族群
2	採取的措施與程序要能符合當地法規
3	盡可能瞭解且應用責任博彩的相關研究資料
4	與利益關係人共享資訊且盡可能地推廣負責任博彩
5	促進合法且能節制投注的產品設計與行銷活動
6	確保消費者在充分資訊的情況下知悉投注風險
7	監督與精進責任博彩措施,並讓社會大眾周知

圖4-10 世界彩券協會提出責任博彩七原則

資料來源:台灣運動彩券公司。

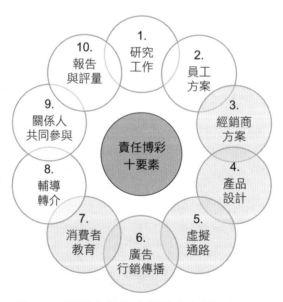

圖4-11 世界彩券協會提出責任博彩十要素

資料來源:台灣運動彩券公司。

(二)檢討與分析

現行台灣運動彩券公司的責任博彩措施乃採用世界彩票協會所提出的責任博彩七大原則和十大要素。

◆七大原則

七大原則包括：(1)採取適當措施以保護消費者與易成癮族群；(2)採取的措施與程序要能符合當地法規；(3)盡可能瞭解且應用責任博彩的相關研究資料；(4)與利益關係人共享資訊且盡可能地推廣責任博彩；(5)促進合法且能節制投注的產品設計與行銷活動；(6)確保消費者在充分資訊的情況下知悉投注風險；(7)監督與精進責任博彩措施，並讓社會大眾周知。

◆十大要素

十大要素則包含：(1)研究工作；(2)員工方案；(3)經銷商方案；(4)產品設計；(5)虛擬通路；(6)廣告行銷傳播；(7)消費者教育；(8)輔導轉介；(9)關係人共同參與；(10)報告與評量。

台灣運動彩券公司落實於十大要素的做法概述如下：

1.研究工作：

　(1)參與國際彩券組織（如WLA、APLA）研討會（APLA為亞太地區彩券協會Asia Pacific Lottery Association）。

　(2)參與及支持國內學術研討會。

2.員工方案：

　(1)威剛公司（發行機構）、中信銀（金流受委託機構）會定期更新其員工的身分證字號，每個月提供給運彩公司（經營受委託機構），運彩公司每個月也會定期整理自家員工的身分證字號，由運彩公司統一將這些身分證字號匯入資訊系統，與現有虛擬通路會員的身分證字號進行比對，確保發行機構及受委託

機構員工無法透過申請成為虛擬通路會員而進行投注。

(2)運彩公司會指派專人蒐集整理國內外產業新聞，內容包括全球彩券及博彩相關新聞，以及責任博彩相關新聞；並於公司例行性會議中分享新聞內容重點，且在會議結束後，將新聞內容email給公司全體員工參考。

3.經銷商方案（如圖4-12）：

(1)安全距離：銷售處所距中小學之大門口中心點直線距離100公尺（含）以上。

(2)警語揭示：「未成年人不得購買或兌領彩券」及其他警語，應張貼於銷售處所出入口及櫃檯。

(3)避免不當銷售：經銷商不得贈送彩券、現金或以折溢價方式銷售彩券。

(4)違規處分：違規者將給予停機處分（每次最高30日）。

(5)教育訓練：定期舉行經銷商教育訓練（含法令宣導及意見交流）。

- 廣告促銷之規範
- 限制未滿18歲投注之規定
- 消費者彩券購買行為調查
- 消費者兌獎權益
- 購買彩券正確觀念之養成
- 責任博彩相關資訊之提供

圖4-12 經銷商的責任博彩措施

資料來源：台灣運動彩券公司。

4.產品設計：

 (1)每次中獎的最高金額為2,000萬。

 (2)每次投注最高總價為10萬。

 (3)待許可投注：在消費者同意的前提下，修改密集投注的內容（如調低投注總價）或拒絕之。

 (4)訊息提醒：每次投注總價超過500元，在交易成立前，投注機螢幕上會出現提醒訊息。

 (5)未提供信用交易方式購買運彩。

5.虛擬通路：

 (1)提供自我禁制（self-exclusion）的措施：

  ・停止投注帳戶：會員可撥打客服專線，申請停止投注帳戶。

  ・限制投注額度：會員可上網自行調整每日、每週、每月的投注金額上限；可調整至最低0元。

  ・限制投注時段：會員可上網自行調整每日可投注的時段。

 (2)會員的投注損失超過本公司設定的金額上限時，系統會自動暫停會員帳戶。

6.廣告行銷傳播（如**圖**4-13）：

 (1)廣宣原則（第二屆運動彩券廣告或促銷活動作業要點）運動彩券文宣、廣告、出版品及網頁之內容、聲音及畫面不得有下列之情形：

  ・勸誘未成年人購買或兌領運動彩券。

  ・傷害兒童身心健康。

  ・於高級中等以下學校門口半徑距離100公尺內。

 (2)警語揭示：「未成年人不得購買或兌領彩券」及其他警語，應揭示於明顯處。

 7.消費者教育：運彩網站設置「節制投注相關宣導」專頁，提供消費者下列資訊：

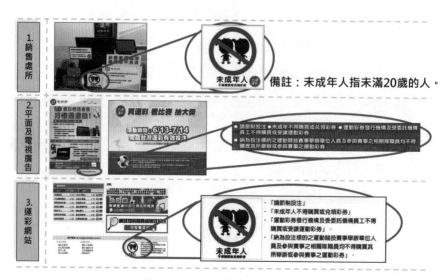

圖4-13　責任博彩警語揭示

資料來源：台灣運動彩券公司。

　　(1)節制投注的方針。

　　(2)過度投注的評估。

　　(3)尋求援助或改善過度投注的方式。

　8.輔導轉介：專頁內提供協助機構的電話。

可提供協助機構連絡電話	
機構名稱	機構電話
張老師專線	1980
生命線協談專線	1995
馬偕協談中心	(02)25433535轉2010
宇宙光關懷熱線	(02)2369-2696

　9.關係人共同參與：

　　(1)主管機關：定期與「第二屆運動彩券督導小組」開會，共同討

論運彩發行的重大議題。

(2)經銷商：每季舉辦經銷商團體意見交流會，傾聽經銷商意見。

(3)賽事舉辦單位：納為投注標的之國內賽事舉辦單位，台灣運彩均會事先宣導。

10.報告與評量：

(1)各地區業務專員每月定期至投注站查核。

(2)總部派員不定期抽查（每年10%經銷商）。

　　根據上華市場研究顧問股份有限公司（2017）的研究報告，消費者對於運動彩券在各項形象項目上，調查結果顯示，認同度（同意＋非常同意）較高的項目為「責任博彩（如避免未成年投注、輔導投注成癮者、節制投注的宣導等）重要性」（95.8%）及「推行責任博彩」（95.3%）；而經銷商對於發行機構在各項形象項目上，調查結果顯示，認同度（同意）較高的項目為「推行責任博彩」（96.5%）。

　　有關責任博彩相關資訊之提供，根據劉代洋（2012）研究指出，目前發行機構對於提供責任博彩相關資訊，主要藉由文宣傳遞彩券玩法以及投注相關注意事項外，亦透過投注站張貼未成年不得投注、節制投注之警告標語。另外，針對問題賭博之專設機構，至目前為止，國內尚未有此類專責機構之設置。

　　2018年中國體育彩票堅持不懈地推動「責任體彩」建設，並順利通過世界彩票協會責任彩票三級認證，香港賽馬會於2018年再度獲得由世界博彩協會頒發「有節制博彩」最高級別（第四級別）認證，如**圖**4-14。整體而言，現行的責任博彩措施已經初具雛形，但與英國、新加坡、澳大利亞和日本等國家實施的狀況加以比較，尚且相對簡單而仍有相當的改善空間。

圖4-14 中國體育彩票、香港賽馬會均於2018年獲得「世界博彩協會」頒發「責任博彩」認證三、四級

資料來源：中國體育彩票、香港賽馬會網站。

肆、參訪英國、新加坡、日本及澳大利亞等國可供借鏡之處[4]

作者於2018年、2019年曾安排主管機關及發行機構親赴英國、新加坡、日本和澳大利亞等國參訪發行運動彩券實況，並蒐集各國發行運彩相關文獻，置重點於銷售管理、稅率制度及責任博彩。

一、銷售管理

我國應該學習英國、新加坡、日本及澳大利亞彩券的銷售管理模

---

[4] 本文係劉代洋等（2019）年接受教育部體育署委託研究「第三屆運動彩券發行規劃」報告摘錄而成。

式，優化銷售點佈局，建立科學的銷售管道。目前在我國大部分地區，運動彩券銷售點的分布不合理，有的地方銷售點太少，有的地方銷售點過於集中，競爭激烈。有的銷售點設立在人口流動性大的馬路邊，對馬路交通造成隱患。設立在連鎖店等固定場所內的銷售點不多，有很大部分是依附於某個店面之外，還有一部分銷售點設施簡陋，這對銷售員和消費者都不方便。雖然有的地方出現了運動彩券專營店，為彩民提供更為全面、周到的服務，但是畢竟是少數。彩券銷售站可以設立在大型商業中心和社區主要居住區，也可以採用「選擇性發行」的策略，把一些沒有完成銷售任務的銷售點淘汰出局。運動彩券主管機關應該加強在運動彩券銷售網絡方面的宏觀調控，例如可以開設無人彩券售票機終端機，為消費者提供自助性服務。為購買者提供方便、服務多樣化才能吸引更多的消費者購買彩券。日本及澳大利亞運動彩券公司還為彩民提供遊戲註冊卡服務，持卡人可以享受一下待遇：自助獲得中獎通知，如果彩券丟失，允許進行掛失，以防中獎後獎金被別人領走。至今已經有70%的消費者適用這種註冊卡。從澳大利亞1996年以來，該公司還推出了俱樂部卡，它在形式上類似於信用卡，可以透過姓名和俱樂部組織的名稱進行識別持有俱樂部卡的人，可以享受更多的服務和優惠。

　　我國還應該加強對開設銷售點的審查，提高彩券銷售人員的素質。英國、新加坡、日本及澳大利亞在發行機構選擇方面審查非常嚴格。澳大利亞彩券委員會要求發行機構先一次性繳納一定數額的申請費（可以根據當地的經濟發展水準制定申請價格），然後再根據其信用狀況、申請開設網點的位置以及從業人員的培訓情況來進行資格認定，發行機構領取資格認定證明後，才可以代理銷售彩券。

　　與我國相比較，英國的運動彩券業經營得非常成功。其實，何止是英國，澳洲、日本及新加坡等皆是。根據相關資料顯示，以上國家政府都十分重視運動博彩業的發展，各政府也相繼制定了該國的運動博彩法，並成立了各地方政府博彩管理委員會。除了英國及澳大利亞公開招標甄選專

業發行機構外，日本及新加坡其運動彩券管理是國營或半國營機構。西澳大利亞州是世界上人均彩券購買量最多的地區之一，堪稱全球彩券業運作最成功的典範。各州博彩委員會廣設電腦銷售點，彩券銷售網站主要分布在大型商業中心和社區主要居住區。彩券委員會對彩券銷售商的資格審查比較嚴格，代理商領取資格認定證明後，方可代理銷售彩券，代理商佣金為7%。為了提高銷售網站的高效性和高利潤，委員會一直採用選擇性發行的策略，把一些沒有完成銷售任務的銷售點淘汰出局。多年來運動博彩券對英國、新加坡、日本及澳大利亞的經濟發展具有重大的意義。相比之下，我國的運動博彩業就尚未發掘其潛在的發展能量，應當多參考英國及澳大利亞彩券業的經營情況，將這塊餅做大。

　　我國還可以增加運動彩券的種類，強化彩券的宣傳意識。目前我國運動彩券的種類僅一種類型，彩券種類過於單一。英國、日本及澳大利亞的運動彩券種類非常繁多，而且有很大部分的運動彩券都是根據本地區消費者的口味而特別開發出來的，然後再在全國推廣。廣告宣傳和促銷是經常採用的提高彩券銷售額的有效手段。在發行多種類型運動彩券的條件下，重點是對大型賽事彩券進行廣告宣傳和推銷。澳大利亞曾每年進行一次為期兩週的大規模彩券推銷模式。結果，使2澳元和5澳元彩券的銷售額分別增加了40%和60%。

二、稅率制度

　　我國與日本相同以營業額（turnover）徵收10%及約25～39.8%不等的稅率，日本的收稅方式同時也造成柏青哥的營業額度約4%GDP遠高於運動彩券；參訪國家中新加坡以博彩總收入（Gross Gaming Revenue, GGR）徵收25%，但以半國營方式發行。我國的情況不同於英國與澳大利亞採用毛利稅（Gross Profits Tax, GPT），後面將介紹英國在2001年透過稅制改變，擴大了滲透率並在同年度比較前年度增加了稅收。改變稅制是

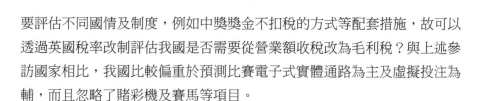
要評估不同國情及制度，例如中獎獎金不扣稅的方式等配套措施，故可以透過英國稅率改制評估我國是否需要從營業額收稅改為毛利稅？與上述參訪國家相比，我國比較偏重於預測比賽電子式實體通路為主及虛擬投注為輔，而且忽略了賭彩機及賽馬等項目。

2012年12月英國投注的課稅方式發生變化，亦即課稅徵收的地點端視消費者玩家投注地點的歸屬而定，俗稱所謂消費點決定課稅地點（points of consumption），亦即凡是在英國投注的消費者玩家其繳稅落在英國，不在境外，包括直布羅陀（Gibraltar）或其他地區在內，由於運動投注所繳的稅收大部分落在英國，因此政府來自於運動投注的稅收大幅增加。然而，以前的情況大不相同，只要運動投注公司設在境外（例如直布羅陀），所有英國運動投注的稅收都繳在境外，不在英國。因此，消費點決定課稅地點實施之後，英國政府稅收逐年大幅增加。

三、責任博彩

(一)澳大利亞責任博彩策略

◆策略背景與現況

● 形成背景

澳洲責任博彩策略（The Strategy for Responsible Gambling）是由澳洲博彩委員會（Australian Gaming Council，簡稱AGC）成員基於自律及自願（voluntary basis）之基礎下制定與運作，並向澳洲博彩委員會長期諮詢與討論後所發展而成，用以促進博彩服務及博弈相關產品有關之責任博彩相關事項之推動。

澳洲博彩委員會的第一部責任博彩規範（Responsible Gaming Code）為責任博彩架構（A Framework for Responsible Gaming），係用以持續改善該國博彩產業之服務及各種博弈活動與產品之傳遞（improvement in the service and delivery of gaming），提供了基於專家意見及研究，所完成之博弈行為定義、範疇、成因（definitions, extent, causes）以及對於降低問題博弈行為之相關保護措施（protective measures for the reduction of problem gambling）。

● 現況

現行責任博彩規範業經多次修正，其責任博彩策略涉及四大基本領域。首先，該策略擴展了責任博彩服務和博彩活動，包含遊戲機（gaming machines）、投注（設施）和桌上博彩活動」（wagering and table games）之傳遞。其次，該策略之目標，旨在「透過鼓勵尋求減少問題賭博行為的責任文化，提高整體顧客關懷水準」（to improve the overall standard of customer care by encouraging a responsible culture that seeks to reduce problem gambling behaviours）。同時，該策略並未詳細規定具體實踐之方法，而係將其具體措施具體化成為國家立法的一部分。第三，該策略基於科學研究和專家意見所獲取的建議，透過研擬並推動誘因，改善前述之顧客關懷（improve customer care by promoting initiatives）目標。最後，該策略要求澳洲博彩委員會進一步研究，以指導會員或產業界關於該策略主要和次要措施之行業實踐（industry practice），以減少問題賭博行為、自我隔離（self-exclusion），以及其他安全網選擇（safety net options）之議題。

澳洲博彩委員會將定期針對上述這些領域的工作成果進行審查，並與主要利益關係人或團體（key stakeholders）進行協商與修訂相關措施後，將其結論反饋形成新策略。博彩委員會認為，被充分告知之顧客（informed customer）、精進的顧客關懷服務（improved customer care）、具目標性的責任博彩政策和實踐（targeted responsible gambling policies and practices），以及有效防治手段（effective treatment），是可能減少社區中與賭博相關問題（reduce gambling related problems in the community）的重要因素（essential elements）。因此，澳洲博彩委員會

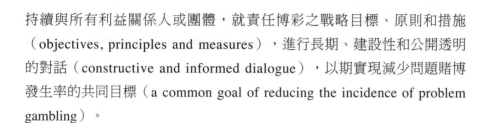

持續與所有利益關係人或團體，就責任博彩之戰略目標、原則和措施（objectives, principles and measures），進行長期、建設性和公開透明的對話（constructive and informed dialogue），以期實現減少問題賭博發生率的共同目標（a common goal of reducing the incidence of problem gambling）。

◆ 策略目標

澳洲責任博彩策略主要係為達成下列之目標：

1. 透過阻止顧客製造賭博問題來減少問題博彩的發生率（reduce the incidence of problem gambling by aiming to discourage consumers from developing problems with their gambling）。
2. 透過對於可能存在賭博問題的顧客提供可能之幫助，以降低問題博彩之傳遞與流通（reduce the prevalence of problem gambling by making available assistance to customers who may have a problem with their gambling）。
3. 為實現這些目標，該策略承認解決問題博彩是政府、行業和個人的責任（the responsibilities of each of governments, industry and individuals）。
4. 應透過公眾覺醒（through public awareness），減少與賭博有關的問題，並應試圖幫助顧客在早期即開始識別問題賭博行為的指標（to assist patrons identify indicators of problem gambling behaviour at an early stage）。
5. 透過提高知識、責任的選擇和社區參與（increased knowledge, responsible choices and community participation），促進個人和社區對博彩和賭博者建立明智和平衡的態度及行為（informed and balanced attitudes and behaviours towards gambling and gamblers both by individuals and by communities）。

6.透過責任博彩政策（responsible gambling policies）、社區支持計畫（community support programs），及提供有效防治服務之相關規範（the provision of effective treatment services），減少與博彩相關的傷害。

◆ 策略原則

本策略建立之大原則如下：

1.博彩行為應對於個人或社群足以提供娛樂性、社會性與經濟性之利益（recreational, social and economic benefits）。
2.部分博彩活動之從事者可能因其博彩行為而受到重大之傷害。
3.責任博彩乃每個政府、產業及個人之責任（the responsibility of each of governments, industry and individuals）。

◆ 研究諮詢之做法

如上所述，責任博彩之發展，必須向產業及利益團體進行諮詢，諮詢之重點包括：

1.如何降低博彩行為所造成之傷害事件。
2.因造成問題博彩行為之成因並不一致，因此所應採取防治措施之各種面向。
3.解決問題博彩行為之措施應基於何種（包含潛在）之科學研究。
4.如何監督並評估責任博彩措施之影響（monitoring and evaluating the impact of responsible gambling measures）。

◆ 實施範圍

● 主要措施（primary measures）

澳洲責任博彩解決問題博彩行為的主要措施，所涵蓋之範圍較為廣泛，除影響行為之顧客（消費者）外，尚須考量對博彩認知態度、行為教

育及政策面（attitudes, behaviours and policies regarding gambling）之若干積極作為，尤其是對博彩影響之認知（awareness）態度方面以及行為教育（education）方面。

為達到此一廣泛之影響及效果，澳洲責任博彩措施首重行為人資訊（player information）方面之調整。有鑑於博彩行為取決於行為人之選擇，而如何幫助行為人做成正確無害之選擇，有賴事前之充分告知。對此，澳洲博彩委員會提供關於博彩行為之適當資訊，並特別針對於來自不同文化及語言背景（culturally and linguistically diverse backgrounds）之行為人，以利其針對博彩之參與及支出（gambling participation and expenditure），並依正確抉擇行事，同時亦可滿足因人制宜之效果。

澳洲博彩委員會認為，要影響博彩行為，必須從行為人的價值觀（values）、態度（attitudes）及信念（beliefs）著手。若觀念上，博彩行為會使行為人感到必須負擔其他的責任或對其時間、金錢和生活之弊大於利，將可降低其博彩之誘因。因此，澳洲責任博彩之主要措施，在制定方面特別著重「社會（群）對博彩態度和信念」（community attitudes and beliefs towards gambling）之相關研究與實證。

最後，關於如何教育參與博彩之行為人做出無害選擇之方面，澳洲博彩委員會亦透過研究，針對「充分告知選擇」（informed choice）加以定義，並提出可確保顧客（消費者）利益之風險與保護性要素（risk and protective factors），使博彩之行為人（顧客）在獲得充分告知後，能更有效地獲得保障，降低問題博彩發生之機率。

● 次要措施（secondary measures）

次要措施主要在針對問題博彩行為之直接防治，其實施重點在「產業與職場文化」（industry and workplace culture）之形成。澳洲博彩委員會要求業者必須落實「社會責任」（social responsibility）及實施高消費者保護標準之產業文化（a culture that encourages a high standard of customer care）。

澳洲博彩委員會鼓勵業者在博弈之職場中建立公開溝通之環境（an environment of open communication），使得從業人員願意針對消費者保護（即博彩行為人之保護）相關事務及議題主動加以討論，使得相關權責單位和主管（the appropriate person or responsible gambling manager），得以在第一時間掌握問題博彩行為之發生並進行適當之處理。

　　在保護博彩行為人之前提下，行為人不應被鼓勵從事下列活動：

1.將贏得之賭金再下注（re-stake their winnings）。
2.加碼投注（increase the amount they have decided to commit to gambling activity）。
3.試圖翻本（chase their losses）。
4.當玩家欲中止博彩行為時之投注引誘。
5.超時投注（continuous play for an excessive period of time）。

　　此外，關於建立從業人員訓練制度、產業政策及相關程序（staff training, industry policies and procedures）之部分，澳洲博彩委員會鼓勵業者致力於：

1.建立適當攸關責任博彩之管理政策及程序，以支持對博彩消費者之保護，具體政策事項包括：內部制度（house policies）、明確之制度可靠性評估（clear accountability）、通報機制（reporting mechanisms）以及對於責任博彩問題之追蹤管考程序（follow-up procedures for dealing with responsible gambling issues）。
2.建立有效之評估內部制度有效性、從業人員訓練及顧客協助機制（measuring and evaluating the effectiveness of house policies, staff training and customer assistance）。
3.建立從業人員訓練制度：由資深人員（senior staff）負責顧客協助及責任博彩問題之事務處理（situations and respond appropriately to customer queries and responsible gaming issues）。

4.關於從業人員之訓練（staff training），策略上務求建立相關人員在下列領域事項之能力（competences）、技能（skills）與知識（knowledge）：

(1)與博彩相關之國家法律（state legislation）、法規（regulations）、管制機關之規則與政策（licensing authority regulations and policies）、行業職業守則（industry codes of practice）以及與責任博彩產品相關之產業內部政策（house policies in relation to responsible gaming products）。

(2)對問題博彩行為發生可能性指標之瞭解（an understanding of the possible indicators of problem gambling）。

(3)對顧客困擾或尋求協助可察覺信號之感知（an awareness of customers displaying observable signs of distress or seeking assistance）。

(4)對顧客需求適當反應與向可能提供協助單位反映之能力（the ability to respond appropriately to customer requests by offering the opportunity to contact available support services）。

(5)對於博彩相關事件或狀況之機智反應能力（the ability to deal tactfully with gaming related incidents or situations），包括：自我隔離之要求（requests for self exclusion）、未成年賭博（underage gambling）、爭執或抱怨（disputes or complaints）、家人或友人之問題（concerns expressed by families and friends）。

(6)對顧客支援或諮詢服務之感知（awareness of support and counselling services available to customers）。

(7)避免對顧客進行診斷或諮詢（not to attempt to diagnose or counsel customers）。

(8)避免批判（not to be judgemental）。

● 安全網政策（safety net）

　　安全網政策措施，旨在使「尋求協助或面臨問題博彩之顧客」（customers who seek assistance or indicate they have a problem with their gambling）能夠獲得適當協助。

● 支持服務（support services）

　　為了提高認知並改善對顧客之協助，資深人員應該知悉並與他們所在地區的賭博支持服務（gambling support services）建立工作關係。博彩營運者（gambling venue operators）應獲取並保留其所在地區問題博彩行為適當治療提供者（appropriate treatment providers）的聯繫資訊，並應向尋求資訊或協助的顧客提供相關聯繫資料。

● 自我隔離（self-exclusion）

　　自我隔離計畫是博彩產業針對那些具有問題賭博行為自我認識，且願意阻斷博彩行為顧客所提供之重要計畫。澳洲博彩委員會推動一項研究，以檢視自我隔離原則之實施，確保所提供的計畫得以解決問題賭徒的議題。澳洲博彩委員會所支持之自我隔離系統包含以下之五大原則：

1. 自我隔離提供以個人為中心（integrated individual-centred）的整合策略，其重點為教育及復原（education and rehabilitation）。
2. 自我隔離程序應進行監測、報告和評估（monitored, reported and assessed），以提高透明度，有助衡量計畫和管理措施之有效性。
3. 支持自我隔離應透過程序、政策、培訓和適當之基礎設施（procedures, policies, training and appropriate infrastructure），以有效實現計畫之目標。
4. 透過消費者及公眾之意識（consumer and public awareness），可促進計畫的理解和可行性。
5. 博彩場所應努力遵守自我隔離之安排，自我隔離亦需要個人對該計

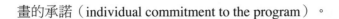
畫的承諾（individual commitment to the program）。

博彩場地應透過公開報告之數據（public reporting of data）以建立可靠性，且應有適當的人員培訓、分配及監督（adequate staff training and allocation and surveillance），並為想要自我隔離之博彩玩家提供可行之基礎設施（workable infrastructure）。

因此，實施自我隔離的澳洲博彩委員會成員，將根據其自身特定和管轄情況（according to their own particular and jurisdictional circumstances），與適當治療服務機構和其他相關利益攸關團體協商，以制定滿足這些原則的系統和計畫。這些業者應：

1. 提供啟動自我隔離過程所需之員工教育（employee education）和基礎支援設施（infrastructure support），並促使與教育者之聯繫。
2. 根據經驗教育客戶自我隔離之可行性和對公眾之價值。
3. 制定協議（protocols），以識別和管理違反自我隔離協議之人。
4. 顯示有關自我隔離選項的適當標誌。

● 監督與評估（monitoring and assessment）

博彩營運者必須定期檢視其執行責任博彩策略之配合程度（level of compliance），亦可委由獨立之他人（independent person）執行。為使監督評估達到透明化，上述定期檢視之結果應公開使公眾得知。

作者2019年安排主管機關、發行機構赴澳大利亞參訪Intralot澳洲墨爾本分公司、維多利亞省VCGLR管制機構、Tabcorp墨爾本分公司（如圖4-15、圖4-16、圖4-17、圖4-18）。

(二)英國責任博彩策略

◆ 策略概述

英國國家責任博彩策略（以下簡稱責任博彩策略）是由責任博彩策

圖4-15　參訪Intralot澳洲墨爾本分公司（2019年4月2日）

圖4-16　參訪澳大利亞維多利亞省VCGLR管制機構（2019年4月3日）

圖4-17　參訪Tabcorp墨爾本分公司當地簡易型經銷商部門（2019年4月4日）

圖4-18　參訪Tabcorp墨爾本分公司複合式運動彩券投注站（2019年4月4日）

略委員會（Responsible Gambling Strategy Board）徵詢公共意見後所制定。該政策規範所有型態之博彩活動，並廣泛適用於各種提供博彩之組織及部門，包括經營者（operators）、管制者（regulators）、主管機關（commissioning organisations）、政府組織（government）、交易當事人（trade bodies）等等。

責任博彩策略之目的，在降低博彩活動所造成之相關傷害，並設定若干公共政策目標，且必須依賴專業（expertise）、資源及各方利益當事人之承諾（commitment from a diverse range of stakeholders），始能順利完成。同時，此一策略亦必須透過自願之基礎，在完整資訊被充分告知及傳遞（on the basis of what is known, or can reasonably be inferred）之前提下，逐步達成目標。

◆ 策略目標

責任博彩策略共設定五大優先目標：

1.建立更有效降低博彩傷害之介入手段（harm minimisation interventions）。
2.透過知識、數據及評估方法（knowledge, data and evaluation）之利

用，改善各項博彩傷害防治措施。

3.透過若干新措施建立正確的博彩文化。

4.教育公私部門組織（organisations in the public and private sector）使其廣泛接受對抗博彩活動所造成之傷害係其應盡之責任（responsibility to tackle gambling-related harm）。

5.使相關單位對博彩活動所造成傷害及防治相關措施有更進一步之認識（to progress towards a better understanding of gambling-related harm and its measurement）。

◆ 應優先實施之措施

為達成上述策略目標，應優先實施以下之措施：

1.瞭解並衡量傷害（understanding and measuring harm）：此措施必須透過對博彩行為所造成傷害之特性（the nature of harm associated with gambling）進行研究分析，以便於對博彩行為產生更透澈之瞭解（a more sophisticated understandin）。研究分析時，應避免受制於有限衡量工具（limited measurement tools）之採用，且避免拘泥於問題賭徒之數據統計（counting the number of problem gamblers）。

2.與相關公部門單位及機構交涉（engagement with relevant public sector bodies and other agencies）：此措施有助於與公部門之溝通，並鼓勵其接受協助落實策略之責任（acceptance of responsibility for delivering the strategy）。公部門之責任主要在於提供技術、資源及影響力（skills, resources and influence），降低博彩活動所造成之傷害。

3.強化評估（consolidating a culture of evaluation）：評估之措施有助於增進對推動責任博彩相關工作及狀況之理解。評估之重點在於應採取之手段與決定未來資源之使用（initiatives and use the findings to

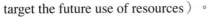
target the future use of resources）。

4.增進對博彩產品（活動）特性與環境之瞭解（increased understanding of the effects of product characteristics and environment）：此項措施之推動，有賴對會造成傷害之博彩活動內容、產品或環境特性的充分瞭解（understand the extent that product characteristics and environmental characteristics contribute towards gambling-related harm）。

5.改善辨識博彩活動有關傷害之方法（improving methods of identifying harmful play）：推動此項措施，必須針對辨識與博彩活動有關傷害之方法進行持續發展（continued work to develop methods of identifying patterns of play that are linked to harm）。這些方法包括遠端博彩或機台博彩相關之演算法（algorithms relating to remote or machine-based gambling），以及其他與辨識及回應問題博彩行為模式之人員教育訓練（training for staff to identify and respond to relevant behavioural patterns）。

6.事先干預（piloting interventions）：博彩產業應持續發展及改善對於可經辨識有害博彩活動之干預措施。干預措施之有效性與否，取決於良好設計及評估之干預機制（well-designed interventions to be piloted and evaluated），包括與顧客之互動（customer interaction）、訊息傳遞（messaging）或者現金卡使用之阻斷（debit card blocking）等等。

7.自我隔離（self-exclusion）：此項措施涉及可多方操作之自我隔離機制之設置（the establishment of multi-operator self-exclusion schemes）。為提升此一措施之效果，自我隔離要求博弈行為人（gamblers）及諮詢機構（advice agencies）必須對提升自我隔離程度及做法具充分認知（awareness of self-exclusion schemes）。

8.對博彩傷害預防之教育（education to prevent gambling-related

harm）：此一措施有助對降低博彩活動相關傷害風險有效性作為之更進一步之瞭解（better understanding of the effectiveness of steps to minimise the risk of gambling-related harm）。

9.建置治療之能量（building the quality and capacity of treatment）：此一措施建議相關單位能持續確保受博彩活動傷害及有需要之人，足以獲得有效治療之能量建置（continuation of effort to ensure that treatment for those that need it）。

10.擴大並強化研究領域並改進知識交流（widening and strengthening the research field and improving knowledge exchange）：此項措施要求投入更多資源，以吸引更多研究人員投入與此策略相關之廣泛研究（to attract a wider range of researchers to fields of research relevant to this strategy）。

11.早期預警機制（horizon scanning）：此項措施必須針對博彩市場本身或其影響因素（the gambling market, or factors which may affect it）進行認識，以辨識新的風險（to identify emerging risks）。

12.公眾參與（public engagement）：公眾參與措施主要係用以蒐集博彩行為人之觀點（to obtain the views of gamblers），有助於發展降低博彩行為傷害之措施（developing initiatives designed to reduce gambling-related harm）。

◆下階段任務

英國責任博彩策略委員會之下階段任務如下：

1.溝通（communicate）、傳遞（disseminate）與執行（implement）策略。

2.評估傳遞策略所需資源（estimate the quantum of resources）。

3.發展衡量進度及衝擊之架構（develop a framework to measure progress and impact）。

4.與利害關係人持續合作。

5.完成與策略相關研究之準備工作（prepare a research strategy）。

◆ **法規之調整**

　　針對策略之實施，近三年來，英國責任博彩策略委員會推動了若干與「問題或風險博彩活動」防治相關之管制架構（the regulatory framework relevant to problem and at-risk gambling）。

　　首先，為強化社會責任，英國博彩委員會（The Gambling Commission）頒布法規要求大型之博彩營運商，必須在其年度保證報告（annual assurance statements）中，針對其業已履行並滿足傳遞社會責任之義務提出證明；此項要求亦包括針對顧客因博彩消費活動可能遭受之傷害進行評估（an assessment of the risk of harm to their customers）。

　　其次，博彩委員會修正發照及職業行為準則（the Licence Conditions and Codes of Practice, LCCP），以及遠端博彩技術標準（the Remote Technical Standards, RTS），以配合杜絕兒童進入博弈設施（children`s access to gambling facilities）、事前承諾與未按時交易（pre-commitment and time out）、自我隔離（self-exclusion），以及廣告行銷（marketing and advertising）之問題。

　　再者，許多地方主管機關（local authorities），特別是與健康福祉（health and wellbeing）或證照管制（licensing）相關之單位，對於博彩相關傷害亦更加關注。地方性之單行風險評估標準（local risk assessments）開始被採行，並要求博彩經營者必須辨識地方性之特殊風險評估項目指標，以落實傷害預防，並建立地區博彩傷害防治文獻（local area profile）。

　　此外，博弈發照相關法規亦賦予地方政府更大之規劃權限（greater planning powers），足以影響其管轄區域內新投注站增設與否之決定。諸如此類之進展，提供地方層級與中央建立責任博彩夥伴關係

（partnerships），並幫助地方政府獲得自行發展出對抗博彩傷害公共衛生手段（developing a public health approach）之潛在機會。

◆ 廣告、行銷與贊助

近年來，與博彩相關的廣告（advertising）、行銷（marketing），包括電話及網路線上行銷（online marketing）和贊助（sponsorship）大幅成長。廣播電台廣告（broadcast advertising）增加之程度尤其令人注目。

長期以來，主管機關難以確定博彩廣告與促進博彩活動之參與（on participation in gambling）及造成問題賭博普遍存在（on the prevalence of problem gambling）之關聯性。然而，博彩廣告（gambling advertising）對於兒童和青少年的影響仍值得優先關注。同時，「造成社會不安的潛在原因」（a potential cause for unease），仍是博彩廣告所帶來最主要之影響。

又根據2014～2015年不同民意調查機構進行的一連串相關評論調查資料之總結，現行關於博彩廣告的管理規則（rules governing gambling advertising）大致充足。但這些機構同時指出可能引起關注的領域，包括透過社群媒體（social media）進行之數位行銷（digital marketing）及誤導民眾免費投注之問題廣告（misleading advertising of free bets）。

再者，關於廣告、行銷與監管之一項重要成果，乃責任博彩產業集團（Industry Group for Responsible Gambling, IGRG）更新其社會責任廣告之行業準則（Industry Code for Socially Responsible Advertising）。更新之準則主要包括一項新措施，根據該項措施，博彩營業人（商）在夜間九點前應避免任何與博彩有關並為新顧客提供獨家優惠（offers exclusive to new customers）（特別是標榜註冊即優惠）（sign up offers）之電視廣告。

此外，英國博彩委員會還加強了其發照及職業行為準則（LCCP）中，有關優惠促銷之行銷（the marketing of promotional offers）規定，

例如：免費投注和獎金（free bets and bonuses）。在執行面方面，主管機關體育、旅遊及文化遺產部長（The Minister for Sport, Tourism and Heritage）亦明確宣示，將定期關注博彩廣告之問題，並要求產業和管制機關（構）能確保博彩活動或產品之行銷，不會透過社交媒體對年輕人進行傳播。

◆策略願景

英國責任博彩委員會認為，成功的責任博彩策略必須建立共同分享之策略願景（shared visions），此願景有助於調整不同利害關係人間的行動（co-ordinate the activities of diverse stakeholders），以利共同目標的達成。

英國責任博彩策略之共同願景，在建立一個博彩行為人皆能善盡其社會責任並不會對他人造成傷害（all those who choose to gamble are able to do so responsibly, and without harming themselves or others）之環境，欲達成此一願景共有十一項要求，茲說明如下：

1. 不同利害關係人皆能適當瞭解博彩活動相關之傷害，以及對個人、兒童、家庭及社區之效果。
2. 不同利害關係人皆能適當瞭解賭博相關傷害的個人和社會決定因素（the personal and social determinants of gambling-related harm）。
3. 管制、教育、實體和社會環境（regulatory, educational, physical and social environments）皆鼓勵博彩行為人勇於負責。
4. 必須存在可靠的手段以識別可能受博彩傷害的個人（identify individuals who may be gambling harmfully）。
5. 必須採取有效措施，透過完善、經檢驗之干預和治療策略（well-developed, tested intervention and treatment strategies），以減少或減輕與博彩有關的傷害。
6. 關於所有形式賭博的適當產業統計數據（industry data），除受商

業機密相關之合理限制外（restricted only by reasonable constraints related to commercial confidentiality），可與享有合法利益之人（those with a legitimate interest）自由分享。

7.有效的資訊、建議和治療措施（effective information, advice and treatment）可以在合理的時間範圍內（reasonable time-frames），向所有需要幫助之博彩行為人與其家人、朋友及受其博彩行為影響之其他人即時進行提供。

8.除博彩經營者外，公私部門的各種組織和機構都認可其有責任利用其專業知識和資源（expertise and resources），以抑制有害博彩或減輕其影響（to inhibit harmful gambling or to mitigate its effects）。

9.所有利害關係受影響之人，皆得以平衡、支持和開放的心態（balanced, supportive and open-minded），以積極參與和相互尊重（positive engagement and mutual respect）的方式，處理責任博彩之問題。

10.鼓勵博彩創新。但當有充分之理由使一般人相信此項創新可能造成之傷害與可能帶來之任何好處不對稱時，預警原則（precautionary principle）必須適用於新博彩產品或其他博彩領域的創新。這些判斷（judgements）必須在與相關利害關係人討論（discussion between relevant stakeholders）並仔細考慮政策或法規變化之潛在後果（careful consideration of the potential consequences of any change in policy or regulation）後作出。

11.務必使兒童和青少年能夠在足以保護他們免受博彩相關傷害的環境中成長。

(三)新加坡責任博彩措施

◆責任博彩制度概述

從新加坡的博彩法律架構觀察（如**圖4-19**），該國的責任博彩主要

REGULATORY FRAMEWORK AND LEGISLATION

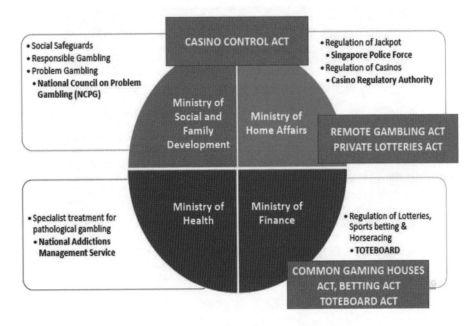

圖4-19　新加坡博彩管理法制架構及相關立法

資料來源：NCPG (2016).

係規範於賭場管理法（Casino Control Act）體系之下，由社會及家庭發展部（Ministry of Social and Family Development, MSF）以及國家問題博彩委員會（National Council on Problem Gambling, NCPG）共同負責推動相關事務及措施，包括：責任博彩、社會防護（social safeguards）以及問題博彩之防治等等。

　　就賭場內博彩行為以外之責任博彩措施而言，首先，其主要推動機關如前所述，為新加坡國家問題博彩委員會（NCPG）。其次，法規依據為其所頒布之責任博彩行業準則（Code of Practice）。再者，實施方面係

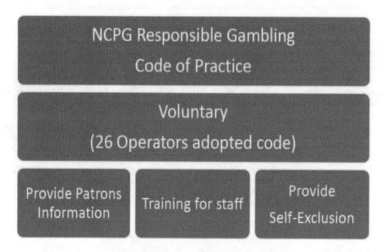

圖4-20 新加坡賭場以外博彩行為之責任博彩措施圖

資料來源：NCPG (2016).

採取自願與自律之模式（截至2016年底止，共有26家博彩業者主動配合實施），所採用之手段與英、澳兩國類似，包括：提供投注者相關資訊、從業人員訓練以及自我隔離等等，如**圖4-20**所示。

● 國家問題博彩委員會之功能

新加坡國家問題博彩委員會在社會及家庭發展部博彩防護組（Gambling Safeguards Division）之行政作業支持下，提供下列之主要功能於：

1. 提供社會及家庭發展部關於問題博彩行為所造成社會問題（social concerns related to problems arising from gambling）之建議及回饋。

2. 依據「賭場管理法」（Casino Control Act）在社會防護體系架構下，執行賭場隔離與賭場參觀限制（casino exclusions and visit limits）措施。

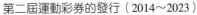
3.支援並執行下列責任博彩相關措施：

(1)公眾教育（public education）及問題博彩之防治（problem gambling prevention and rehabilitation）。

(2)與公眾溝通（public communications）並給予博彩利害關係人博彩相關疑難之諮詢意見（consultation of stakeholders on gambling-related issues）。

(3)針對問題博彩進行相關研究。

(4)針對問題博彩之行為人及家庭成員給予諮詢、轉介及戒治（information, referral and treatment services for problem gamblers and their families）。

4.製發博彩行業準則之說明手冊（implementation guidelines），指引行業準則如何實施於博彩業者之產品及服務，並闡明可供業者遵循之最佳行為（best practices that operators could adopt）。

5.與社區賭癮管理計畫（The Community Addictions Management Programme）配合，規劃設計人員之訓練，包括如何辨識問題博彩行為以及如何給予適當協助。

● 社會及家庭發展部之博彩社會防護（gambling social safeguards）計畫

社會及家庭發展部之博彩社會計畫配合國家問題博彩委員會之責任博彩措施，主要目的在於對抗問題博彩行為，其關鍵策略（key strategies）如下：

1.透過問題博彩公眾教育之預防性措施（preventive measures through public education）。

2.社會防護緩和措施（mitigation measures through social safeguards），包括：

(1)賭場社會防護（casino social safeguards）。

(2)遠端博彩社會防護（remote gambling social safeguards）。

(3)私人俱樂部投注機社會防護（social safeguards for private clubs with jackpot machine rooms）。

(4)推動針對博彩業者之責任博彩（responsible gambling for gambling operators）。

3.透過針對問題博彩行為人及其家庭成員之援助所達成之防治措施（remedial measures through help services for problem gamblers and their families）。

● 新加坡責任博彩相關法規

至於新加坡責任博彩相關立法，主要有2013年實施之「賭場管理（責任博彩）規則」〔Casino Control (Responsible Gambling) Regulations 2013〕以及「責任博彩行業準則」（Responsible Gambling Code of Practice），茲分別說明如下：

1.賭場管理（責任博彩）規則：新加坡賭場管理（責任博彩）規則主要係針對賭場內之責任博彩事項。其第二部分（Part II）明定了賭場之責任博彩準則及計畫（responsible gambling code for casinos and responsible gambling programme），並臚列了以下之規範項目：

(1)對責任博彩之要求（responsible gambling requirements）。

(2)經核准之責任博彩計畫（approved responsible gambling programme）。

(3)賭場經營者針對責任博彩計畫之修正建議（casino operator's proposal to amend approved responsible gambling programme）。

(4)對責任博彩措施之檢視（review of responsible gambling measures）。

(5)主管機關對賭場責任博彩準則之修正（authority's amendment to responsible gambling code for casinos）。

2.責任博彩行業準則：責任博彩行業準則乃現今新加坡博彩產業廣泛採用，作為業者建立其內部責任博彩自律規範之準則範本，其明定

以下之規範項目：

(1)資訊揭露條款（provision of information）：責任博彩之資訊揭露包括博彩行為之潛在風險（the potential risks associated with gambling），以及如何獲得相關援助之資訊。而這些資訊必須揭露於所有博彩場所及其場所內之自動提款機（displayed in all gambling areas, near ATMs within operators' premises）。博彩相關援助熱線電話號碼（gambling-related helpline numbers）必須揭示於下注之場所（at locations where customers place bets）；針對投注上限之正確資訊亦必須同時完整揭露。

(2)顧客與社群之互動（interaction with customers and community）：博彩業之營運（gambling operations）過程必須確保責任博彩之訓練必須落實於第一線服務及管理之從業員工身上（frontline and management staff）；博彩業之營運亦必須採用國家問題博彩委員會轉介救助問題博彩行為之規範（NCPG protocol to refer problem gamblers to gambling-related help services）。

(3)廣告與促銷（advertising and promotions）：博彩業之廣告與促銷活動必須符合新加坡博彩廣告法規（the gambling advertising regulations in Singapore）或者其他立法及特許發照條件之要求。博彩廣告不得以促銷行為方式（promotional way）呈現，或提供任何形式之博彩訣竅（offer any form of gambling tips），或暗示行為人足以影響博彩結果之技巧，或使行為人產生博彩可作為謀生可接受途徑之印象（impression that gambling is an accepted way to make money），亦不得提供誤導投注及彩金之陳述（misleading statements about odds, prizes）。此外，更不得向未滿18歲之人士進行廣告。

(4)隔離條款（exclusion provisions）：博彩業者應提供消費者自我

隔離之選擇（self-exclusion option for customers），並提供消費者關於問題博彩自我援助之相關資訊（information on gambling related help-services），並不得提供實施自我隔離之消費者任何博彩之機會。

(5)關鍵指標報告（reporting of key indicators）：博彩業者應提供國家問題博彩委員會，針對人員訓練、轉介援助與自我隔離之人數統計（staff training, number of people referred to help services and number of applications for self-exclusion）之年度報告（annual reports）。

◆具體個案分析──新加坡博彩公司責任博彩措施

新加坡博彩公司自長久以來，即堅守提供一個負責任投注環境的使命，並依據幾乎是世界上最嚴苛的標準，以及最高自我要求之經營態度，來約束自身遵守博彩專業守則，以保障顧客的利益，為其提供公平且安全之投注體驗。

首先，新加坡博彩公司清楚地意識到，無法避免部分顧客投注時不自覺地超出自己能力範圍之行徑。為此，該公司設置許多防範措施，杜絕或防範過度及無節制之投注行為。例如：產品必須符合嚴謹設計和傳播準則、最低投注額設在新幣1元，可投注之體育賽事設定在保守之範圍等等。其次，新加坡博彩公司前端客服人員都會積極主動提醒及教育顧客應有之責任投注觀念，同時引導有需要之顧客，使其即時獲得援助。

在推動責任博彩具體措施方面，新加坡博彩公司採用世界博彩協會之負責任投注架構來評估博彩作業水準。自2012年起，新加坡博彩公司已連續獲得此架構之最高鑑定級別（第四級）。

新加坡博彩公司設有明確堅定的目標，致力於為所有零售分行及新加坡博彩戶口打造鼓勵負責任投注的遊戲環境。茲將相關策略表列如**表4-10**。

表4-10　新加坡博彩公司責任博彩策略

策略	具體做法
禁止18歲以下顧客投注	明文規定18歲以下公眾不得在新加坡博彩任何分行下注或領取獎金，並向顧客要求年齡證明，一旦發現有未成年者在分行投注或領獎時，會主動要求離開。
嚴禁使用信用卡投注	所有投注分行只接受現金及現金儲值卡NETS、eNETS及個人銀行戶口借記轉帳。
提供安全及健康的投注環境	顧客可以在沒有煙酒的影響下投注，也不會受到非法投注活動的干擾。
負責任投注之提醒	提供顧客負責任投注的醒覺資訊，包括：於投注單及彩券背面印上「投注要有自律」資訊及援助熱線、於所有傳播及行銷資料印上「投注要有自律」資訊，以及於所有分行展示「全國預防嗜賭理事會」發出的警示資訊。
提高博彩帳戶服務防範水準	申請帳戶的顧客須年滿21歲，並須出示身分證件，同時符合其他條件，如破產或被賭場禁門令約束的顧客都不能開戶。登入須使用發送至顧客手機的一次性密碼，借此提防不符合規定或未達年齡限制的家人或朋友擅自登入。為用戶提供自我節制機制，例如讓用戶自行設置投注頂限，或申請自願禁賭令。
遊戲設計及傳播	・遊戲設計：與國際標準相比，最低下注額相對低廉，頭獎獎金不會過高、絕不針對18歲以下的民眾設計博弈產品。 ・負責任傳播：不過度強調博彩的報酬，避免發出鼓勵博彩資訊、所有傳播資料之用字遣詞、語氣、圖像及風格都嚴格遵守責任博彩行業準則、謹慎選擇適當傳播管道，大部分溝通資訊僅限於官方網頁及零售分行中傳遞，且僅在大眾傳播媒體發布必要性的通告資訊。
持續員工及零售商培訓	・採取措施確保員工及零售商清楚瞭解新加坡博彩公司之責任投注理念。 ・使第一線員工擔負及時察覺及打擊嗜賭情況的重要功能，並給予持續專業培訓，使其能負起對公眾灌輸責任投注價值觀的任務。 ・年度負責任投注進修培訓：所有員工及零售商都必須參加每年度之強制性責任投注進修培訓，內容包括活動教學、輔導員及專家講座以及有助增強責任投注原則及客服水準的問答測試。 ・適當回應培訓（Appropriate Response Training, ART）：為了確保新上任員工及零售商有能力宣導責任投注，並在與顧客接觸時得針對狀況適當回應，強制要求新上任員工及零售商上任六個月內須接受為時四小時針對辨識嗜賭徵兆及危害之適當回應培訓，以方便其與顯露嗜賭徵兆之顧客溝通並給予協助，並處理涉及嗜賭問題的困難情況。

（續）表4-10　新加坡博彩公司責任博彩策略

策略	具體做法
關懷贏家計畫	· 新加坡博彩公司與新加坡金融管理局下設之全國財務教育計畫（Money SENSE）攜手合作，於2010年起展開關懷贏家計畫，與現有之顧客服務專案相輔相成，為贏得新加坡幣$5,000或以上高額獎金之顧客提供建設性諮詢，協助他們正確理財。 · 該資訊配套包括了一份中英語雙語影片（英文和中文）、資料冊、海報、橫幅及立牌，以幫助顧客瞭解如何謹慎並有計劃地管理獎金。 · 贏獎顧客將得到的忠告包括：「以清除債務為優先，務必先償還任何未付清的貸款，尤其是附帶高利息的債務」、「為花費設定預算，避免驟然改變生活方式，任何大筆花費都需三思而後行」、「確立長遠財務目標，並著手實行，包括為退休收入或孩子教育費做好準備」、「在瞭解各項儲蓄計畫及投資工具的性質、價格、局限、潛在風險後，才做出明智投資」等等。
年度負責任博彩運動	· 自2007年起，每年推出責任投注意識運動，包括深入研究全球責任投注專家意見、政策討論及與相關組織的合作，而最終成形的計畫將通過趣味和創意手法，加強顧客、員工及零售商對責任投注的全面理解，透過全面涵蓋的方法，將責任投注注入企業文化中，並融入顧客的生活理念。 · 由社區著手，深入民眾：與社會福利團體攜手合作，共同開發培訓教材以及舉辦員工培訓和顧客教育拓展活動。
邀請海外專家提供責任投注最新趨勢和發展	與政府、政策籌劃組織、社區領袖、責任投注專家及其他有關組織共同合作，商討研究責任投注政策，包括：與新加坡政策研究院攜手主持論壇、擔任全國理性賭博宣傳周重要推手、與全國防範罪案理事會合作，將防止非法賭博訊息融入責任投注訊息中、與全國預防嗜賭理事會合作，在活動訊息中介紹該理事會的服務。
協助申請禁賭令	自願禁賭令：在自願禁賭令下，消費者至少十二個月內將無法在新加坡博彩戶口下注，消費者可以透過全國預防嗜賭理事會或其他免費官方管道申請非賭場自願禁賭令。
全國預防嗜賭援助熱線及線上交談	顧客若尋求有關嗜賭方面之額外援助，可撥打「全國預防嗜賭援助熱線」（1800-6-668-668），或點擊網頁進入線上交談服務，尋求即時支援。
與責任投注宣導大使交談	新加坡博彩公司安排了責任投注宣導大使駐守現場投注點，協助辨識及援助出現嗜賭徵兆之顧客，積極主動提醒需要協助的顧客，避免其在能力範圍以外投注。

資料來源：新加坡博彩公司網站（2019）。

◆具體個案分析——新加坡馬會責任博彩措施

新加坡賽馬公會（Turf Club）（下稱馬會）將責任博彩作為關鍵企業策略，並實行若干有效之流程及措施，務求博彩活動達到世界優良水準。

在責任博彩之推廣方面，首先，所有馬會往來通信、檔案資料，以至投注單據，均印有責任博彩（PLAY RESPONSIBLY）字樣。其次，所提供之博彩資訊，力求翔實無誤、透明公開，客戶隨時可查詢相關規則及資訊，俾其投注時參考。

再者，馬會每年舉辦責任賭博意識週，擴大向公眾（包括馬會僱員、客戶以社會各界）宣導和強調責任賭博之重要性，以宣揚和提高社會對責任博彩的意識。

此外，民眾除可借此瞭解何謂安全博彩外，對博彩相關問題有疑問者，也可透過馬會轉介，聯繫求助管道。關於支援方面，馬會與多家團體和機構緊密合作，於各個公共博彩論壇推廣責任博彩意識，並特別委任預防嗜賭大使（RGA），傳達責任博彩的資訊，並協助轉介有嗜賭跡象的客戶。自我察覺有嗜賭跡象之客戶，亦可透過馬會各投注中心及網站，加入自願禁門令，申請自願禁門令，禁止自己開設或使用電話投注服務，全面解決嗜賭問題。

(四)日本責任博彩概述

◆發展現況

日本國會在2016年底通過了促進包括賭場功能在內之綜合度假村（Integrated Resorts, IR）新法，於此同時，國會亦更加關注博弈問題，以及賭場開放後，未來對社會之潛在負面影響。也因此，要求日本政府加強既存之賭博成癮問題預防措施。

為因應此一發展趨勢，日本國會透過制定新法之方式，為負責任博

彩制定基本政策框架，並於2018年7月通過「賭博成癮對策基本法」（ギャンブル等依存症對策基本法，以下簡稱責任博彩基本法），其主要規範事項如下：

1. 啟動由內閣秘書長領導之負責任博彩總部。
2. 啟動國家責任博彩基本計畫（National Basic Plan for Responsible Gaming）。
3. 每三年進行一次問題博彩調查並審查上述國家負責任博彩基本計畫。
4. 推廣地方政府責任博彩基本計畫（Prefecture Basic Plan for Responsible Gaming）。
5. 於每年5月14日至20日辦理負責任博彩意識週活動（Responsible Gaming Awareness Week）。
6. 與博弈服務提供廠商（gaming-service providers）合作共同預防問題博弈。
7. 使落實責任博彩成為國家、地方政府和社會大眾的責任。

◆ 責任博彩基本法

● 立法背景及目的

日本國會於2018年7月6日頒布「責任博彩基本法」。本法之頒布係有鑑於賭博成癮已成為一種國際公認之心理精神疾病，不僅造成成癮者日常生活及社會生活之困擾，對成癮者之家庭產生更嚴重之影響，並且逐漸成為日本嚴重之社會問題。

因此，立法者認為有必要透過立法確立中央政府、地方政府及其他有關機關或單位，對於防治賭博成癮之責任，明定各單位擬定賭博成癮對策（gambling addiction countermeasures）之基本原則與應執行事項，從而全面性與系統性解決賭博成癮問題。

　　「責任博彩基本法」係日本博弈法規改革發展（the reform of Japanese gaming laws and regulations）之重要里程碑，惟本法僅提供賭博成癮之相關對策，並將防範賭博成癮，作為構成整體責任博彩架構之核心策略工作。

● 內容重點概述

　　1.規範行為：責任博彩基本法不僅規範博弈行為，小鋼珠遊戲（pachinko）亦包括在內。該法第2條規定，「賭博成癮」係指關於公共競賽中之投注、小鋼珠，以及其他可能引發博弈情緒，並對獲取或喪失合法投注經濟利益之風險性行為之成癮狀態。

　　2.責任主體：責任博彩基本法之責任主體不僅為政府單位，尚包括博弈相關從業及營運管理人員（gambling-related business operators）。茲將各責任主體表列說明如**表4-11**。

　　3.基本解決方案：責任博彩基本法明訂九種綜合性解決賭博成癮之方法，表列說明如**表4-12**。

● 其他必要措施

　　除上述規定外，基本法之配套法規要求政府在基本法生效三年內，審查與賭博業經營者相關經營方針，並採取下列必要措施：

表4-11　賭博成癮防治責任主體及依據法規對照表

主體	負責項目	法源依據
中央政府	建立並執行賭博成癮防治措施	基本法第5條
地方政府	必須因地制宜協助調整中央措施	基本法第6條
博弈產業營運單位及人員	必須對賭博成癮預防予以最高關注	基本法第7條
一般民眾	必須致力於深化對賭博成癮問題之瞭解	基本法第8條
醫療院所	必須致力於提供適合並適當之賭博成癮醫療能量	基本法第9條
其他相關產業	必須配合中央及地方政府實施之賭博成癮防治措施	基本法第10條

資料來源：本研究整理。

表4-12　法定解決賭博成癮之方法

方法	說明	法源依據
促進教育	中央及地方政府必須採取有效必要措施以促進家庭、學校、職場、社區及其他場所對賭博成癮之認識。	基本法第16條
業者善盡注意義務	中央及地方政府必須採取有效及必要措施，以確保博弈相關產業之業者善盡注意義務，並採取賭博成癮防治措施及設置相關設施。	基本法第17條
醫療體系之維持	中央及地方政府必須採取有效及必要措施，以達到： 1.持續賭博成癮診斷、治療及預防方法之持續研發。 2.提供並維持賭博成癮防治之特種醫療院所。 3.確保醫療院所與其他相關機構之相互合作。 4.維持防治體系之適當醫療品質。	基本法第18條
諮詢與支持	中央及地方政府採取必要措施，透過提供法律諮詢與強化對賭博成癮者及其家人提供之諮詢及支持服務，加強精神衛生之諮詢與支持系統。	基本法第19條
社會適應與支持	中央及地方政府採取必要措施，透過與賭博成癮有關之犯罪更生人保護及社會適應方案，促進對賭博成癮者之就業與其他形式之社會支持。	基本法第20條
降低財務負擔	中央及地方政府採取必要措施，以降低賭博成癮者及其家庭之財務負擔。	基本法第21條
私人機構之支援與合作	中央及地方政府採取必要措施，以支持賭博成癮者間之相互支持，防止賭博成癮發生及復發，並促進私人機構推動與賭博成癮有關之其他自願性支援活動，確保私人機構間之協調與合作。	基本法第22條
人員招募、訓練與品質提升	中央及地方政府採取必要措施，在充分瞭解賭博成癮問題之前提下招募、培訓及提升人員素質。	基本法第23條
調查研究之促進	中央及地方政府採取必要措施，促進與賭博成癮問題有關之事實調查與其他調查研究，包括賭博成癮與多重金融債務、貧困、家庭暴力、自殺與其他犯罪等問題間之關聯。	基本法第24條

資料來源：本研究整理。

1.透過條調整博弈機台之性能，以控制玩家對公共場所投注以及對小鋼珠等使用與博弈之興致。

2.管制20歲以下人士（小鋼珠為未滿18歲人士）進行之投注活動等。

3.賭博成癮者限制投注。

4.關於博弈相關業務經營之廣告管理。

5.關於投注營業場所發生賭博成癮風險之指標，防止賭博成癮之負責人員指派制度、教育訓練和其他管制系統之建立。

6.賭博成癮對策成本負擔方式之建立。

7.博弈相關業者業務營運監管行政組織之建立。

作者2018年赴日本參訪中央競馬會、全國競輪施行者協議會、全國競艇施行者協議會（如**圖4-21**、**圖4-22**、**圖4-23**）。

圖4-21　參訪日本中央競馬會（2018年6月27日）

圖4-22　參訪日本全國競輪施行者協議會（2018年6月27日）

圖4-23　參訪日本全國競艇施行者協議會（2018年6月28日）

Chapter **5**

第三屆運動彩券的發行
（2024～）

壹、第三屆發行遴選規劃及相關議題

貳、系統動態觀點探討台灣運動彩券發行與經銷模式

壹、第三屆發行遴選規劃及相關議題[1]

　　台灣運動彩券發行主旨為振興體育，並籌資以發掘、培訓及照顧運動人才，協助國際體育交流。我國自民國97年5月2日起仿效歐美先進國家發售運動彩券，由台北富邦銀行擔任發行機構發行第一屆運動彩券，自103年起，由威剛科技股份有限公司擔任發行機構發行第二屆運動彩券迄今。運動彩券盈餘挹注體育發展所需，為體育運動帶來相當大的助益，含括競技運動之人才培育、訓練及照顧或運動訓練環境改善，國際體育交流或全民運動推廣，使體育運動全面融入生活，不僅能促進健康，更能充實生活的內涵，凝聚國民的向心力與展現國力。

　　第二屆運動彩券發行將於112年屆期，為提升運動彩券發行盈餘，本研究針對多項研究議題進行研究，並赴英國、新加坡、澳大利亞及日本等四國參訪，也針對歐、美及亞洲地區主要發行運動彩券的相關研究文獻進行較完整的蒐集。同時邀集運彩專家學者、經銷商代表召開座談會，並拜會運彩發行機構，針對第一、二屆運動彩券的發行政策提出檢討與分析，以作為第三屆運動彩券發行遴選規劃的參考依據，也對未來發行推展重點，再提出進一步的具體措施，以協助運動彩券的發行追求利潤極大化，永續經營發展。

一、第三屆發行遴選規劃

(一)發行機構之條件及遴選方式

　　運動彩券專業發行機構應具備條件根據劉代洋（2011）研究指出運動彩券專業發行機構應具備之條件，可從其運動彩券發行之專業性，以及發行機構營運之功能性進行分析，茲分述如下：

---

[1] 本文係劉代洋等（2019）年接受教育部體育署委託研究「第三屆運動彩券發行規劃」報告摘錄而成。

◆ 專業性之需求

1.投注管理能力：投注管理能力主要係指具分析運動賽事以規劃運動彩券投注標的之能力。

2.賠率設定能力：在賽事前或賽事進行中，賠率設定人員運用專業知識，時刻進行賠率之設定與調整。在賠率操作室中，每位賠率設定人員均透過對相關賽事資訊之分析（含賽事進行狀況、投注情形、機率變動之情形），即時進行封盤及調整賠率之工作。至於適格之賠率設定員應具備之條件包括：

　(1)對全球主要運動賽事、球隊及球員等具有充分專業知識。

　(2)對運動賽事充滿熱情。

　(3)優秀之數理分析能力。

　(4)隨時掌運動賽事並分析資訊之能力。

3.風險管理能力：運動彩券發行機構適宜之風險管理系統應包含下列架構：

　(1)具競爭力之營業模式。

　(2)設計可靠之風險管理模型。

　(3)設定準確之賠率。

　(4)控制專業賭金。

　(5)設定風險上限。

　(6)設定財務上限。

　(7)具風險管理能力之線上投注系統。

◆ 功能性之需求

運動彩券專業發行機構依據其發行業務應具備之功能應包括：

1.資訊與通訊科技。

2.行銷與通路。

3.公共關係與客戶服務。

4.財務與稅務。

5.人力資源。

6.法務。

就現有運動彩券發行之營運模式（business model）、供應鏈（supply chain）及價值鏈（value chain）加以觀察，專業發行機構一般而言應結合金融機構、運動彩券專業發行機構及系統廠商三大功能，如**圖5-1**，茲將各功能之相關內涵及限制分析如下：

● **金融機構之功能**

我國彩券發行之歷程，第一屆由台北富邦銀行擔任發行機構，選擇由金融機構擔任專業發行機構之原因，不外乎基於銀行屬於高度管制之金融業，並考量其法定資本額高、經營管理穩定性高、相對營運風險較低及便於監理等因素。第二屆發行機構由威剛科技股份有限公司擔任發行機構，威剛公司因金融機構功能所需，而委託中國信託商業銀行擔任金流受託機構。

因此，未來第三屆發行即使是非金融機構型態之運動彩券專業發行

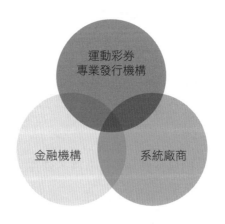

圖5-1　運動彩券專業發行機構三大功能

資料來源：劉代洋（2011）。

機構，仍必須於內部設置具備完整金融機構功能之金流部門，或至少必須與現有之金融機構進行一定程度之策略聯盟或服務整合，以利進行彩券供應鏈中彩金收付之相關作業。

● 彩券專業發行機構

就國際慣例，運動彩券屬博弈產（事）業之一環，大多數國家皆列為需經特許之管制性產業而加以高度管理，其經營權之授予，無論係透過公開招標或權利拍賣等方式則在所不問，端視管制法規及管制機關如何達成對該產業之有效管理及維持高效率管理而定。運動彩券發行因屬於高度管制之獨占事業，為使管制上之行政成本最低，應限制僅符合國內設立登記之股份有限公司具備參與遴選之資格。

專業發行機構應通過國際公正專業徵信機構之審慎實質審查（due diligence）程序，並取得經營彩券信用能力與適格性之證明。同時，其組織之內稽內控制度，亦應比照金融機構之標準建置。

● 系統廠商

運動彩券發行系統廠商之功能，應為彩券發行之技術核心，於彩券發行價值鏈上，屬於支援型活動。系統商至少應具備過去曾擔任投注軟硬體設備協力廠商之實際經驗，以證明其專業能力。

至於投注軟硬體相關設備，經第三公正機構之認證已為國際慣例，加上考量未來可能開放虛擬跨境投注，故投注相關軟硬體設備有必要取得國際專業認證機構之認證。

綜上所述，我國現行發行制度非參考某一特定國家，因台灣有其特殊性且受運彩發行條例規範，而與他國不盡相同，例如：他國有運彩專責機構，台灣則沒有專責機構，台灣的發行機構還需遴選經銷商（尚需具資格與條件，如運動專業），再簽定契約銷售運動彩券，即與他國的經銷商是直屬於發行機構而有所不同（如英國、新加坡、香港）。另外，發行機構屬功能別，運彩發行條例並未以機構別限制，即任一家廠商能滿足發行功能，其應可參加遴選、擔任發行機構，非限定由三種廠商（機構別）來

發行運彩。亦即本研究認為銀行也可擔任發行機構，只要滿足金流、技術等功能即可。

經蒐集世界主要國家的資料及參酌台灣發行運彩特殊性，提出參與運動彩券專業發行機構遴選之廠商具備之主要基本條件，至少應包括健全之營運能力（包括合適之組織型態及充足之風險控管能力）、一定之資本額及財務健全度、適當之系統建置及維護能力、適格之廣告行銷及公關能力，以及合宜之經銷商管理能力。

在遴選方式部分，從過去數次甄選公益彩券和運動彩券發行機構之經驗及事後結果證明，比照最有利標之方式較能遴選出適合之發行團隊，足以作為未來發行機構遴選方式之考量。有關最有利標與價格標之優缺點比較分析，如**表5-1**。

此外，目前主要國家對於彩券之發行機構大都比照最有利標方式進行遴選，例如英國及美國甄選運動彩券發行機構之制度，均比照最有利標之方式遴選技術合作廠商，且彩券主管機關與廠商間之權利義務關係，係以商業合約加以規範，以尋求最有價值廠商（best value proposal）作為遴

表5-1　最有利標與價格標之比較

遴選方式 優缺點	最有利標	價格標
優點	主管機關可選擇出發行計畫最完整、執行能力最佳、財務狀況最健全之發行單位，將可避免低價搶標，避免廠商得標後負擔過重可能無法滿足招標合約之各項要求，以至影響達成目標的實現。	承辦單位不需承受外來壓力，不需負太大責任，且招標過程簡單，能為政府帶來為數不小之回饋金。
缺點	招標前必須準備繁複的招標作業、容易陷入被控圖利特定廠商之問題、承辦單位壓力大、評選過程較為複雜，評選項目及權重之訂定容易受到質疑。	得標廠商提供政府彩券回饋金後，必定要採用其他方式來節省成本之開銷，造成發行單位縮減運動彩券之服務品質，同時緊縮各項開支，將影響運動彩券產業之發展。

資料來源：劉代洋（2011），頁250。

選之對象，完全不採用價格標。

根據第二屆運動彩券發行的狀況看來，到目前為止，運動彩券的發行狀況良好，而且漸入佳境，發行機構亦有適度的獲利，營運堪稱順利。對比公益彩券的發行機構，由於鉅額回饋金的壓力，發行機構面臨巨大的財務壓力，再加上公益彩券銷售情況不如預期，因此公益彩券發行機構的營運出現並不穩健的情況，此乃部分與類似準價格標的鉅額回饋金有關。政府已依法獲得運動彩券發行盈餘（10%），如再以類似價格標做法收取回饋金，將降低廠商投標意願，本研究不建議採收取回饋金形式的價格標做法。因此本研究建議，未來第三屆運動彩券的發行，仍然維持第二屆的做法，設立「運動彩券發行機構遴選會」，以最有利方式遴選運動彩券發行機構。

(二)發行期限

第一屆運動彩券發行機構發行期限自97年5月2日至102年12月31日止；根據第二屆運動彩券發行機構遴選公告指出，發行機構發行運動彩券期限為中華民國103年1月1日起，至112年12月31日止（十年）。但經主管機關依公告事項「伍、附則」重新遴選或擇定之發行機構，發行期間自重新指定其發行彩券之日起十年。

有鑑於運動彩券的發行漸行成熟穩定，因此，建議第三屆運動彩券發行機構發行期限自113年1月1日至122年12月31日止，為期十年。主要理由是發行期限的長短攸關發行機構參與競標的意願，以及取得正式運動彩券發行特許，發行機構得以有效平均分攤各項發行成本與費用，且參考公益彩券發行期十年，現階段繼續維持十年發行期限比較合適。

(三)銷售途徑

運動彩券銷售途徑分為實體經銷商銷售和虛擬投注兩大類，第三屆運彩經銷商究須多少數量，應屬發行機構就經營管理層面自行決定，建

議主管機關無須給予規範。至於偏遠市場之經銷商布建，建議第三屆遴選公告比照第二屆，要求競標廠商於參與遴選申請文件之「經銷商通路設施管理、人員配置及分工計畫」內，提出偏遠市場的經銷商布建措施。另是否採實名制銷售部分，本研究建議不採實名制，因目前世界各國未有採用實名制者，實名制將使簡單銷售變為複雜，預判產生消費者怨煩；且採實名制時，個人恐不願提供基本資料（平常消費行為即無須提供個人資料），經銷商稽核耗時影響運彩銷售，實不宜推行實名制。

至於虛擬投注，根據威剛科技股份有限公司年度運動彩券發行計畫指出，虛擬投注是指會員透過台灣運彩公司網站進行投注，並由彩券電腦系統記錄其投注內容，無提供實體彩券，但有投注內容回報之一種投注。威剛科技股份有限公司訂有「第二屆運動彩券虛擬通路銷售作業管理要點」，其會員申請方式及投注方式之舉例，分別說明如下：

◆ 會員申請方式

以成年人得由本人依規定之申請條件及程式提出會員申請，每人僅能申請為一個會員，經審核通過後，依相關規定進行會員投注及管理會員專戶。得以書面或電子檔為之，並透過郵寄或其他通訊方式辦理。經審核通過成為會員者，將取得一組會員密碼及初始會員密碼。會員必須先依規定之程序辦理啟用及變更初始會員密碼後始可投注。

◆ 投注程式

採會員制，虛擬會員需事先將款項轉入會員專戶內，方可透過台灣運彩公司網站在會員專戶額度內，依規定程序進行投注。

新零售時代實體與虛擬是相輔相成的，台灣運彩實體與虛擬銷售金額比例約7：3，虛擬通路仍有成長空間。為了增加運動彩券的銷售實績，提升虛擬投注所占的比例及金額，或許是發行機構可以嘗試努力的方向。經銷商代表亦表示，支持強化廣告宣傳（導）推展虛擬投注，另應防範藉由網路及通訊軟體進行惡性促銷。在檢舉非法部分，應建立代位求償

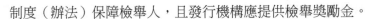
制度（辦法）保障檢舉人，且發行機構應提供檢舉獎勵金。

目前實體銷售與虛擬通路間未被替代，本研究樂見實體與虛擬並進，兩者相輔相成，持續增加運彩銷售績效，可以數據證明虛擬投注並不排擠實體經銷商。

(四)經銷商之條件及遴選方式

第三屆經銷商應重新遴選，基於公平原則，重新遴選、抽籤符合條件經銷商，公平原則（重選）應重於效率（留優）。目前全台1,500餘家經銷商，具有體育運動專業知識之比例約有31%（未包括經運動彩券發行機構登錄為運動彩券經銷商之代理人連續三年以上者35%及曾經擔任運彩經銷商者34%）。由於運動彩券經銷商以具備運動專業知識為基礎，因此增加運動專業的經銷商人數及增加經銷商的運動專業，對於運動彩券未來的發行勢必有所幫助，因此在遴選運動彩券經銷商時，加重運動專業知識的要求自然變得相當重要。

(五)投注標的與方式

各國投注標的多與其國民所熟悉、興趣、參與運動相關，且多為比賽具公正誠信、由媒體公開轉播之賽事，例如，英國的賽馬與足球，日本的賽馬、競輪與競艇等。其中，在投注標的賽事智財權部分，建議第三屆遴選公告比照第二屆，要求競標廠商於參與遴選申請文件內提出「國內外投注標的智財權之合法證明」（賽事提供資訊），免生爭議。同時也建議政府開放多種投注標的，滿足多元社會需求。

專家學者及經銷商代表均建議開放境外賽馬之投注標的，增加運動彩券發行市場的滲透率。在劉代洋（2018）研究結論與建議提及，「境外」賽馬活動之適法性無虞、納為運動彩券投注標的之周延性無虞、對消費者保護無虞、對動物保護無虞。建議優先以重視馬匹保護之賽馬先進國家，如澳大利亞、新加坡、英國等賽馬活動，納入運動彩券投注標的。有關投

注標的的選擇與決定，攸關發行機構為營業目標的經營管理，若無違法，應授權發行機構在能增進銷售額、不影響責任博彩時，能增刪投注標的。

(六)銷售額分配規劃

銷售額分配規劃議題的探討，包含獎金支出率、發行機構報酬、經銷商佣金、賠償責任準備金及政府盈餘之訂定或組成方式。其中最為關鍵的是有關獎金支出率的訂定，目前已從過去的75%調高到現行的78%，事實上已經得來不易，但是基本的原則是「獎金支出率可考慮提高，但是不能調降」，因為獎金支出率如果調降將可能影響運彩銷售量，也更加無法與地下運動彩券高達95%的獎金支出率相抗衡。獎金支出率提高的理由可以從兩個層面來探討：

◆積極面：提高銷售金額、增加政府盈餘收入

根據考察國外運動彩券的發行經驗及座談會與會專家學者的意見，提高獎金支出率應有助於刺激運動彩券銷售業績，提高周轉率讓玩家玩得更久，吸引更多運動彩券新玩家，進一步擴大運動彩券的銷售規模，自然提高政府發行運動彩券盈餘收入，讓政府和發行機構得以獲得更多收益。

◆消極面：吸引運彩玩家、抑制地下運動投注

根據座談會與會專家學者的意見，提高獎金支出率能吸引地下投注的玩家，達到抑制地下運動投注效果，因為地下投注的玩家評估當運彩獎金支出率與地下運彩的獎金支出率相差不大時，會寧願轉而投注政府發行的運動彩券，以確保可以領到運彩獎金。

(七)銷售目標及財務規劃

現行運動彩券的銷售目標是由主管機關訂定發行起始年度最低金額，然後發行機構在根據預期經濟成長率估計未來十年期間銷售目標，此項做法基本上比較穩健。未來銷售目標的訂定大致可延續現有的做法，只是第

三屆運動彩券發行規劃之發行起始年度最低金額如何訂定將有待進一步的思索與研究。而國外多為國家直接發行，且相關營業秘密未能獲得參考。

　　針對第三屆運動彩券發行規劃的銷售目標及財務規劃，根據作者多年研究心得，提出的建議方案為：第三屆113年1月1日起至122年12月31日止，運動彩券銷售目標的設定可以第二屆103年1月1日到110年12月31日八年期間，運動彩券銷售的平均金額作為113年銷售目標的起始點，然後以第二屆前八年的平均成長比例為參考逐年調升，直到122年12月31日止。發行機構銷售目標如遇不可抗力未達預期，可報經主管機關核准後適度調整。

(八)監督管理機制

◆加強防弊措施

　　主管機關應透過各種管道加強對運動員等倫理教育，防止各項運動打假球，擴大宣導包括運動彩券投注標的的運動項目在內，如此才有利於運動彩券的整體銷售。另發行機構已依「運動彩券管理辦法」第19條第一款擬定「第二屆運動彩券經銷商遴選及管理要點」且經主管機關同意，前述要點第二十三點規定，經銷商不得以折溢價方式銷售彩券，亦不得進行惡性促銷。另第四十三點（十二）規定，違反第二十三點者依情節輕重給予停機處分或終止經銷契約。主管機關應依相關規定要求發行機構加強內控管理機制，確依前述要點執行稽查，避免惡性競爭擾亂市場秩序。第三屆遴選公告也比照第二屆，要求競標廠商於參與遴選申請文件之「經銷商遴選、訓練、管理、溝通及回饋計畫」內，針對坊間退傭等現象提出相關改善措施。

◆合力打擊地下運動賭博

　　英國政府對於非法地下運動賭博加強管制和嚴格取締，運動彩券公司和員警合力打擊地下非法賭博，運動投注公司協助收集非法地下賭博相關訊息，提供員警嚴格取締。

◆ 強化客服處理機制

　　針對經銷商與消費者每年達10餘萬件的客服專線進線現象（107年達188,539件，經銷商76,271件，消費者112,268件），發行機構應擬定一套完善處理機制，當下有效處理銷商與消費者所反映的問題，並針對所提問題提出後續改善、解決方案。第三屆遴選公告應要求競標廠商提出具體積極有效處理做法供評選。

◆ 加強責任博彩措施

　　針對責任博彩之具體可行措施，各個國家採取做法各有不同。以英國Camelot公司而言，藉由設置責任博彩架構評估經銷商各方面績效、評估遊戲設計方式潛在風險、零售與線上安全防護以防止未成年人與成癮者線上投注、與利害關係人之互動以助於企業往來間嵌入更多負責任行為、推動企業社會責任計畫、對中獎者之責任等措施。以新加坡Singapore Pools而言，則有透過低價小額投注與適度累積獎金的遊戲設計、規範販售立即型彩券時間的銷售方式、資訊透明度供消費者做選擇、藉由大眾運輸提醒責任博彩相關資訊、拒絕未成年人投注等措施。以香港的香港馬會而言，透過網路投注戶口、禁止未成年人參與賭博、不接受信貸投注、警告標語與責任博彩相關訊息之提供、治療輔導服務、員工培訓、撥款和平基金等措施。以澳大利亞而言，執行責任博彩相關資訊之提供、經銷商之培訓、消費者投訴、禁止成年人賭博、廣告促銷與宣傳之規範、消費者兌獎權益等相關措施，皆有許多值得借鏡之處。中國大陸體育彩票管理中心有編製一本責任博彩教育訓練手冊。建議主管機關除要求發行機構強化WLA所提責任博彩七大原則及十大要素之各項措施更加完整外，發行機構現雖非WLA會員，也應朝取得國際認證努力，主管機關也可要求發行機構提出自評，時時刻刻檢視責任博彩成果。另也參考新加坡投注站，除加強運動彩券經銷商負責任博彩之認知，並落實內控制度查核。

二、第三屆發行相關議題

(一)明白揭露受惠於運彩發行盈餘

　　主管機關可以仿造公益彩券現行的做法，針對凡是接受運動彩券發行盈餘所補助的運動項目或軟硬體設施等，均須明白揭露該項運動項目或軟硬體設施等乃受惠於運動彩券發行的盈餘，以凸顯運動彩券發行的公益性，增加運彩吸引力及銷售金額，有利於運動和體育事業的發展。另專家學者及經銷商代表亦提出，運動發展基金可應用於經銷商內部教育訓練、拍攝公益形象廣告及打擊地下非法運動賭博等。

(二)簡化虛擬會員相關手續及支付方式

　　網路時代行動支付盛行，未來運動彩券發行機構應考慮大幅簡化會員申請手續，甚至採分級的做法走向便民利民，擴大人性化介面，有效提高虛擬會員申請人數；以及允許類似支付寶等行動支付的支付方式，共同為擴大運動彩券市場滲透率而努力。

(三)創建「運動彩券」品牌成為國家寶貴無形資產

　　根據英國國家彩券的發展經驗，仿造「公益彩券」的做法，「公益彩券」中包括公益彩券的企業形象標誌（logo）和標語（slogan）都屬於國家資產。另外，主管機關也應促成運動彩券的發行透過企業形象標誌和標語的設計，使「運動彩券」的品牌成為另一項國家無形資產。建議參考公益彩券之logo建置後屬公共財，請主管機關申請標章（歸國家使用）。

(四)擴大運動彩券投注標的和配套措施

　　未來運動彩券發行尚可開發的投注標的包括水球、自行車（如日、韓的競輪）、競艇、撲克牌等，但是競輪和競艇必須要有運動設施的設置作為配套措施，當然配合運動賽事的電視轉播和提供場中投注兩者也是至

關重要的措施。

　　境外的賽馬運動發展歷史悠久，是國際上非常普遍的運動項目之一，在先進國家都被視為社交和娛樂活動的一個重要媒介，特別是如英國安排在週末假日舉辦賽馬運動，成為當地居民的社交和娛樂活動。「境外」的賽馬運動是國際上許多運動彩券的投注標的，英國、愛爾蘭、澳洲、紐西蘭、美國、新加坡、日本等，都已經發展非常多年且成熟。107年7月23日作者於國立台灣科技大學國際大樓會議室，透公開過座談會方式，邀請新加坡賽馬會專家分別就其賽馬投注發展經驗及對動物保護的積極作為，以及各相關層面提出經驗分享；也邀請兩位法學專家，對適法性提出專業的見解。同時，亦邀請相關團體代表，包括運動彩券經銷商、動物保護團體，及台灣運動彩券公司代表共同參與座談會，就適切性進行意見交流，透過面對面接觸，共同參與會議，經由會議公開討論模式，綜合各方觀點，集思廣益，共同為運動彩券的發行找出最大福利的發展方向。

　　建議將「境外賽馬」納為運動彩券投注標的，依據論衡國際法律事務所的專業意見，運動彩券的發行在台灣是一個特別法，所以不構成刑法上賭博罪的問題；理律法律事務所的專業意見，說明法律處罰的要件是要法律明訂，如果要違反「動物保護法」第10條之規定，尚須以行為人客觀上有利用動物來進行競技的行為。事實上，賽馬在台灣根本不會發生，要求發行機構之規劃，僅是使用賽馬比賽的訊號，就比如像美國職籃、美式棒球的運動等，基本上都是透過賽事的轉播資訊作為投注標的。

　　「境外賽馬」納為運動彩券投注標的，能帶來正面經濟效益，且具公益性，並在歷次座談會中，經銷商代表全部對「境外賽馬」納為運動彩券投注標的之規劃，持正面肯定的態度，是利大於弊。以日本、新加坡、香港、馬來西亞等國家或地區為例，皆能為政府創造盈餘，用於公益事業。推動「境外賽馬」之目的，乃是期盼創造更多運動發展基金，讓教育部體育署能有更充沛之基金用於照顧及培育體育選手。「境外賽馬」納為運動彩券投注標的之周延性無虞。在消費者保護方面，台灣運動彩券公

司依世界彩券協會之國際標準，規劃「境外賽馬」發行之消費者保護措施，消費者保護無虞。在動物保護方面，綜觀世界各國如澳大利亞、新加坡，提供馬匹保護之完善措施，動物保護無虞。

有關投注標的的選擇與決定，攸關發行機構為營業目標的經營管理，應盡量授權發行機構自行決定。發行機構應持續與經銷商溝通，不時調整投注標的，以找出增加銷售收入的途徑。

(五)建立經銷商績效評估制度與教育訓練課程

依據運動彩券經銷商遴選及管理要點，規範了經銷商資格、遴選、銷售處所條件、投注設備安裝、銷售規範、銷售額標準、查核與違規處理等相關規定，顯示經銷商在軟硬體上均有許多條件及標準，然而現行制度僅依月銷售額標準對經銷商績效進行考核，其單一面向標準不盡客觀。為提升經銷商專業能力、未來經銷商職能基準、發展多元化評量制度及擴大顧客投注標的物，建立運彩投注站銷售績效評鑑制度，以標準化作業流程對經銷商實施一致性的輔導機制，使發行機構能從多個面向掌握經銷商的銷售績效及相關因子，並透過資訊回饋協助輔導與訓練，協助經銷商經營、給予經銷商建議，期使達提升銷售額度、獎金配置合理、提升專業能力、降低地下運彩及減少人頭戶數之目標。

而在經銷商教育訓練的部分，雖然運動彩券公司每年均會對經銷商辦理教育訓練，然而每項課程上課時數較短，課程無法專精深入，對於提升經銷商專業知能效果有限，辦理場數少也限制了上課人數，此外也缺少提升「人格特質」知能的課程，課程亦未區分經銷商、代理人、僱員等三個職類，較難針對其知能差異給予適合的教育訓練，有必要對其相關培訓課程重新探討、設計，以有效提升經銷商專業知能。因此本研究建議經銷商教育訓練的課程應該包括運動彩券主要運動賽事之基本知識講座、運動彩券產業概論、運動彩券銷售技巧、顧客關係管理、運動彩券相關法令介紹、責任博彩、投注機操作說明、EQ及溝通技巧、危機處理、運動彩券

銷售績優個案、零售業管理、美學與空間設計等十二項課程,再區分經銷商、代理人及僱員等三個職務分別接受所需之課程。

(六)有效打擊地下運動彩券和運動彩券經銷商人頭戶

地下運動彩券的存在,自然明顯衝擊政府發行運動彩券的績效。除了透過政府部門持續的宣導民眾正確的投注觀念,有效取締地下運動彩券的交易,設法提高運動彩券投注的獎支率、完善的服務、減少投注當機及投注產品多樣化等,都是必須考慮多管齊下的必要做法。

政府主管機關除透過公權力加強取締地下運動彩券的活動,並嚴格禁止運動彩券經銷商以合法掩護非法經營地下運動彩券,同時透過不斷的大量宣導嚴格禁止「退佣」的情況出現,破壞市場秩序,以防止劣幣驅逐良幣的現象。例如香港馬會和警方通力合作全力打擊非法地下運動投注,並提供相當獎金的誘因;韓國的做法則是對購買和銷售地下運動彩券者處以刑罰。

(七)擴大虛擬投注占比

研究顯示,若就虛擬投注「使用人數」及「投注金額」觀察,30～39歲在這兩者都是主力,20～29歲則是「使用人數」排名第二,40～49歲則是「投注金額」排名第二。而會使用虛擬投注大多是「經銷商推薦」的,而未使用虛擬投注則以「擔心個人資料洩漏」占比較高,發行機構應研擬配套措施,期使虛擬投注占比能提升。

目前整體虛擬投注與實體銷售的金額雖然都持續增加,但仍有個別經銷商虛擬銷售金額減少之現象,建議主管機關要求發行機構對其加強輔導經營虛擬投注。

(八)加強現代科技運用於運彩的發行

目前最新的現代科技包括大數據分析、區塊鍊技術、人工智慧、雲端

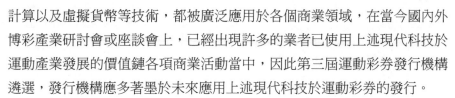

計算以及虛擬貨幣等技術，都被廣泛應用於各個商業領域，在當今國內外博彩產業研討會或座談會上，已經出現許多的業者已使用上述現代科技於運動產業發展的價值鏈各項商業活動當中，因此第三屆運動彩券發行機構遴選，發行機構應多著墨於未來應用上述現代科技於運動彩券的發行。

　　以英國為例，機器數量有限制，投注金額亦有限制。英國政府規定每家運動投注站只能有四台機器，過去四台機器營收占50%的比例，由於容易造成沉溺賭博的問題，英國政府規定，在機器投注時，每次投注不得超過2英鎊。計畫主持人曾與Daniel Greer到倫敦2012年奧運場館附近HereEast的新大樓參觀電腦資訊部門，偌大的開放空間，幾百位電腦工程師，內部設置專屬的「未來運動投注實驗室」（the future of gaming），在觸控的看板上研究臉部辨識顧客身分，有QR-Code，顧客的交易資料可透過大數據和人工智慧掌握顧客的偏好和所有相關下注訊息，有助於公司推動顧客關係管理的工作。「未來運動投注實驗室」負責人指出，由於區塊鍊技術尚未成熟，公司本身目前並沒有研發區塊鍊技術在運動投注的應用方面。以新加坡為例，新加坡亦在兩年前開始運用現代科技AI做網路虛擬銷售。

(九)運用「運動彩券發行條例」第6條但書，提高獎金支出率

　　提升運彩獎金支出率已是共識，為研提相關方案，經研究模擬「收入分成制」（政府、發行機構、經銷商三方先等比例調降分配率，再調升獎支率）及「保底激勵制」（銷售額達325億元保底後，再調降政府盈餘率、發行機構報酬率，以調升經銷商分配率及獎支率）等兩方案，模擬出符合「柏拉圖改善」（Pareto Improvement）（給定固有的一群人和可分配的資源，如果從一種分配狀態到另一種狀態的變化中，在沒有使任何人境況變壞的前提下，使得至少一個人變得更好）的情況，結果以「收入分成制」做法具有實務可行、風險較低、收入增加、三方共贏的優點。專家學者及發行機構亦較贊同採用「收入分成制」，將運彩獎支率78%提升達

80～82%。

再進一步分析「收入分成制」，又因各方分配率調降幅度過大，恐難為各方接受，理由如下：

1. 假設將獎支率78%調升至80%（調升幅度2%），三方等比例調降分配率及結果如後：

   (1) 三方等比例調降（-0.93、-0.49、-0.58）：政府9.07%、發行機構4.76%、經銷商5.67%。惟經銷商已多次透過民意代表提案修法、會議時機建言等方式，爭取調升經銷商佣金率，似無再調降經銷商分配率之可能性。

   (2) 政府、發行機構二方等比例調降（-1.3、-0.7），經銷商不調整：政府8.7%、發行機構4.55%、經銷商6.25%。惟發行機構報酬率低於5%，除阻卻新進廠商參與投標意願，並有圖利原廠商、綁標之嫌。

   (3) 政府調降、發行機構最低降至5%（-1.75、-0.25），經銷商不調整：政府8.25%、發行機構5%、經銷商6.25%。卻造成政府讓利過多。

2. 假設修法將獎支率78%調升至82%（調升幅度4%），則因三方調降分配率幅度更大，三方更無接受之可能。

為提高獎金支出率，本研究團隊及運彩督導小組委員（法律專家）提出建議，毋須修法：

1. 發行機構可運用「運動彩券發行條例」第6條之但書規定：「但發行機構提出營運維持計畫或配套措施，經主管機關核准者，不在此限。」，提高獎支率。

2. 主管機關則可將前項但書規定列入第三屆遴選公告規定事項中，讓參與遴選之廠商提出數種獎金支出率與銷管費用比例組合之提案，向主管機關提出營運維持計畫或配套措施。

(十)落實責任博彩

主管機關應透過「運動彩券委託發行合約」中，要求運彩發行機構執行，並透過委託發行與銷售相關契約，要求受託發行機構及經銷商執行細節事務。其理由如下：

◆ 根據現行法制要求
● 運動彩券發行條例

現行「運動彩券發行條例」第11條明文規定，發行機構及受委託機構為辦理運動彩券之銷售，發行機構應擬具相關作業管理要點，報經主管機關同意後實施。該相關作業管理要點應包含投注成癮之預防事項，且發行機構或受委託機構並應採取適當之方式，使透過電話、網際網路及其他電訊設備購買運動彩券者得知悉相關風險及過度投注行為對身心健康之危害。

因此，現行法明文要求運動彩券「投注成癮之預防事項」以及「應採取適當之方式，使透過電話、網際網路及其他電訊設備購買運動彩券者得知悉相關風險及過度投注行為對身心健康之危害」之事項，係由發行機構或受委託機構，依據所擬具之相關作業管理要點，報經主管機關同意後實施。故實施或執行投注成癮預防等責任博彩事項之主體，依法應為發行機構，主管機關僅為行使作業管理要點之審查與同意權限之主管單位。

● 運動彩券管理辦法

根據現行「運動彩券管理辦法」第14條：「經銷商應於商業所在地明顯處，揭示經銷證，並於出入口及銷售櫃臺，設置未成年人不得購買或兌領運動彩券之顯著警告標誌；必要時，得請購券者出示身分證明。」同法第15條則規定：「發行機構辦理運動彩券之廣告或促銷活動，不得有下列情形：一、勸誘未成年人購買或兌領運動彩券。二、傷害兒童身心健康。三、於高級中等以下學校門口半徑距離一百公尺內。」顯見，在現行運動彩券發行法制下，責任博彩主要事項之執行，係透過發行機構及經銷

商之若干措施加以落實。

　　因此，由上開法條可知，現行發行法規之制度設計上，實施或執行責任博彩事項之主體，依法應為發行機構、受託發行機構及經銷商，主管機關僅為監督及稽核相關作業之主管單位。

◆ 從經營管理實務之角度

　　從經營管理之角度，責任博彩可類比為商品或服務品質保證，業者必須擔負產品或服務之保證責任，務使消費者不會受到不當產品或服務（包括不當或過度使用）所造成之損害。

　　因此，無論係基於法令或行業道德之要求，責任博彩相關措施之推動及落實，皆為業者經營管理應考量之重要事項，換言之，除應內化於經營管理之制度措施外，更應提升至博彩產業之行業自律層次，成為博弈產業落實企業社會責任（CSR）之重要指標。

◆ 國際比較觀點

　　另從國際比較之角度觀察，參訪英國、澳大利亞、新加坡及日本等四個國家所見如下：

　　英國執行責任博彩事項之主體為博彩業者，並立法要求博彩產業應持續發展及改善對於可經辨識有害博彩活動之干預措施，此項措施涉及賭博成癮者自我隔離機制之設置。其次，為強化社會責任，英國博彩委員會要求大型之博彩營運商，必須在其年度保證報告中，針對其業已履行並滿足傳遞社會責任之義務提出證明，包括針對因博彩消費活動可能產生之傷害進行評估。再者，博彩委員會修正「發照及職業行為準則」，以及「遠端博彩技術標準」，以配合杜絕兒童進入博弈設施、自我隔離（self-exclusion）以及廣告行銷等問題。

　　關於澳洲之責任博彩策略，是由博彩業者基於自律及自願之基礎下制定與運作，針對問題博彩行為之直接防治，實施重點在產業與職場文化之形成及實施高消費者保護標準之產業文化。澳洲鼓勵業者致力於建立

適當責任博彩之管理政策及程序，以支持對消費者之保護；建立有效之從業人員訓練制度，並為想要自我隔離之成癮博彩消費者提供可行之基礎設施：提供啟動自我隔離過程所需之員工教育和基礎支援設施、根據經驗教育客戶自我隔離之可行性和對公眾之價值、制定協議以識別和管理違反自我隔離協議之人，以及在場所出示有關自我隔離選項的適當標誌等。

　　至於新加坡責任博彩之實施，係採取自願與自律之模式，由博彩業者主動配合實施，所採用之手段與英、澳兩國類似，包括：提供投注者相關資訊、從業人員訓練以及成癮投注者自我隔離措施等等。其訂定之責任博彩行業準則，並為新加坡博彩產業廣泛採用，作為業者建立其內部責任博彩自律規範之準則範本，要求博彩業者應提供成癮之消費者自我隔離之選擇，並提供消費者關於問題博彩自我援助之相關資訊，並杜絕實施自我隔離之消費者接觸博彩之任何機會。在制度措施上，提供成癮者申請自願禁賭令之管道，消費者可以透過全國預防嗜賭理事會或其他免費官方管道申請非賭場之「自願禁賭令」，在自願禁賭令下，消費者至少十二個月內將無法在新加坡博彩戶口下注、禁止自己開設或使用電話投注服務，以全面解決賭博成癮問題。

　　而日本於2018年7月通過「賭博成癮對策基本法」，透過立法確立中央政府、地方政府及其他有關機關或單位，對於防治賭博成癮之責任，明定各單位擬定賭博成癮對策（gambling addiction countermeasures）之基本原則與應執行事項，從而全面性與系統性解決賭博成癮問題。基本法主要規範：啟動由內閣秘書長領導之負責任博彩總部，啟動國家責任博彩基本計畫，每三年進行一次問題博彩調查並審查上述國家負責任博彩基本計畫，推廣地方政府責任博彩基本計畫，於每年5月14日至20日辦理負責任博彩意識週活動，與博弈服務提供廠商合作共同預防問題博弈，使落實責任博彩成為國家、地方政府和社會大眾的責任。同時配套法規要求政府在基本法生效三年內，審查與賭博業經營者相關經營方針，並採取必要措施：透過調整博弈機台之性能，以控制玩家對公共場所投注以及對小鋼珠

等使用與博弈之興致；管制20歲以下人士（小鋼珠為未滿18歲人士）進行之投注活動等；賭博成癮者限制投注；關於博弈相關業務經營之廣告管理；關於投注營業場所發生賭博成癮風險之指標，防止賭博成癮之負責人員指派制度、教育訓練和其他管制系統之建立；賭博成癮對策成本負擔方式之建立；博弈相關業者業務營運監管行政組織之建立。

◆ 責任博彩及投注成癮預防之建議事項

　　根據上述分析，針對責任博彩及投注成癮預防事項之執行，為如下之建議：

1. 責任博彩之執行單位應為發行機構：無論係基於現行法制要求、經營管理實務及國際比較之觀點，責任博彩之執行單位應為發行機構體系（含受託發行機構及經銷商），並參酌新加坡責任博彩「自願禁賭令」政策，將投注成癮防治落實於行業自律與企業社會責任措施之下，並接受主管機關之監督與稽核。

2. 現行法無需修正：根據上述分析，現行之「運動彩券發行條例」與「運動彩券管理辦法」針對責任博彩與投注成癮之預防事項之相關規定，皆無修正之必要，主管機關僅須依現行「運動彩券發行條例」第11條，要求發行機構參酌本研究提出之標竿國家責任博彩相關措施，特別是新加坡責任博彩防治投注成癮之「自願禁賭令」政策，配合我國法令及國情進行調整後，納入其相關作業管理要點草案，並報經主管機關同意後實施。

3. 透過委託發行契約加以約束及落實：為約束發行機構及落實責任博彩事項，建議可透過下列兩方式進行：

　　(1)徵求發行機構公告事項：主管機關應依據「運動彩券發行條例」第11條，將「責任博彩相關措施」及作業管理要點，列入發行機構申請資格審查之文件範圍。

　　(2)受託契約：主管機關應將經審查通過之「責任博彩相關措施」

及作業管理要點，作為發行機構履行發行契約之條款附件，賦
予發行機構一定之作為義務，以督促發行機構落實其契約義務
責任。

貳、系統動態觀點探討台灣運動彩券發行與經銷模式

一、研究背景、動機、目的

運動彩券一般由政府機關發行或授權發行，以運動比賽結果為標的
之彩券，投注者必須瞭解運動比賽內容方式，並對預測賽事結果具有信
心，以藉此贏取獎金。許多國家透過發行運動彩券來募集資金推展體育運
動，台灣自2008年發行運動彩券，發行盈餘挹注國家運動發展基金，專供
政府發展體育運動之用，2018年時銷售總金額達1,424百萬美元（世界排
名第六名）。相較其他國家，台灣發行運動彩券有其特殊經銷制度，由政
府擔任主管機關、制定相關法令規章，遴選決定發行機構，再由發行機構
發行運動彩券，並與經銷商簽訂契約，由各地經銷商專責銷售運動彩券給
予消費者，消費者投注金額再依比例回饋給政府投入運動發展基金。

台灣運動彩券發行與經銷模式包含政府、發行機構、經銷商及消費
者等利害關係人，面臨銷售金額分配、經銷商數量管控、經銷商教育訓練
及問題賭博等議題，其互動關係值得深入探討研究，分別說明如下：

(一)銷售金額分配

台灣運動彩券銷售總金額依比例分配給政府、發行機構、經銷商及
消費者，分別是78%的獎金支出給消費者，12%作為報酬及佣金給發行機
構與經銷商，10%的發行盈餘歸政府。各利害關係人都希望能獲得更高的
分配，例如消費者希望獲得更高的獎金，獎金太少將降低運動彩券的吸
引力；經銷商與發行機構共享銷售金額的12%，經銷商希望能提高佣金，

但如果調高經銷商佣金比例將使發行機構報酬比例降低影響發行機構收益；同樣的，發行機構報酬比例調高將導致經銷商佣金比例降低，影響經銷商的銷售意願；而政府也希望調高發行盈餘，以擴大運動發展基金。如何分配銷售金額，權衡四個利害關係人的利益，是必須探討的議題。

(二)經銷商數量管控

經銷商數量主要是由發行機構依據市場需要而決定，台灣目前約有1,500家經銷商，發行機構希望將經銷商分布到各地以增加投注便利、提升銷售。但是，經銷商數量過多，會稀釋既有經銷商的佣金，經銷商沒有充足的佣金，將影響經營意願甚至兼營非法投注；而經銷商數量不足，則無法提供投注便利性、影響銷售。

(三)經銷商教育訓練

由於銷售運動彩券須對運動具有一定程度瞭解，才能與消費者互動，因此運動彩券的銷售必須具備一定程度的運動與分析專業，然而台灣的經銷商普遍未具運動專業，加上發行機構教育訓練不足，對提升經銷商專業能力成效有限，將影響整體運動彩券銷售。

(四)問題賭博

愈來愈多國家將博弈合法化，問題賭博的問題也漸趨嚴重。問題賭博是指賭博行為對現實生活包括家庭與工作產生損害。發行運動彩券無可避免問題賭博的問題，世界各國發展博弈產業至今，轉而重視防治問題賭博，希望將問題賭博造成的社會成本降至最低。雖然，台灣政府已制定責任博彩相關規範，發行機構也採用世界彩券協會的責任博彩七大原則和十大要素，執行責任博彩相關措施，但仍然有經銷商違反責任博彩或消費者產生問題賭博的情形。各利害關係人如未能重視問題賭博的影響，將衍生博弈的社會成本，造成民眾對運動彩券負面觀感，影響運動彩券發行。

　　台灣運動彩券發行與經銷需考量因素很多，各種因素彼此交互作用、互為因果、環環相扣，利害關係人包含政府、發行機構、經銷商與消費者等，彼此之間互動關係動態複雜，必須以整體與結構性的系統觀點來思考，較能瞭解問題的全貌，進而提出適當的改善建議。因此，本研究採用系統動態學方法論，以系統思考建構台灣運動彩券發行與經銷模式之質性系統動態分析模式，從政府、發行機構、經銷商與消費者四個利害關係人的角度，闡述台灣運動彩券發行與經銷因素之因果互動關係，提出改善系統結構之建議，提供決策者政策制訂之參考。

二、系統動態學（System dynamics）

　　系統動態學是由美國麻省理工學院Jay W. Forrester教授於1956年所發展出來的一種管理科學方法論。Forrester教授認為系統動態學藉著對系統內部情報回饋的瞭解，使用模式來改善組織結構及協助政策制訂。系統動態學是以目的論為導向的一種研究方法，著重系統的整合及回饋模式的建構，適合詮釋複雜、動態之因果關係所構成的系統。近年系統動態學之應用，已擴大至社會科學領域，包括組織策略、產業經濟、政策發展等均有廣泛應用，顯示系統動態學適合用於分析整體動態複雜的議題。

三、模式建構

　　台灣運動彩券發行與經銷牽涉政府、發行機構、經銷商與消費者等利害關係人，須考量因素很多，因素間彼此互相關聯且具動態複雜之特性。依據研究目的，以台灣運動彩券發行與經銷進行問題分析並決定系統邊界，透過運動彩券領域的專家找出關鍵變數，並探討彼此間因果互動關係，進而發展出質性因果回饋環路圖。採用系統動態學專家建模方式（Ford & Sterman, 1998; Chia-Ming Hsu, 2009），訪談之領域專家包含政

府、發行機構與經銷商的代表。透過與專家的討論與檢視,確認質性模式中各變數間之因果關係及系統結構之適切性,以確保本模型之效度(Coyle, 1996; 1998; Doyle & Ford, 1998; Ford, 1997; Hsiao, 2014; Chia-Yi Liu, 2017)。

(一)政府角色

　　台灣發行運動彩券獲得發行盈餘,將撥入成立運動發展基金,促進國家體育運動發展。運動彩券銷售總金額的10%為運動彩券發行盈餘(政府發行盈餘),將投入運動發展基金、發展運動產業、宣傳運動彩券,增加運動彩券吸引力,使民眾認同購買運動彩券有公益性質,進而投注運動彩券,提高運動彩券銷售金額。研究指出,提升運動彩券形象,能增加運動彩券吸引力。所以,政府發行運動彩券,追求收入和盈餘極大化,運動彩券銷售金額愈高,政府獲得發行盈餘就愈多,投入運動發展基金的金額也愈高,有效發展運動產業,提升運動彩券形象及吸引力,吸引消費者投注,累積更多銷售金額,政府收入更多發行盈餘,形成一個正向的回饋環路,如圖5-2。

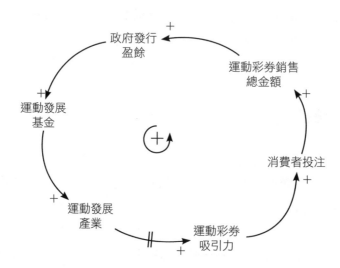

圖5-2　政府角色因果回饋環路圖

(二)發行機構角色

　　台灣發行運動彩券是由政府公開遴選決定發行機構，授權發行運動彩券。發行機構經營管理運動彩券可獲得銷售金額的12%為報酬與佣金（需分配經銷商），賺取報酬後持續開發新產品及玩法，目前有十餘種賽事產品及玩法，有效提高運動彩券銷售金額。Zhou等人（2012）研究指出，加強產品豐富多樣，有助於運動彩券的銷售市場。發行機構在加入更多賽事產品、豐富投注方式後，吸引消費者投注，增加銷售金額，形成一個正向的回饋環路。

　　另外，發行機構也希望藉由較高的獎金創造運動彩券的吸引力，2008年台灣運動彩券發行第一年後，獎金支出比例就從75%調高為78%至今，發行機構並在特定賽事期間適度調高獎金支出比例以吸引消費者投注，但仍無法與非法投注極高的獎金相比。根據國外運動彩券發行經驗、訪談專家意見及Farrell等人（1999）研究，提高獎金能吸引更多運動彩券新玩家投注（也能抑制非法投注），而增加銷售金額，形成一個正向的回饋環路，如**圖**5-3。

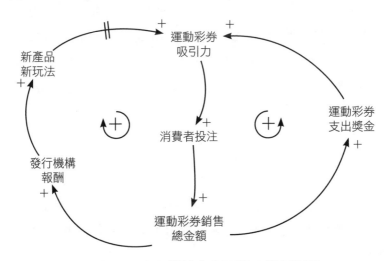

圖5-3　發行機構角色因果回饋環路圖

(三)經銷商角色

發行機構取得授權發行運動彩券後,將委託經銷商並簽定合約在各地銷售運動彩券,再依據銷售金額分配經銷商銷售佣金。運動彩券銷售金額成長,經銷商可獲得更多的佣金,也相對提高經銷商平均獲得佣金,優渥的佣金將增加申請成為經銷商的意願,帶動可以增設經銷商的數量也增加。研究指出,增加經銷商數量、擴大銷售網路分布,使消費者方便到達銷售點,即提升運動彩券投注便利性(Dao-hai, 2010; Yang, 2012; Mao et al., 2015; Zhou et al., 2017),有助於銷售運動彩券。經銷商數量的增加形成一個正向的回饋環路。

經銷商的數量主要是依據市場需求而定,目前因銷售金額提升,經銷商數量已增加為1,500家。經銷商數量由發行機構控管,在運動彩券銷售市場未再擴大時,過多的經銷商數量將稀釋經銷商平均獲得佣金,影響未來投入申請成為經銷商的意願。經銷商數量過度增加,將減少經銷商平均佣金,形成一個負向的回饋環路。

依據運動彩券發行經驗,運動彩券銷售除受產品及玩法影響外,經銷商是否具備運動專業知識與銷售能力,能與消費者討論運動賽事,也是影響運動彩券銷售的關鍵因素。Ladouceur等人(2004)、Yang等人(2012)、Hua(2013)、Tsai, Wen-Chun(2019)也指出,提升專業、加強與消費者互動等銷售能力,有助增加銷售績效。也有研究指出,當經銷商數量成長時,教育訓練需求即增加,應滿足教育訓練時數與課程,以有效提升經銷商專業銷售能力(Giroux, Boutin, Ladouceur, Lachance, & Dufour, 2008)(Tsai, Wen-Chun, 2019)。為讓經銷商能提供專業的銷售服務,發行機構每年都對經銷商實施教育訓練,以提升專業銷售能力,如未能滿足教育訓練需求,銷售能力即產生落差,影響銷售金額成長。經銷商數量增加、教育訓練需求增加、銷售能力落差,形成一個負向的回饋環路,如**圖5-4**。

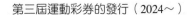
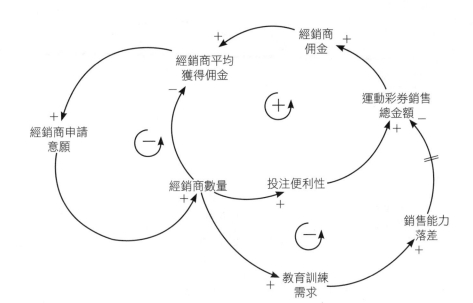

圖5-4　經銷商角色因果回饋環路圖

(四)消費者角色

運動彩券獎金、新產品新玩法及投注便利性使運動彩券具吸引力，吸引消費者投注購買運動彩券，當銷售金額增加，累計支出更多運動彩券獎金，帶動提升運動彩券吸引力，形成一個正向的回饋環路。

隨著愈來愈多的消費者投注，要注意問題賭博的防治。台灣政府已制定相關責任博彩法規，再由發行機構與經銷商執行責任博彩措施，如產品設計限制最高投注與中獎金額，宣傳品加註警語或張貼宣傳標語，及宣導節制投注、協助過度投注、提供自我禁制等。愈多的消費者投注，如未能加強責任博彩措施，可能衍生更多的問題賭博，造成社會成本，引發社會負面觀感，運動彩券吸引力未能提升，影響消費者投注意願，形成一個負向的回饋環路，如**圖5-5**。

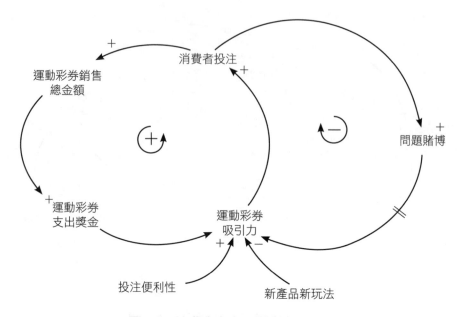

圖5-5　消費者角色因果回饋環路圖

(五)小結

　　台灣運動彩券發行與經銷的相關問題受到許多構面變數與系統環境變數交互影響並互為因果，本質上是一個複雜且動態的問題，**圖5-6**為綜合前述因果回饋環路而成的台灣運動彩券發行與經銷系統動態模式，其中有七個主要環路可說明系統結構。

　　政府藉由發行運動彩券獲得發行盈餘，成立運動發展基金發展運動產業，投注運動彩券幫助政府推展國家體育的公益性質吸引消費者投注，創造運動彩券銷售金額高升，政府發行盈餘再投入，充足運動發展基金（環路1）。

　　發行機構取得授權發行運動彩券後，開發賽事產品、創新玩法，以吸引消費者投注，增加銷售金額，獲得更多的報酬，再投入資金開發投注

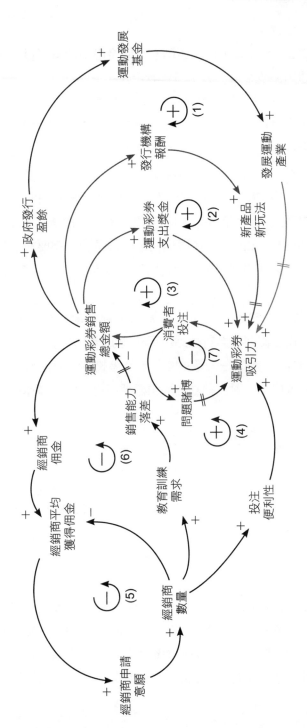

圖5-6　台灣運動彩券發行與經銷系統動態模式

標的、玩法（環路2）。同時，也藉運動彩券獎金吸引消費者投注，銷售金額增加後，整體鉅額獎金再次吸引消費者投注（環路3）。

經銷商依據運動彩券銷售金額分配佣金，銷售金額愈多，經銷商平均獲得佣金愈高，使得投入申請成為經銷商的意願更多，適度增加經銷商的數量，使消費者投注更加便利，增加運動彩券吸引力及消費者投注，提升銷售金額（環路4）。然而，當發行機構未能管控好經銷商數量，如果銷售金額未再提升，卻增加過多經銷商數量，稀釋原來經銷商的平均佣金，將減少未來申請成為經銷商的意願，當需要增加經銷商時，卻沒有意願成為經銷商（環路5）。同時，在增加經銷商數量後，需要充足教育訓練，如未能滿足教育訓練的需求，經銷商銷售能力落差愈大，將影響運動彩券銷售金額（環路6）。

消費者受運動彩券的吸引力而投注運動彩券，創造更多的銷售金額，也因為獎金、投注便利性與新產品新玩法增加運動彩券吸引力，再次投注運動彩券（環路3）。但是，當更多的消費者投注，可能產生愈多的問題賭博，造成社會成本，對運動彩券形象觀感不佳，將影響運動彩券的吸引力（環路7）。

四、管理意涵

運動彩券發行與經銷是一個複雜的動態問題，需要政府整體規劃與政策推動，也需要專業的發行機構經營及管理，亦必須仰賴經銷商努力的銷售，更需要消費者正確的投注行為。相關的影響因素彼此交互作用環環相扣，但是，回顧現有文獻多是以單一面向探討，如消費者投注、市場需求，或政府政策法令相關問題，較少同時針對政府政策、發行機構經營管理、經銷商銷售與消費者投注之研究。本研究以整體觀點，將發行與經銷運動彩券的政府、發行機構、經銷商與消費者等四個利害關係人視為一個動態系統，說明其因果互動關係，並藉由整體觀的研究，可以增加對運動

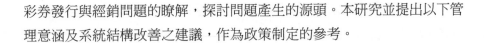

彩券發行與經銷問題的瞭解，探討問題產生的源頭。本研究並提出以下管理意涵及系統結構改善之建議，作為政策制定的參考。

(一)政府適當分配運動彩券銷售金額

　　政府、發行機構、經銷商及消費者等四個利害關係人，各自希望能獲得更多的分配所得，增強自己環路系統的正向成長，但是，在整體運彩發行與經銷模式的系統中，可分配的比例額度固定，分配比例彼此消長。政府是主管機關，或許可藉由發行機構的專業，提出各種分配比例組合的方案，政府再從整體觀點思考如何分配達成共贏局面，使台灣運彩發行與經銷模式系統正向成長、永續發展。

(二)發行機構管控經銷商數量

　　經由整體系統觀發現，發行機構應適當管控經銷商的數量，大量的經銷商分布各地，雖然增加投注的便利性，但也瓜分現有的運動彩券銷售市場、稀釋經銷商分配的佣金，影響未來投入申請成為經銷商的意願；而不足的經銷商數量造成投注的不便，降低運動彩券吸引力，無法創造更多的銷售金額。建議發行機構在專業評估運動彩券發行市場後，也藉多元評鑑機制增減經銷商數量，除能適時加入經銷商也能淘汰銷售能力較差的經銷商，管控適當的經銷商數量。

(三)發行機構加強經銷商教育訓練

　　隨著發行運動彩券所需的資訊，以及新進經銷商的需求，發行機構應對經銷商實施完整的教育訓練，以滿足銷售專業能力。雖然，發行機構每年都會對經銷商辦理教育訓練，然而授課場數少、時數短，無法專精深入，對於提升專業銷售能力有限，且課程也未區分工作身分，較難針對職類差異給予適合的教育訓練，因此，有必要重新設計教育訓練課程，以滿足經銷商專業銷售能力。藉由充足的教育訓練，提升經銷商的專業銷售能

力,減少銷售能力的落差,滿足消費者投注需求,進而增加運動彩券銷售金額。

(四)加強責任博彩管制措施

「責任博彩」是指在適度監管下,博彩活動不會對社會帶來負面的影響。目前世界各國發展博弈產業已漸趨成熟,轉而重視藉責任博彩將博弈之社會成本(問題賭博)降至最低。因此,藉由整體系統觀發現政府、發行機構、經銷商及消費者等利害關係人,均須加強責任博彩管制措施。政府已訂定責任博彩相關規範,發行機構也採用世界彩券協會的責任博彩七大原則和十大要素,執行相關措施。未來,應強化各利害關係人對於責任博彩的分工,政府應將責任博彩相關措施,列入發行機構履行的契約要求落實執行。發行機構除強化WLA所提責任博彩措施更加完整及落實外,也應努力取得國際認證。經銷商是否遵守責任博彩,發行機構要對經銷商的執行情形施以獎懲措施。而消費者應透過節制投注、自我管理等措施,防止過度投注產生病態賭博。四個利害關係人共同加強責任博彩管制措施,確保台灣運動彩券的永續發展。

綜合前述管理意涵,本研究提出四個政策建議,包含政府適當分配運動彩券銷售金額、發行機構管控經銷商數量、發行機構加強經銷商教育訓練及加強責任博彩管制措施等政策,可改善或避免部分環路可能衍生之問題,維持整體系統永續發展,上述政策介入點如**圖5-7**。

五、結論與建議

(一)研究結論

台灣運動彩券發行與經銷涉及政府、發行機構、經銷商與消費者等利害關係人,除了政府整體發行規劃與政策的推動外,也要遴選具備經營管理功能的發行機構,第一線的銷售也需要經銷商專業的銷售能力,加上

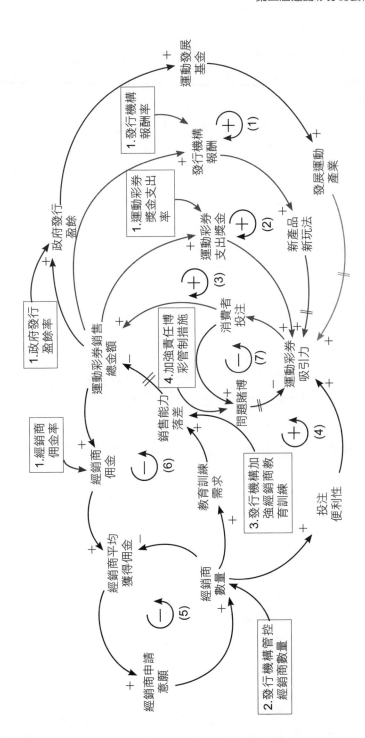

圖5-7　台灣運動彩券發行與經銷系統動態模式政策介入點

消費者踴躍且正確的投注，才能滿足運動彩券永續發展。其間需考量因素很多，因素間彼此環環相扣且具動態複雜之特性，然少有文獻以系統觀點探討台灣運動彩券發行與經銷的模式。本研究採用系統動態學方法論，透過系統思考四個利害關係人的角色，探討台灣運動彩券發行與經銷的互動關係，進而建構台灣運動彩券發行與經銷系統動態模式，詮釋政府、發行機構、經銷商及消費者等四個角色關鍵環路的各變數如何影響台灣運動彩券的發行與經銷，闡述台灣運動彩券發行與經銷因素之因果互動關係，找出改善系統結構之途徑，以提供政策建議，並可補充相關研究文獻之不足。本研究主要結論說明如下：

1.台灣運動彩券因特殊的發行與經銷制度，而由政府、發行機構、經銷商及消費者等四個利害關係人角色彼此互動影響運動彩券的發行與銷售，且各方依固定比例分配銷售金額（政府盈餘、發行機構報酬、經銷商佣金、消費者獎金支出）。政府應以整體觀點思考如何分配運動彩券的銷售金額，使各方分配比例在消長後仍能滿足需求，讓政府願意發行、發行機構願意經營管理、經銷商願意銷售、消費者願意投注運動彩券，達到發行運動彩券的目的。

2.發行機構委託經銷商銷售運動彩券，經銷商的數量控管應兼顧市場的需求與經銷商的利潤，不足的經銷商數量無法滿足消費者投注的便利性，過多的經銷商數量則稀釋經銷商的利潤。

3.台灣運動彩券發行至今，經銷商數量的增加與專業銷售能力的需求，需要發行機構加強經銷商專業的教育訓練，一旦銷售能力產生落差，即無法滿足消費者投注需求，藉由維持或提升經銷商專業銷售能力，才能持續提升運動彩券銷售金額。

4.台灣運動彩券銷售金額逐年創新高，愈來愈多的消費者參與投注，無可避免產生問題賭博，需要大家重視與遵守責任博彩，任一方輕忽將導致台灣運彩發行與經銷系統失衡。希望藉由政府加強監督責

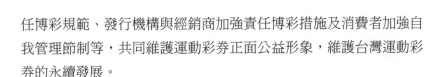
任博彩規範、發行機構與經銷商加強責任博彩措施及消費者加強自我管理節制等，共同維護運動彩券正面公益形象，維護台灣運動彩券的永續發展。

(二)研究建議

1.台灣運動彩券發行至今已十一年，運動彩券銷售金額的分配比例、經銷商數量管控、經銷商教育訓練及問題賭博等議題，經常引起廣泛的討論，而發行與經銷運動彩券涉及政府、發行機構、經銷商及消費者等利害關係人，受到許多構面變數與系統環境變數交互影響並互為因果，本質上是一個複雜且動態的問題。本研究以系統思考將因素間的關係以正向及負向的因果鏈加以連結，以回饋環路釐清複雜系統的動態結構，以圖像呈現取代繁複抽象的文字描述，建議政府、發行機構可參考本模式從整體觀點掌握複雜動態現象並進行監管與稽核。

2.台灣運動彩券發行面臨探討運動彩券銷售金額分配規劃的議題，從本研究質性模式建構可發現，運動彩券銷售金額分配包含政府發行盈餘、發行機構報酬、經銷商佣金及消費者獎金支出等。發行運動彩券要兼顧銷售金額分配之各比例，在使政府發行盈餘極大化、發行機構願意經營、經銷商努力銷售及不影響消費者投注原則下，達到各方皆贏的目標。建議後續可以量化模式進一步研究與政策情境模擬，提供較佳分析與建議。

參考文獻

一、中文

上華市場研究顧問股份有限公司（2017）。106年度運動彩券發行民意調查委辦案。教育部體育署。

朱文生、林于郁、葉劉慧娟（2006）。《香港及新加坡運動彩券發行情形考察報告》。行政院體育委員會。

李宗哲（2001）。《體育彩券制度規劃之研究》。行政院體育委員會。

林于郁等（2009）。《考察日韓地區「運動發展基金」及「自由車（或賽車）運動彩券」之運作情形》。行政院體育委員會。

林桓（2009）。《運動特種公益彩券管理辦法相關法律問題分析》。行政院體育委員會。

金兌妍（2002）。《亞洲運動彩券發行之分析——以中國、日本、韓國為例》。臺灣師範大學體育學系學位論文，1-129。

柯綉絹、戴龍輝（2006）。《香港及新加坡之運動彩券發行概況》。財政部國庫署。

范智明（2002）。〈運動博弈產業——發展運動的活水或毒液〉。《國民體育季刊》，135，58-64。

徐茂洲（2009）。〈台灣運動彩券發展現況與發展性分析〉。《嘉大體育健康休閒期刊》，8 (2)，230-238。

張家銘、邱思慈、陳威勳（2010）。〈運動觀賞涉入程度對運動彩券消費動機影響之研究——以大專院校學生為例〉。《運動知識學報》，(7)，1-13。

陳坤泰（2009）。《台灣運動彩券實體與虛擬通路之競合關係》。臺北大學企業管理學系學位論文，1-243。

陳富源（2004）。《臺灣發行運動彩券之研究》。臺灣師範大學運動與休閒管理研究所學位論文，1-222。

陳麒文、陳鴻雁（2009）。〈臺灣運動彩券發行後之課題與因應策略〉。《國民體育季刊》，38(1)，53-58。

黃世席（2010）。〈德國體育賭博的法律規制研究及其對我國的借鑒意義〉。《體育與科學》，31(4)，14-17。

黃煜（2009）。〈運動彩券發行與運動永續發展關鍵因素之探討〉。《國民體育季刊》，38(1)，67-71。

楊志唯（2000）。《台灣地區公益彩券獎金結構之研究》。國立臺灣科技大學管理研究所。

趙瑾（2009）。《我國彩票業管理體制的研究》。Master's Thesis，北京交通大學。

劉代洋（1989）。〈彩券課稅問題之研究〉。《財稅研究》，21 (6)，8-15。

劉代洋（1993）。《彩券研究文集》。商業印刷有限公司。

劉代洋、郭介恆（1996）。《博彩事業管制及稅制規劃》。行政院研究發展考核委員會。

劉代洋（2001）。〈台灣發行運動彩的策略規劃〉。《2001年運動產業政策國際研討會報告書》，頁64-84。

劉代洋（2002）。《國民對於發行運動彩券意見調查報告》。行政院體育委員會。

劉代洋（2005）。《公益彩券發行及管理制度之研究》。財政部國庫署。

劉代洋（2006）。《運動彩券發行需求規範》。行政院體育委員會。

劉代洋（2008）。《公益彩券品牌形象及獎金課稅問題之研究》。財政部國庫署。

劉代洋等（2009）。《公益彩券發行及管理制度變革之研究》。財政部國庫署。

劉代洋（2010）。《運動彩券發行座談會結案報告》。行政院體育委員會。

劉代洋等（2011）。《運動彩券專業發行機構籌劃》。行政院體育委員會。

劉代洋（2012）。《彩券發行機構對經銷商與消費者權益保障之責任分析》。財政部國庫署。

劉代洋等（2012）。《運動彩券專業發行機構籌劃後續擴充結案報告》。行政院體育委員會。

劉代洋（2012）。〈運動產業發展財源初探〉。《國民體育季刊》，171，12-16。

劉代洋等（2016）。《馬祖國際觀光渡假區系統動態分析之研究》。連江縣政府。

劉代洋（2018）。《運動彩券經銷商專業知能及人才培訓計畫》。教育部體育署。

劉代洋、李廷緯（2009）。〈臺灣設置賽馬娛樂場之區位選擇研究——以苗栗為例〉。《健康管理學刊》，7(2)，145-163。

劉代洋、張琬喻（2003）。《我國發行運動彩券可行性之評估：以中國大陸發行體育彩票為例》。行政院體育委員會。

劉代洋、張琬喻（2007）。《運動彩券之社會經濟影響及規劃評估》。行政院體育委員會。

劉代洋、張雅婷（2004）。〈公益彩券隱含稅租稅歸宿之研究〉。《財稅研究》，36(3)，58-78。

劉代洋、黃建斌（2000）。〈刮刮樂彩券盈餘極大化與最適徵收率之關聯性之研究〉。《亞太經濟管理評論》，4(1)，41-56。

樂彩公司行銷策略暨企劃處（2005）。〈全球運動彩券發行狀況巡禮〉。《樂彩季刊》，夏季號，17-18。

黎萬錩、張少熙（2010）。〈運動彩券發行條例相關議題之芻議〉。《大專體育》，(109)，9-15。

賴建華（2009）。〈應用聯合分析探討台灣運動彩券產品結構偏好〉。《財稅研究》，41(5)，177-190。

二、英文

Bai, C. M., Wang, S. M., & Ma, W. F. (2010). The Cognition Bias of the Consumer in the Sports Lottery Based on the Behavioral Economics. *Journal of Nanjing Institute of Physical Education (Social Science), 3.*

Becker, T. (2008). The German Market for Gambling and Betting. In Crime, *Addiction and the Regulation of Gambling* (pp. 141-164). Brill Nijhoff.

Braun, S., & Kvasnicka, M. (2013). National sentiment and economic behavior: Evidence from online betting on European football. *Journal of Sports Economics, 14*(1), 45-64.

Chiu, Y. T. H., Lee, W. I., Liu, C. C., & Liu, L. Y. (2012). Internet lottery commerce: an integrated view of online sport lottery adoption. *Journal of Internet Commerce, 11*(1), 68-80.

Chung, J., & Hwang, J. H. (2010). An empirical examination of the parimutuel sports lottery market versus the bookmaker market. *Southern Economic Journal, 76*(4),

884-905.

Coyle, G. (1998). The practice of system dynamics: milestones, lessons and ideas from 30 years experience. *System Dynamics Review: The Journal of the System Dynamics Society, 14*(4), 343-365.

Coyle, R. G. (1997). System dynamics modelling: a practical approach. *Journal of the Operational Research Society, 48*(5), 544-544.

Dao-Hai, P. (2010). SWOT analysis of sports lottery sales industry. *Journal of Wuhan Institute of Physical Education, 1*.

Doyle, J. K., & Ford, D. N. (1998). Mental models concepts for system dynamics research. *System Dynamics Review: The Journal of the System Dynamics Society, 14*(1), 3-29.

Economics, C. (2016). *Licensing System for Online Gambling*. Studie im Auftrag von: The Association of Online Gambling Operators (BOS).

Economics, L. (2006). The case for state lotteries. *Report for the State Lottery and Toto Association*. London Economics, London.

Economics, O. (2017). Economic impact of legalized sports betting.

Evans, G. (1995). The National Lottery: planning for leisure or pay up and play the game? *Leisure Studies, 14*(4), 225-244.

Farrell, L., Morgenroth, E., & Walker, I. (1999). A time series analysis of UK lottery sales: long and short run price elasticities. *Oxford Bulletin of Economics and Statistics, 61*(4), 513-526.

Ford, A. (1997). System dynamics and the electric power industry. *System Dynamics Review: The Journal of the System Dynamics Society, 13*(1), 57-85.

Ford, D. N., & Sterman, J. D. (1998). Dynamic modeling of product development processes. *System Dynamics Review: The Journal of the System Dynamics Society, 14*(1), 31-68.

Forrest, D., & Simmons, R. (2003). Sport and gambling. *Oxford Review of Economic Policy, 19*(4), 598-611.

Forrester, J. W. (1961). *Industrial Dynamics*. Massachusetts Institute of Technology Press. Cambridge, Mass., USA.

Forrester, J. W. (1961). *Industry Dynamics*. Cambridge, Massachusetts.

Forrester, J. W. (1970). Urban dynamics. *IMR; Industrial Management Review (pre-1986), 11*(3), 67.

Forrester, J. W. (2007). System Dynamics- The next fifty years. *System Dynamics Review, 23*(2-3), 359-370.

Gan, W., Zhong, W., & Xu, X. (2009). The Agent Risk in Sports Lottery and Its Regulation. *Journal of Tianjin University of Sport, 1*.

Garrett, R. (2004). The response of voluntary sports clubs to Sport England's Lottery funding: Cases of compliance, change and resistance. *Managing leisure, 9*(1), 13-29.

Gassmann, F., Emrich, E., & Pierdzioch, C. (2017). Who bets on sports? Some further empirical evidence using German data. *International Review for the Sociology of Sport, 52*(4), 391-410.

Gilmore, M., & Collucci, V. (2009). *System and Method for Selling Lottery Game Tickets Through a Point of Sale System*. In: Google Patents.

Griffiths, M., Wardle, H., Orford, J., Sproston, K., & Erens, B. (2009). Sociodemographic correlates of internet gambling: Findings from the 2007 British Gambling Prevalence Survey. *CyberPsychology & Behavior, 12*(2), 199-202.

Hua, S. (2013). Research of service environment of Shanghai city sports lottery sales outlets. *Contemporary Sports Technology, 3*, 59.

Hui, M., & Hai, L. (2010). Prospects for quiz-type horse-racing lottery market [J]. *Journal of Wuhan Institute of Physical Education, 9*.

Humphreys, B. R., & Perez, L. (2012). Who bets on sports? Characteristics of sports bettors and the consequences of expanding sports betting opportunities. *Estudios de economía aplicada, 30*(2), 579-597.

Jawaharlal, S., Oram, T., Kula, M., Mallin, T., Rogers, R., Smith, L., Koppel, R. (2003). *Lottery Management System*. In: Google Patents.

John, S. (2000). *Business Dynamics: Systems Thinking and Modeling for a Complex World*. Irwin McGraw Hill.

La Fleur, B. (2019). *La Fleur's World Lottery Almanac*. Boyds: TLF Publications, Inc.

Ladouceur, R., Boutin, C., Doucet, C., Dumont, M., Provencher, M., Giroux, I., & Boucher, C. (2004). Awareness promotion about excessive gambling among video lottery retailers. *Journal of Gambling Studies, 20*(2), 181-185.

Li, H., Mao, L. L., Zhang, J. J., & Xu, J. (2015). Classifying and profiling sports lottery gamblers: A cluster analysis approach. *Social Behavior and Personality: An International Journal, 43*(8), 1299-1317.

Li, H., Mao, L. L., Zhang, J. J., Wu, Y., Li, A., & Chen, J. (2012). Dimensions of problem gambling behavior associated with purchasing sports lottery. *Journal of Gambling Studies, 28*(1), 47-68.

Li, L., & Wang, Q. (2011). Impact of the Geographical Culture on the Sales of Sports Lottery: Taking the Sports Lottery Sales of Ankang City for Example. *Value Engineering, 27.*

Ling-Feng, Z. (2009). Problems and Suggestions When Distributing Sport Lottery Public Welfare Funds in China. *Hainan Finance, 3.*

Liu, D. Y., Fang, C. Y., & Liu, P. L. (2016). A System Dynamics Model for Integrated Resorts: A Case Study of Matsu Island. *International Journal of Business and Social Science, 7*(5), 136-143.

Liu, D. Y., Tsai, W. C., Fang, C. Y., & Liu, P. L. (2019). Determinants of Managerial Performance on Taiwan Sports Lottery in System Dynamics Modeling of Strategic Management Approach. *Journal of Applied Finance and Banking, 9*(5), 187-210.

Liu, D. Y., Chang, C. Y., Fang, C. Y., & Liu, P. L. (2020). Research on the Issuance and Distribution Model of Sports Lottery in Taiwan from a Systems Thinking Perspective. *Journal of Applied Finance and Banking, 10*(5), 61-85.

Lycka, M. (2013). European Union Commission's Communication on the Online Gambling Regulatory Framework: First Step on a Long Journey. *Gaming Law Review and Economics, 17*(5), 340-349.

Lycka, M. (2014). Taxation of Gambling in Europe- Barrier to Entry into New Markets?. *Gaming Law Review and Economics, 18*(3), 288-296.

Mao, L. L., Zhang, J. J., & Connaughton, D. P. (2015). Sports gambling as consumption: Evidence from demand for sports lottery. *Sport Management Review, 18*(3), 436-447.

Mao, L. L., Zhang, J. J., Connaughton, D. P., & Holland, S. (2015). An examination of the impact of socio-demographic factors on the demand for sports lotteries in China. *Asia Pacific Journal of Sport and Social Science, 4*(1), 34-52.

Meer, E. (2011). The Professional and Amateur Sports Protection Act (PASPA): a bad bet for the states. *UNLV Gaming LJ, 2*, 281.

Peng, Y., & Ge, Z. (2016). Exploration and Thinking on the Development of Sports Lottery Market in County Area of Suzhou. *Open Journal of Business and Management, 4*(04), 686.

Rodenberg, R. M., & Kaburakis, A. (2013). Legal and corruption issues in sports gambling. *J. Legal Aspects Sport, 23*, 8.

Senge, P. (1990). *The Fifth Dimension: The Art and Practice of the Learning Organization*. Century Business: London.

Senge, P. M., & Forrester, J. W. (1980). Tests for building confidence in system dynamics models. *System Dynamics, TIMS Studies in Management Sciences, 14*, 209-228.

Shi, Y. W., & Liu, B. L. (2009). Facing the management and development of China's sports lotter. *Journal of Shandong Institute of Physical Education and Sports, 25*, 8-9.

Shibin, J. (2009). The Explain of Lottery-buying by Behavioral Economics. *Journal of Sports and Science, 1*.

Shu-Zhuang, C. (2007). Investigation on Current Situation of Sports Lottery Consumer in Guangdong Province. *Journal of Physical Education Institute of Shanxi Normal University, 4*.

Smith, G. J. (2011). Sports betting in Canada. In *Sports Betting: Law and Policy* (pp. 288-303): Springer.

Walker, D. M. (2007). Problems in quantifying the social costs and benefits of gambling. *American Journal of Economics and Sociology, 66*(3), 609-645.

Walker, D. M. (2007). *The Economics of Casino Gambling*. Springer Science & Business Media.

Yang, Y. L., Cheng, L. L., & Zgao, Y. T. (2012). Measurement Model of Sports Lottery Sales Volume and the Concerning Promotion Strategy- a case study of Sichuan Province. *Journal of Chengdu Sport University, 9*.

Zang, Y., & Gong, H. (2009). Behavior Characteristics of Sports Lottery Consumers in Shenyang Urban District and the Influencing Factors. *Journal of Shenyang Sport University, 5*.

Zhou, K., & Zhou, Y. L. (2004). Economic Research on Consumers' Behavior in Sports Lottery Market. *Journal of Beijing University of Physical Education, 5*.

Zhou, L., & Zhang, J. J. (2017). Variables affecting the market demand of sport lottery sales in China. *International Journal of Sports Marketing and Sponsorship*.

Zhou, L. L., Huang, X. C., & Fan, Y. X. (2012). Analysis of the Present Situation of Sports Lottery Sales Market in Hunan Province. *Journal of Hebei Institute of Physical Education, 3*, 15.

國家圖書館出版品預行編目（CIP）資料

彩券、博彩與公益. 運動彩券篇 = Lottery,
gaming and public welfare : sports lottery /
劉代洋著. -- 初版. -- 新北市：揚智文化
事業股份有限公司, 2021.07
　　面；　公分. --(博彩娛樂叢書)

ISBN 978-986-298-374-4(平裝)

1.彩券

563.6933　　　　　　　　　　　110010341

博彩娛樂叢書

彩券、博彩與公益——運動彩券篇

作　　　者／劉代洋
執行編輯／張家揚
編　　　輯／林政憲、汪家淦、王新吾
出 版 者／揚智文化事業股份有限公司
發 行 人／葉忠賢
總 編 輯／閻富萍
地　　　址／新北市深坑區北深路三段 258 號 8 樓
電　　　話／(02)8662-6826
傳　　　真／(02)2664-7633
網　　　址／http://www.ycrc.com.tw
 E-mail ／ service@ycrc.com.tw
 I S B N ／ 978-986-298-374-4
初版一刷／2021 年 7 月
定　　　價／新台幣 400 元